W0295025

# LES MAÎTRES DE LA TERREUR

DU MÊME AUTEUR

Romans

*Une semaine en enfance*, Robert Laffont

*Le Voleur de mémoire*, Mercure de France

*L'Ami d'Edouard*, Mazarine

*La Malédiction des Médicis*, Editions 1

Tome 1 : *Le Prince sans couronne*

Tome 2 : *Les Lys de sang*

Tome 3 : *L'Ange de Florence*

*Le Régent*, Nouveau Monde

Tome 1 : *Le Guerrier libertin*

Tome 2 : *Le Règne du Sphinx*

*Les Meilleurs d'entre nous*, Hugo & Cie

Sous le pseudonyme de Georges Patrick :

*Lorfou*, Gallimard (Série noire)

*Folies de flic*, Gallimard (Série noire)

En collaboration avec Philippe Alfonsi :

*Les Chemins d'orgueil*, Plon

Documents

*Les Détectives de l'impossible*, Denoël

*Les Mémoires de Monsieur X*, Denoël (deux tomes)

*Journal secret de Monsieur X*, Denoël

*Les Dossiers inédits de Monsieur X*, L'Archipel

*Morts suspectes sous la Ve République*, Nouveau Monde

*Le Terrorisme islamique*, Nouveau Monde

*Les Espions russes de Staline à Poutine*, Nouveau Monde

*Les Dessous de la Françafrique*, Nouveau Monde

*Les Grands Espions du XXe siècle*, Nouveau Monde

*La Face cachée des Etats-Unis*, Nouveau Monde

*Inconnus célèbres*, Albin Michel

*Les Grands Mensonges de l'Histoire*, Hugo & Cie

*Les Grandes Mystifications de l'Histoire*, Hugo & Cie

En collaboration avec Philippe Alfonsi :

*Les Enfants de la drogue (Satan qui vous aime beaucoup)*, Robert Laffont

*L'Eglise contestée*, Calmann-Lévy

*L'Œil du sorcier*, Robert Laffont et Editions de Borée

*Vivre à gauche*, Albin Michel

Patrick Pesnot

# LES MAÎTRES DE LA TERREUR

DOCUMENTS

L'EXPRESS

PRESSES DE LA CITÉ

Le Code de la propriété intellectuelle n'autorisant, aux termes de l'article L. 122-5, 2e et 3e a), d'une part, que les « copies ou reproductions strictement réservées à l'usage privé du copiste et non destinées à une utilisation collective » et, d'autre part, que les analyses et les courtes citations dans un but d'exemple et d'illustration, « toute représentation ou reproduction intégrale ou partielle faite sans le consentement de l'auteur ou de ses ayants droit ou ayants cause est illicite » (art. L. 122-4).
Cette représentation ou reproduction, par quelque procédé que ce soit, constituerait donc une contrefaçon, sanctionnée par les articles L. 335-2 et suivants du Code de la propriété intellectuelle.

© Presses de la Cité, 2016
ISBN 978-2-258-11915-4

Presses de la Cité
un département **place des éditeurs**

place des éditeurs

# Sommaire

# Préface

Dans cette galerie de monstres, Adolf Hitler, Joseph Staline ou Mao Zedong auraient mérité de figurer au premier rang. Cependant, s'ils ne sont pas appelés à comparaître devant ce tribunal, c'est que leurs crimes, indépassables, sont aussi malheureusement trop connus. On les retrouvera pourtant en filigrane à travers leurs épigones ou les personnages historiques qui les ont parfois inspirés.

Combien d'autres auraient pu trouver une juste place dans ce sanglant cortège ? Les Ben Laden, Jorge Videla, Augusto Pinochet, Saddam Hussein, Bachar el-Assad, Hissène Habré, Hailé Mengistu, Abou Bakr al-Baghdadi, ou encore Abubakar Shekau, le chef halluciné de Boko Haram... Autant de sinistres dirigeants qui, à seule fin de conserver le pouvoir ou de le pérenniser, ont tué, torturé, terrorisé.

Est-il pour autant possible d'établir une échelle du mal ? Est-il moins coupable celui qui a envoyé une poignée de ses semblables à la mort que le criminel de masse qui a ordonné l'exécution de milliers d'individus ? Ou encore fallait-il différencier les assassins ordinaires des monstres froids pétris d'idéologie, qui ont prétendu n'avoir exterminé leurs concitoyens que pour faire le bonheur du plus grand nombre ?

Enfin, l'Histoire peut être aussi rancunière qu'oublieuse : certains de ces meurtriers en série n'ont-ils pas été noircis à dessein par des contemporains trop souvent vindicatifs ? La légende aidant, et en l'absence de sources fiables, ils seraient devenus des archétypes du mal.

A vous, lecteur, de juger en entrant dans ce terrible musée du crime d'Etat.

## *Frédégonde*

### *La reine criminelle*

« Ces temps étaient déraisonnables, on avait mis les morts à table[1]. » Les morts ! Un véritable chapelet de morts comme une traînée sanglante attachée à chaque pas de la reine, sur les carrelages des palais et des églises, dans le fin fond de la « nuit mérovingienne[2] », une époque aux mœurs assurément barbares.

Elle se nommait Frédégonde. Elle n'était qu'une servante à la cour du roi franc de Neustrie, Chilpéric Ier (539-584). Mais le souverain n'avait pas été insensible à l'opulence de ses appas et s'était empressé de l'attirer sur sa royale couche, quitte à en chasser son épouse légitime, Audovère, qui lui avait déjà donné trois fils. Depuis, la jeune femme régnait sans partage sur les sens d'un monarque fort assidu au déduit.

Chilpéric était devenu roi en 561, à la mort de

1. Louis Aragon, « Est-ce ainsi que les hommes vivent ? ».
2. *La Nuit mérovingienne*, Jean-François Nahmias, Albin Michel, 1995.

son père, Clotaire Ier. Ce dernier, fils de Clovis et de Clotilde, avait réussi à unifier le royaume franc. Mais, selon la coutume en usage chez les Francs, son fief avait dû être partagé entre ses trois enfants mâles encore vivants. Paris demeurant dans l'indivision, Gontran avait hérité de la Burgondie, dont la capitale était Orléans, Sigebert de l'Austrasie, où il siégeait à Reims. Enfin, Chilpéric, le plus jeune, s'était vu attribuer la Neustrie et s'était établi à Soissons. Mais, estimant qu'il avait été le plus mal servi, ce colérique se promettait de remettre en cause le partage et de s'emparer de l'apanage de ses frères dès que l'occasion se présenterait.

Jalousie et rivalité régissaient les relations entre les trois souverains. L'animosité était surtout très vive entre Sigebert et Chilpéric dont les royaumes se jouxtaient. C'était d'autant plus vrai que le premier entendait donner l'exemple de la sagesse et de la tempérance tandis que le second ne reculait devant aucun excès. Ainsi, Sigebert, qui avait une haute idée de sa royale fonction, désira orner son règne en contractant une union flatteuse. L'élue fut trouvée de l'autre côté des Pyrénées, au sein du royaume wisigoth. La princesse Brunehaut, outre son illustre naissance, semblait parée de toutes les qualités d'une future reine. Les épousailles furent fastueuses. Chilpéric en conçut un grand dépit et imagina à son tour de convoler de façon aussi prestigieuse.

Le roi franc n'eut guère à chercher loin. L'avenante Brunehaut avait une sœur tout aussi charmante, Galswinthe. En l'épousant, Chilpéric défiait son frère et prouvait qu'il n'était pas moins considérable que son aîné. Répudiant sur-le-champ son épouse Audovère, à qui il commanda de rejoindre un couvent, écartant à regret de sa couche la très appétissante Frédégonde, il organisa des noces encore plus somptueuses que celles de Sigebert et Brunehaut.

Las, si la douce Galswinthe n'était pas moins vertueuse que sa sœur, elle était d'un ennui à mourir. Chilpéric songea à revenir à ses premières amours, qui lui offraient des plaisirs plus pimentés. Frédégonde n'avait d'ailleurs pas quitté la cour : modestement devenue l'une des suivantes de la nouvelle reine, elle se trouvait presque chaque jour sous les yeux du roi. Celui-ci ne put résister longtemps à la tentation. La malheureuse Galswinthe, contrainte et forcée, dut céder son lit à sa domestique. Mais quel serait son sort ? Si Chilpéric se décidait à la renvoyer chez elle, en Espagne, comme elle le souhaitait elle-même, il devrait lui rendre un douaire largement doté qu'il avait peut-être déjà écorné et qu'il n'entendait pas restituer.

Frédégonde, précédant un éventuel retour de flamme de son amant, trouva la solution. Un matin, la reine fut retrouvée morte dans son lit. Etranglée. Chilpéric fut-il complice de cet assassinat ? En tout cas, il ne fut pas long à montrer sa reconnaissance : après avoir respecté quelques semaines de décence, il épousa Frédégonde. Le crime avait payé !

La meurtrière et son royal époux croyaient pouvoir roucouler en paix. Ce fut cependant le début d'un enchaînement de violences et d'assassinats qui allaient durer trente ans et ensanglanter la lignée des rois francs.

Sigebert, sans doute aiguillonné par Brunehaut, se résolut à venger la mort de sa belle-sœur. Il sollicita l'aide du troisième membre de la fratrie, Gontran. Le roi de Burgondie, en dépit du sang mérovingien, réputé fougueux, qui coulait dans ses veines, répugnait à se battre. S'il assura son frère austrasien de son soutien, il veilla à ne point trop s'engager.

Sigebert entra en guerre en 568. Son intention était de détrôner Chilpéric. Le sort des armes lui fut favorable. Le roi de Neustrie était vaincu. Alors Gontran s'entremit, prêchant la réconciliation. Il fut décidé que Chilpéric comparaîtrait devant un tribunal de leudes, c'est-à-dire de seigneurs liés au roi par serment. S'il rendait le douaire de Galswinthe à sa famille, il serait absous. A contrecœur, le fautif s'inclina. Les royaumes mérovingiens y gagnèrent quatre ans de paix. Quatre années pendant lesquelles Chilpéric remâcha son humiliation, bien décidé à se revancher à la première occasion.

A défaut de conduire lui-même son armée, il la confia à son fils aîné Théodebert. Mal lui en prit. Dès les premiers engagements contre les troupes austrasiennes, les Neustriens furent vaincus et le jeune homme tué. Sigebert décida de poursuivre son avantage et d'aller traquer Chilpéric et sa vipérine épouse. Brunehaut ne fut pas la dernière à l'encourager. Enfin, songeait-elle, ce que le tribunal des leudes n'avait pas accompli serait obtenu à la force des glaives : sa pauvre sœur serait vengée.

Acculés, les époux maudits se réfugièrent en 675 dans la citadelle de Tournai, bientôt assiégée par l'armée austrasienne. Frédégonde, une nouvelle fois, prit l'initiative. Elle séduisit et soudoya deux jeunes seigneurs, leur remit des scramasaxes, longs poignards francs, à la lame empoisonnée et leur enjoignit de s'introduire dans le camp de Sigebert.

Le roi d'Austrasie tomba sous les coups mortels des deux sicaires. Son armée, désemparée, se débanda instantanément. Chilpéric et Frédégonde étaient sauvés, tandis que Brunehaut fuyait éperdument et finissait par trouver asile dans la cathédrale de Paris. La veuve de Sigebert ne pouvait guère se faire d'illusions : la protection de l'Eglise ne retiendrait pas longtemps le bras armé de Chilpéric. Avant d'être capturée et sans doute mise à mort, elle parvint à sauver son fils Childebert, cinq ans : dissimulé dans un panier, il fut ainsi descendu des murailles de la ville et remis à des fidèles.

De fait, Chilpéric vint, malgré la neutralité accordée à Paris par les trois rois francs. Il fit preuve en l'occurrence d'une étonnante magnanimité : Brunehaut, prisonnière, fut conduite à Rouen sous la garde d'un autre fils du roi de

Neustrie, Mérovée, qui serait désormais le geôlier de la reine captive.

La veuve de Sigebert avait alors vingt-huit ans et chacun s'accordait à lui trouver un grand charme. Le jeune Mérovée ne tarda pas à être aussi ému par le sort de sa prisonnière que troublé par sa beauté. Brunehaut succomba sans beaucoup combattre aux assauts amoureux de son neveu. On se promit même le mariage. Mais Brunehaut, en subornant Mérovée, n'espérait-elle pas d'abord tirer vengeance du père du jeune homme et de Frédégonde, sa belle-mère ?

Le roi de Neustrie ne tarda pas à connaître les amours de son fils avec la reine austrasienne. Il en conçut une grande contrariété et se précipita à Rouen pour surprendre les amants, déjà mariés par l'évêque Prétextat. Si Brunehaut put échapper à la fureur de Chilpéric en gagnant l'Austrasie, Mérovée, accusé de trahison, subit la colère paternelle : tonsuré, il fut enfermé dans un couvent. Mais bientôt, il n'y tint plus, il lui fallait rejoindre sa tante et épouse.

Il s'évada. Toutefois, les Austrasiens ne lui offrirent pas l'asile qu'il espérait : pour eux, Mérovée demeurait un ennemi. Brunehaut n'intervint pas. Regrettant même d'avoir cédé au fils de Chilpéric, elle était tout entière occupée à restaurer son autorité sur le royaume de son défunt époux. Désespéré, le jeune homme se réfugia en Burgondie. Il y traîna son chagrin de ville en ville, avant de tomber dans un piège tendu par Frédégonde : il fut convaincu par des leudes neustriens de participer à un complot visant à détrôner son père. En réalité, ces conjurés étaient des créatures de l'épouse de Chilpéric. Mérovée était perdu. En 578, au comble du désespoir, il préféra en finir. Selon d'autres sources, il aurait été massacré sous les yeux de son père.

Deux fils issus du premier mariage de Chilpéric avec Audovère, Théodebert et Mérovée, avaient donc péri. Il en restait un troisième, Clovis. Dans l'ordre de succession au trône, il passait par conséquent avant les enfants de Frédégonde, Clodebert et Dagobert. C'était insupportable. La reine ruminait de sombres desseins pour se débarrasser de l'importun quand les royaumes francs furent frappés par une série de catastrophes : inondations, incendies, tremblement de terre et épidémie de variole. Les deux rejetons de Frédégonde tombèrent malades. La reine payait-elle enfin pour ses crimes ? Elle le crut, se réfugia dans la religion, pria tant et plus pour le salut de ses enfants. Hélas, ils finirent par mourir. Frédégonde, prise alors d'une fureur irrépressible, décida que, puisque les êtres nés de ses entrailles avaient trépassé, le fils d'Audovère ne devait pas leur survivre. Se servant des vitupérations d'une sorcière, elle clama que Clodebert et Dagobert avaient été maléficiés à l'instigation de Clovis.

Chilpéric, qui ne craignait rien tant que les complots, accepta que son fils soit livré à Frédégonde. Pendant quatre jours, Clovis fut soumis à la torture. Comme il se refusait à avouer son crime, il fut assassiné. Ce n'était pas suffisant pour apaiser la rage meurtrière de Frédégonde. Elle envoya des sicaires dans le couvent où Audovère s'était retirée. La première reine de Neustrie fut étranglée et sa fille, Basine, violée par ces mêmes soudards afin que le déshonneur l'empêchât de contracter un mariage digne de son rang. Enfin, elle ordonna que l'évêque Prétextat, qui avait imprudemment uni Brunehaut et Mérovée, fût déposé.

Le roi de Neustrie n'avait plus d'héritier mâle. Mais le ventre de Frédégonde demeurait fécond. Elle donna naissance à un fils baptisé Thierry. Il mourut assez vite, déclenchant un nouvel accès de fureur de la reine, qui soupçonna quelque acte de sorcellerie. Des femmes innocentes furent appréhendées, suppliciées.

Bien heureusement, en 584, Frédégonde devint à nouveau grosse. Le sort était rompu, les persécutions cessèrent. La reine donna à nouveau naissance à un garçon, le futur Clotaire II. Chilpéric, craignant pour la vie de son héritier, ordonna aussitôt qu'il fût élevé dans un palais éloigné.

Le couple royal résidait alors à Chelles, à proximité d'une forêt giboyeuse où Chilpéric donnait libre cours à sa passion pour la chasse. Un jour du mois de septembre, alors que Frédégonde se relevait à peine de ses couches, le roi partit comme chaque matin pour courre les sangliers de ses bois. Certains de ses familiers observèrent qu'il affichait un mauvais visage. Il chassa tout au long du jour. Mais au soir, alors qu'il regagnait son palais, il tomba dans une embuscade et fut mortellement poignardé. Sans que ses gens songeassent à les poursuivre, les assassins s'enfuirent en clamant qu'ils appartenaient à Childebert, le fils de Brunehaut et Sigebert, roi putatif d'Austrasie.

Dès qu'elle fut avertie, Frédégonde commanda que ses biens les plus précieux soient serrés dans ses chariots et elle galopa en toute hâte vers Paris où, telle Brunehaut autrefois, elle demanda la protection des prêtres de la cathédrale.

Qui étaient réellement les assassins de Chilpéric ? Le fait qu'ils eussent affirmé être du parti de Childebert n'abusa guère les proches de la cour neustrienne. Le visage chagrin du roi, alors qu'il partait pour la chasse, ne pouvait avoir qu'une explication : il avait surpris la trop grande familiarité qui existait entre son épouse et Landry, son favori, un jeune leude nommé maire du palais. Frédégonde, affolée, se sentant proche d'être découverte et redoutant le juste courroux de son époux, avait précédé les effets de son ressentiment et ordonné son meurtre.

La reine de Neustrie était plus isolée que jamais : soupçonnée par les siens, menacée par les partisans de Childebert et Brunehaut, qui lui vouaient tous deux une haine inextinguible depuis la mort de Sigebert, elle se résolut à demander l'intercession de son beau-frère Gontran, le roi de Burgondie.

Celui-ci se trouvait dans une position singulière. Seul survivant de sa fratrie, il s'était prudemment tenu à l'écart des incessants conflits qui avaient opposé ses deux frères, non sans espérer tirer profit de leurs querelles. Pour l'heure, alors que Sigebert et Chilpéric étaient morts, il lui était demandé d'user de son influence pour défendre leur progéniture. Déjà, sollicité par Brunehaut, Gontran avait accepté de considérer Childebert comme son fils adoptif et l'avait fait reconnaître roi d'Austrasie. Et maintenant, c'était Frédégonde qui le pressait de prendre sous son aile le petit Clotaire, dont les droits sur le royaume de Neustrie devaient être confirmés.

Gontran, tout bonhomme qu'il fût, hésitait à entendre Frédégonde. Ne se murmurait-il pas qu'elle avait commandité l'assassinat de son époux ? Il en fallait plus pour réduire à quia la reine de Neustrie. Pour prouver son innocence, elle trouva le coupable idéal : un chambellan de feu son époux qu'elle avait toujours détesté fit l'affaire. Ensuite, ivre de vengeance, elle dénonça pêle-mêle tous ceux qui lui avaient manqué lors de la mort de Chilpéric.

Le roi de Burgondie fut-il dupe ? Ou fut-il sensible aux ronronnements énamourés de cette chatte ? En tout cas, il fit semblant de la croire, accorda sa protection au petit Clotaire mais choisit d'éloigner au plus vite la dangereuse séductrice.

Confinée dans un château situé entre Eure et Seine, Frédégonde ne baissa pas les armes et ne resta pas longtemps exilée. Elle commença par s'attaquer à Prétextat, que Gontran avait rétabli sur son trône épiscopal. Sur son ordre, le prélat fut tué dans sa cathédrale alors qu'il célébrait sa messe quotidienne, le jour de Pâques de l'an 586[1]. Mais une affaire d'une tout autre importance allait requérir son attention et son pouvoir de malfaisance : Gontran avait l'intention de désigner comme héritier son neveu Childebert ! Cela signifierait qu'à la mort du roi de Burgondie ce dernier royaume et celui d'Austrasie n'en formeraient plus qu'un. Réunis, ils feraient peser une menace mortelle sur la Neustrie, légitimement promise à son petit Clotaire.

Pour contrarier ce projet, Frédégonde recourut à ses pratiques coutumières. Elle fomenta deux tentatives d'assassinat contre Gontran. Mais tant l'une que l'autre furent déjouées. Le roi de Burgondie, qui était décidément d'un commerce fort aimable pour un souverain franc, feignit d'ignorer que les coups venaient de sa belle-sœur. Cette mansuétude ne dissuada pas Frédégonde de poursuivre son dessein. Elle s'aboucha en secret avec un intrigant, Gondebaut, qui se prétendait de naissance princière. Elle aiguisa son ambition, qui était de revendiquer le pouvoir en Austrasie, où il comptait quelques partisans, et donc de ravir le trône de Childebert.

---

1. Selon Grégoire de Tours, Prétextat ne succomba pas tout de suite. La fourbe Frédégonde vint même le visiter alors qu'il agonisait. Elle l'assura qu'elle punirait ses assassins. Alors, l'évêque, avant d'expirer, se récria : « Qui a commis ce crime sinon celle qui a fait périr des rois, qui a si souvent répandu du sang innocent ? Toi que chacun connaît pour être la source de tous les crimes, tu seras maudite dans les siècles et Dieu vengera mon sang sur ta tête. »

Elle l'aida à rassembler une troupe puis le convainquit de se lancer contre les Etats de Gontran. Gondebaut trouva devant lui les armées coalisées des royaumes de Burgondie et d'Austrasie. Il n'était pas de force. Il fut vaincu, pourchassé et finalement tué. Non seulement l'aventure se terminait en désastre, mais elle renforça Gontran dans son idée de déclarer que Childebert serait son héritier.

Frédégonde pouvait craindre la vengeance de son beau-frère. Il n'en fut rien. En 593, âgé de soixante-huit ans, Gontran rendit l'âme. Conformément à ses dernières volontés, Childebert lui succéda. Maître de la Burgondie et de l'Austrasie, le fils de Sigebert et Brunehaut entra aussitôt en campagne contre la Neustrie afin de punir sa scélérate de tante.

Le courage de la reine n'était pas moins fort que son instinct criminel. Tenant par la main Clotaire, alors âgé de neuf ans, elle exalta les vertus guerrières de ses armées et fit tant et si bien qu'elle mena ses guerriers à la victoire. Les Austrasiens furent battus à Droissy, non loin de Soissons, la capitale neustrienne.

Pour autant, Frédégonde pouvait redouter une nouvelle offensive de Childebert, dont la haine s'était encore accrue avec l'humiliation de la défaite. Elle savait aussi que sa vieille ennemie, Brunehaut, ne cesserait de pousser son fils à se revancher. Il lui fallait agir. Une nouvelle et dernière fois, elle s'en remit à l'expédient qu'elle connaissait le mieux : le crime ! En 596, Childebert mourut empoisonné. Nul ne pouvait douter que Frédégonde avait commandité cet assassinat.

Un an plus tard, la reine sanguinaire s'éteignit paisiblement dans son lit, sans jamais avoir manifesté le moindre remords, mais avec la satisfaction d'avoir préparé pour le meilleur et pour le pire son fils Clotaire II à son métier de roi. La leçon avait été merveilleusement entendue : en 613, le fils de Frédégonde parvint à s'emparer de Brunehaut. Torturée pendant trois jours, la reine sexagénaire fut ensuite attachée par les cheveux et les membres à la queue d'un cheval fougueux qu'on lança au galop. Son corps brisé fut brûlé.

Clotaire II rejoignait ainsi dans la légende noire des Mérovingiens la sinistre image de sa mère. L'ultime vengeance des ennemis de cette famille maudite ?

## *Beria*

## *Le bourreau de Staline*

Il symbolise à lui seul la terreur stalinienne, même s'il n'en fut qu'un des artisans. Son nom, entre tous les autres, a été en effet retenu par l'Histoire : Lavrenti Beria.

Pendant quinze ans, l'homme a régné sur la police secrète soviétique. Une longévité exceptionnelle, qui a fait de ce personnage intelligent, aussi retors que cruel, le plus puissant de l'URSS après le maître du Kremlin. Il est donc justifié de lui attribuer la responsabilité des crimes parmi les pires du régime, des déportations massives aux exécutions en chaîne, du massacre des officiers polonais à Katyn à la campagne antisémite des lendemains de la Seconde Guerre mondiale. Il faut ajouter à ces graves méfaits les égarements sexuels d'une personnalité perverse, voire sadique. Sans pour autant oublier que le même Beria a été un redoutable maître espion, et que Moscou lui doit d'avoir acquis l'arme atomique dès 1949, quatre ans seulement après Hiroshima.

Rien de plus rassurant, cependant, que les portraits de cet homme qui inspira une telle peur à ses concitoyens. Sous une calvitie avancée, le visage est rond et lisse, l'œil vif, le demi-sourire affable, la bouche sensuelle. Le lorgnon qui pince un nez puissant donne une touche intellectuelle à l'ensemble. On note, parmi les clichés, cette scène des plus paisibles : une fillette, Svetlana, familièrement assise sur les genoux de Beria, rit tandis qu'en arrière-plan son père, Staline, installé devant une table de jardin, semble travailler. Visiblement, pour le photographe, en accord avec le maître des lieux, il s'agissait de montrer que Beria était traité comme un membre de la famille.

Sans doute doit-il d'abord cette insigne faveur à ses origines ethniques. Lavrenti est en effet né en 1899 dans le bourg de Merkheouli, en Abkhazie, une province géorgienne, à deux cents kilomètres à l'ouest de Gori, la ville natale de Staline. Sa famille est pauvre. Le père, Pavel, ouvrier agricole, meurt très tôt. La mère, pour nourrir ses quatre enfants, doit s'engager comme servante chez un riche commerçant, Svimoni Ierkomochvili, de la ville voisine, Soukhoumi.

Lavrenti est un garçon solitaire. Plus petit que ses camarades, il est volontiers bagarreur et compense la médiocrité de sa taille par une constitution robuste. Sa mère, dont il est l'enfant préféré, désire qu'il poursuive ses études au-delà de l'école du village. Elle arrache à son employeur, le commerçant Ierkomochvili, une aide financière qui permettra au garçon de s'inscrire à l'école moyenne de Soukhoumi, mais en compensation Lavrenti doit travailler chez son bienfaiteur comme grouillot. Logé et nourri, il fait les courses et nettoie le magasin. Conçoit-il dès lors un ressentiment pour ces bourgeois qui lui font la charité et l'obligent à se confondre en remerciements humiliants ?

A seize ans, Lavrenti obtient son diplôme et, toujours avec le soutien du couple Ierkomochvili, part étudier au Technicum[1] de Bakou, en Azerbaïdjan, à sept cents kilomètres de chez lui. Elève ingénieur assidu et consciencieux, il ne s'en intéresse pas moins aux événements qui secouent l'empire russe. Selon certaines informations, il aurait été alors approché par l'Okhrana, la police politique tsariste, qui surveillait attentivement le monde étudiant tenté par le bolchevisme. Contre subsides, cet étudiant pauvre aurait fourni des informations sur ses condisciples.

Mais Lavrenti Beria ne s'intéresse pas aux idéologies ; il est et restera avant tout un opportuniste, bien décidé à faire carrière. Au début 1917, le régime vacille. Advient, en pleine guerre contre la coalition germano-autrichienne, l'abdication du tsar. Le jeune homme doit choisir au plus vite son camp. Cependant, il hésite à s'engager. Apprenant que les Etats-Unis viennent de rejoindre les Alliés, il décide de se ranger du côté des futurs vainqueurs en s'engageant dans l'armée russe. D'une part, il espère que son éducation lui évitera d'être envoyé au front. D'autre part, il escompte

1. Ecole technique des constructions mécaniques.

que son éloignement de Bakou lui permettra de faire oublier ses dangereuses accointances avec la police secrète. En même temps, avant de rejoindre l'armée, Beria joue un jeu machiavélique : il se rapproche des mencheviks au pouvoir tout en faisant croire aux bolcheviks qu'il cherche à infiltrer leurs adversaires. A cette occasion, il est introduit auprès d'Anastase Mikoyan, qui est déjà une figure de la révolution dans le Caucase.

A l'automne 1917, les événements s'accélèrent. Lénine conquiert le pouvoir. Un mois plus tard, un traité d'armistice est signé avec l'Allemagne. Lavrenti Beria quitte l'armée. Attentiste, il décide de retourner au Technicum, où il ne lui manque qu'un semestre pour décrocher son diplôme d'ingénieur. Mais cet ambitieux continue à suivre de très près la situation politique. La région caucasienne (Géorgie, Azerbaïdjan, Arménie), très hostile aux communistes, reste aux mains des mencheviks qui, après le discours de Lénine sur le respect du droit des nationalités, espèrent obtenir l'indépendance pour leurs pays respectifs. Dans une Géorgie qui romprait avec Moscou, le jeune Beria ne doute pas qu'il pourrait accéder à de hautes fonctions. Toutefois, prudemment, il conserve ses contacts discrets avec les bolcheviks. Une nouvelle fois, Mikoyan l'encourage à poursuivre son travail d'infiltration dans le camp menchevik, une mission approuvée par un personnage prestigieux, le Géorgien Grigori Ordjonikidze, envoyé spécial de Lénine à Bakou, un militant qui a naguère partagé la cellule de Staline lors de sa déportation en Sibérie.

Lavrenti Beria, maintenant diplômé, est donc bien placé pour savoir qu'en dépit des déclarations de Lénine Moscou n'acceptera pas l'indépendance de l'Azerbaïdjan. En avril 1920, la XIe Armée soviétique, commandée par Kirov, s'empare de Bakou. La chasse aux bourgeois commence. Violente, impitoyable. Beria, qui ne peut plus dissimuler, se révèle un auxiliaire méthodique et sans états d'âme. Participant activement à la répression ordonnée par Kirov, Ordjonikidze et Mikoyan, il rédige des listes de citoyens à arrêter en priorité. Autant de personnes qui seront immédiatement exécutées.

Peu après, il lui est demandé de revenir dans sa patrie géorgienne. Sous prétexte de renouer avec ses amis d'enfance, le jeune ingénieur conduit une mission clandestine d'information et conclut que le poison nationaliste et anticommuniste s'est propagé en Géorgie, restée menchevik. Mais, six semaines plus tard, il y est interpellé par la police. On trouve sur lui des notes confidentielles qui prouvent qu'il est un agent soviétique. Il risque plusieurs années de prison. Ses protecteurs interviennent. Kirov, nommé représentant plénipotentiaire des Soviets à Tbilissi, obtient sa libération. Beria retourne à Bakou, où, eu égard à ses mérites et aux dangers qu'il a courus, il compte bien être promu.

En attendant, tout en veillant à garder des contacts avec Ordjonikidze ou Mikoyan, il poursuit ses études à l'université polytechnique de Bakou avec l'espoir de devenir architecte. Au début de 1921, Lénine confie à Staline la tâche d'en finir avec le nationalisme géorgien. L'Armée rouge déferle sur la patrie de Beria. La résistance est acharnée, mais elle cède peu à peu devant le rouleau compresseur. Comme un an plus tôt en Azerbaïdjan, la répression est sauvage. Beria y sera-t-il associé ? Il y compte bien. Toutefois, contre toute attente, il doit rester à Bakou, où Ordjonikidze le nomme vice-directeur de la section des opérations secrètes, un titre qui lui vaut aussi de diriger la prison. Certes, le jeune homme doit renoncer à son rêve de devenir architecte, mais il entame une carrière fulgurante dans la Tcheka, la police politique des Soviets. A charge pour lui d'extirper les derniers ferments d'opposition qui existent encore en Azerbaïdjan, en particulier dans le monde étudiant. Le zélé Beria se met sans plus attendre au travail.

Il tient à interroger en personne les suspects dans son bureau directorial de la prison. Il frappe, il humilie. Il prend sa revanche sur ces jeunes gens issus de familles favorisées, tellement semblables à ceux qui l'ont méprisé autrefois, lui, l'enfant de pauvres. Y prend-il du plaisir ? Sans doute, surtout quand il s'agit, pour lui qui n'a encore jamais connu que des amours tarifées, d'obtenir des aveux de jeunes et jolies bourgeoises. Prolonge-t-il les sévices qu'il leur inflige jusqu'aux violences sexuelles ? C'est douteux. Mais le tortionnaire, qui va par ailleurs bientôt se marier avec une Géorgienne de la meilleure société, y fait provision de ces fantasmes qui seront plus tard l'ordinaire de sa vie intime lorsqu'il sera tout-puissant.

Parallèlement, Beria profite du pouvoir de vie et de mort qui lui a été octroyé pour se débarrasser de quelques personnages qui ont été témoins de ses compromissions coupables avec la police secrète tsariste.

Comme il donne entière satisfaction à ses employeurs, son talent d'inquisiteur est rapidement récompensé : recommandé par Ordjonikidze, remarqué par Staline lorsque celui-ci se déplace à Tbilissi en juin 1921, Lavrenti Pavlovitch Beria est nommé chef de la Tcheka géorgienne[1]. A vingt-deux ans, il lui est donné de devenir un homme important dans sa propre patrie. Il sait aussi que, conformément aux ordres donnés par Staline, il devra couper toutes « les mauvaises herbes » qui subsistent en Géorgie.

Il lui faut toutefois attendre 1922 avant de rejoindre sa nouvelle affectation. Ce n'est pas un hasard : à Tbilissi, certains vieux bolcheviks se méfient, appréciant peu l'ascension trop rapide de ce jeune militant soupçonné d'arrivisme. Staline doit même intervenir personnellement pour hâter la prise de fonctions de Beria.

A peine a-t-il réformé le système pénitentiaire géorgien en renforçant de façon drastique la discipline – la prison soviétique, a-t-il l'habitude de dire, n'est ni un établissement de soins ni une

1. Elle deviendra bientôt l'OGPU, le Guépéou.

maison de repos – qu'il doit faire face à une révolte des tribus circassiennes dans sa région natale. La rébellion est vite jugulée. Beria profite de l'épisode pour revoir sa famille et ses amis. Le fils prodigue est fêté avec faste. Mais il n'oublie pas sa mission ; il doit découvrir tous les fils du complot et punir les fauteurs de troubles. L'ancien grouillot des riches époux Ierkomochvili tient là un moyen de se venger des affronts du passé. Oubliant à dessein que le commerçant lui a permis de poursuivre ses études, l'ingrat ordonne son arrestation. A force d'interrogatoires brutaux et au terme d'une détention prolongée, il obtient du vieillard qu'il reconnaisse une imaginaire culpabilité dans le déclenchement des événements. Une fois ces aveux recueillis, il exécute avec un parfait sang-froid son ancien protecteur dans sa cellule. C'est la première fois qu'il tue un homme lui-même.

En janvier 1924, Vladimir Ilitch Oulianov meurt. Tous les dignitaires du régime se précipitent à Moscou pour assister aux obsèques de Lénine. Beria, lui, demeure à Tbilissi. Staline, qui apparaît d'emblée comme étant le nouvel homme fort de la « Bolchevie », lui a demandé de surveiller les faits et gestes de son rival Trotski, venu se soigner quelques semaines dans le Caucase. Malgré son désir de se rendre à Moscou, Beria ne renâcle pas : il sait que, désormais, son sort est lié à celui de son compatriote géorgien. Il s'applique donc à devenir son plus fidèle serviteur. Non qu'il nourrisse une quelconque admiration pour un homme qu'il juge fruste et grossier, mais Lavrenti Pavlovitch est avant tout un réaliste. Il a déjà décidé de mettre en œuvre la politique cynique de son maître, voire de devancer ses désirs. Ainsi surveille-t-il étroitement les menées des nationalistes géorgiens – sans pour autant les arrêter, à quelques exceptions près. Son calcul est simple : si, comme il l'escompte, les patriotes se révoltent, il pourra en un seul mouvement écraser la rébellion puis conduire une répression massive. Son mérite sera estimé à la mesure de l'importance du péril qu'il aura évité.

La révolte éclate au mois d'août 1924. Beria n'ignore rien du plan des insurgés. Dès les premiers jours, il a fait arrêter trois de leurs chefs, qui sont immédiatement exécutés, sans même avoir été jugés. Puis l'Armée rouge intervient. En moins de trois semaines, l'affaire est réglée. Il faut maintenant sévir : par fournées de plusieurs dizaines d'hommes, les exécutions commencent. Elles se déroulent dans une plaine dégagée, à l'écart de Tbilissi, selon une méthode qui sera la marque des assassins du NKVD, le futur service héritier de la Tcheka : une balle dans la nuque au bord d'une fosse, laquelle est ensuite remplie de chaux vive puis de terre.

Dix mille patriotes géorgiens ont sans doute été tués ainsi. Beria ne tarde pas à recevoir sa récompense : décoré de l'ordre de l'Etoile rouge, il obtient aussi de commander sans partage la police secrète dans l'ensemble de la Transcaucasie.

Etonnamment, le bourreau n'a pas oublié sa vocation première d'architecte. En Géorgie, il lance un ambitieux plan quinquennal de construction. Dans la capitale, Tbilissi, une ville moderne éclôt à côté de la cité ancienne aux ruelles étroites et sombres. Des maisons de trois étages aux façades blanches sortent de terre. Les appartements, s'ils sont minuscules, sont pourvus d'eau courante et reliés au réseau électrique. La large avenue sur laquelle sont rangés ces nouveaux immeubles porte naturellement le nom de Staline.

Flagorneur et architecte manqué, Beria l'est tout autant lorsqu'il prend l'initiative de transformer la masure de Gori où est né Iossif Vissarionovitch Djougachvili, fils de savetier plus connu sous le nom de Staline, en somptueux sanctuaire voué au culte du grand homme. Sans oublier de reloger la mère de son maître dans une luxueuse propriété confisquée à un riche Géorgien.

Ces preuves de dévotion ne manquent pas de produire des effets. Beria, déjà prisé par Staline pour son incontestable sens de l'organisation, est nommé en novembre 1931 premier secrétaire du Parti communiste géorgien, avant d'occuper le même poste pour toute la Transcaucasie puis de faire son entrée au comité central du Parti communiste de l'URSS. Il a alors tout juste trente et un ans et les meilleurs observateurs de la politique soviétique promettent à ce jeune apparatchik une brillante carrière.

Homme de dossiers investi des plus grands

pouvoirs, Beria épluche les biographies des révolutionnaires transcaucasiens célèbres. Il découvre que certains de ces marxistes ont non seulement précédé Staline mais que leur action et leur éclat pourraient faire pâlir la renommée de ce dernier. Il n'en faut pas plus pour que leurs noms figurent sur une liste d'hommes à abattre : rien ne doit écorner la glorieuse épopée stalinienne. En cela, Beria a conscience de marcher sur les brisées du maître du Kremlin, qui a déjà imaginé de liquider la vieille garde bolchevik susceptible de lui faire de l'ombre, à commencer par tous ceux qui sont coupables d'être juifs.

L'artisan de cette élimination systématique a pour nom Guenrikh Grigorievitch Iagoda, chef du NKVD. En décembre 1934, prenant prétexte de l'assassinat à Leningrad du populaire Sergueï Kirov[1], potentiel rival de Staline, le premier policier de l'URSS enclenche la machine de la terreur[2]. Quinze jours plus tard, en application d'un décret rédigé par Staline, les premières têtes tombent. Les compagnons de Lénine, Kamenev et Zinoviev, tous deux juifs et membres du Politburo, sont arrêtés pour complicité dans l'assassinat de Kirov.

---

1. Il est vraisemblable que l'assassinat de Kirov a été commandité par ce même Iagoda sur ordre de Staline.

2. Cette campagne de terreur a été précédée de 1930 à 1932 par la déportation (et parfois la liquidation pure et simple) de millions de *koulaks* hostiles à la collectivisation des terres. Avait suivi une épuration massive dans les rangs du Parti communiste.

Dans la foulée, d'autres bolcheviks de renom sont arrêtés. Tous seront condamnés à mort à l'issue de procès hâtifs et truqués où les aveux des inculpés leur ont été extorqués sous la torture. Au total, plus de six mille cadres sont éliminés, exécutés ou déportés au Goulag. Ils sont remplacés par des apparatchiks plus jeunes et forcément fidèles à Staline puisqu'ils lui doivent leur ascension.

En Géorgie, Beria n'a pas renoncé à se débarrasser des chefs historiques de la révolution. Pour arriver à ses fins, cet habile tacticien entreprend une manœuvre magistrale : la rédaction d'une biographie de Staline dans laquelle, réécrivant l'Histoire, il fait apparaître que c'est le maître du Kremlin qui, presque seul, a fait triompher le bolchevisme en Transcaucasie. Au cours de l'été 1935, il en donne lecture devant un millier de cadres enthousiastes réunis à Tbilissi. C'est pour lui l'occasion de s'en prendre frontalement à tous ceux qui seraient tentés de minorer l'action de son maître. La menace est claire. Beria entend qu'elle soit comprise. Mais il espère en même temps que son hagiographie, envoyée à Moscou, déterminera Staline à lui confier une mission encore plus importante. Et pourquoi ne remplacerait-il pas ce Iagoda dont, il le sait, l'étoile pâlit ?

Les informations de Beria sont sûres. Mais Staline, qui a déjà décidé de limoger Iagoda[1] et peut-

1. Iagoda sera victime des méthodes qu'il a lui-même contribué à mettre en place. En mars 1938, il sera exécuté sur ordre de son successeur, Nikolaï Iejov.

être pensé à le remplacer par Beria, préfère que ce dernier demeure en Géorgie pour continuer à en extirper le poison nationaliste.

Le successeur de Iagoda est un nabot au regard halluciné, Nicolaï Ivanovitch Iejov. Cet ancien ouvrier a connu une ascension fulgurante dans la hiérarchie du Parti. Alcoolique, pervers sexuel, il prend plaisir à assister aux exécutions et ne dédaigne pas de participer lui-même aux séances de torture. Mais surtout, il montre une docilité à toute épreuve aux ordres de Staline. C'est lui qui sera le maître d'œuvre de la plus grande purge jamais exécutée en URSS. L'empire tout entier jusqu'à ses confins est submergé pendant seize longs mois par une immense vague de terreur que les Soviétiques nommeront eux-mêmes à mi-voix « la Iejovshina ».

Au commencement, il y a la volonté de Staline de « purifier » le monde soviétique de tous les éléments nuisibles à l'édification de la nouvelle société socialiste. Il s'agit d'une véritable catharsis, d'une gigantesque et sanglante cérémonie expiatoire à l'échelle du pays, dont les modalités d'exécution sont pourtant soumises à un rigoureux secret.

La Grande Terreur est précédée, dès la fin 1936, par l'ouverture des spectaculaires procès de Moscou. L'élite communiste comparaît devant des juges déjà convaincus de sa culpabilité. Les chefs d'inculpation vont de l'espionnage au profit des puissances étrangères jusqu'au sabotage économique. Peu importe : tous les accusés ont déjà avoué leurs crimes sous la torture ou, pour certains, parce que « leur » parti le leur a demandé – la confession de leurs méfaits imaginaires est le dernier service qu'ils peuvent lui rendre. Plus étonnant encore, la presse internationale, invitée à ces procès à grand spectacle, ne semble pas s'émouvoir outre mesure des accusations rocambolesques qui précipitent dans la mort la fine fleur des dirigeants soviétiques.

Aucun membre de la nomenklatura n'est à l'abri. Bientôt, l'Armée rouge connaît le même sort. Ses chefs, ses officiers, à commencer par le prestigieux maréchal Toukhatchevski[1], tombent par milliers sous les balles des tueurs du NKVD.

Si ces procès font l'objet d'une relative publicité à cause de leur aspect « pédagogique », c'est dans le plus grand silence que la Iejovshina terrorise la population soviétique. A l'origine, on trouve l'ordre n° 00047, signé de la main de Staline le 30 juillet 1937 – un document glaçant qui n'a émergé des archives qu'en 1999 :

« Les organes de la Sécurité d'Etat ont devant eux une tâche capitale – annihiler sans pitié tous les éléments antisoviétiques, défendre le peuple soviétique travailleur pour en finir une fois pour toutes avec le travail de sape mené

1. Toukhatchevski est tombé dans un piège préparé par les services secrets nazis. Mais il semble bien qu'avant même de prendre connaissance des pièces truquées compromettant son maréchal, Staline avait déjà décidé d'éliminer « le Bonaparte rouge ».

par les éléments contre-révolutionnaires contre les fondements mêmes de l'Etat soviétique. En conséquence de quoi, j'ordonne de commencer l'opération de répression des ex-koulaks, criminels et autres éléments soviétiques à partir du 4 août 1937. »

Selon cet ordre opérationnel envoyé de façon confidentielle aux responsables régionaux du NKVD, les « éléments antisoviétiques » doivent être divisés en deux catégories : les plus hostiles seront immédiatement fusillés après leur arrestation tandis que les autres seront envoyés dans un camp pour une période de huit à dix ans. Le plus sidérant est que ce même document détermine de façon aléatoire des quotas pour chaque catégorie. Mais, écrit le généreux Staline, rien n'interdit aux apparatchiks locaux de dépasser ces chiffres : « Je ne vous limiterai jamais. »

Sous la férule du très discipliné Iejov, la machine répressive se met aussitôt en marche. Les procédures administratives ou judiciaires ayant été réduites au strict minimum, les arrestations peuvent commencer. Sept cent cinquante mille citoyens sont fusillés tandis que des centaines de milliers d'autres sont envoyés au Goulag. En Transcaucasie, dont les trois Républiques (Géorgie, Azerbaïdjan et Arménie) sont purement et simplement incorporées à l'URSS, le camarade Beria n'est pas le moins actif. A la faveur de la Iejovshina, il peut se débarrasser définitivement de tous ceux qui seraient susceptibles de se mettre en travers de son chemin. Même Ordjonikidze, l'un des plus anciens compagnons de route de Staline (et celui à qui Beria doit son ascension), est frappé sans pitié. Sont aussi liquidés systématiquement tous les témoins de la jeunesse du tyran.

Justement, en juillet 1938, le maître du Kremlin envoie à Beria un signe encourageant : sans cesser de diriger le Parti communiste géorgien, il est nommé adjoint de Iejov. Cela signifie-t-il qu'il est promis à succéder au nabot sanguinaire ? Il veut le croire. Staline semble décidé à en finir avec la Iejovshina, qui n'a que trop duré : prévue pour quatre mois, elle s'est excessivement étirée dans le temps ; sans doute juge-t-il que le peuple soviétique a eu suffisamment peur pour ne plus jamais oser contester son pouvoir absolu.

Beria a vu juste. Encore quelques mois et Iejov[1] est destitué, remplacé par le Géorgien. A-t-il conscience qu'à l'instar de ses prédécesseurs il risque d'être précipité sur une simple décision de Staline dans un cul-de-basse-fosse ? Certainement, mais ayant eu connaissance de quelques aspects douteux du passé de son compatriote, il n'est pas aussi vulnérable qu'un Iagoda ou un Iejov.

En éliminant le principal artisan de la Grande Terreur, Staline se donne à bon compte une trompeuse virginité et redevient le bienveillant « petit père des peuples » qui pose devant les pho-

---

1. Comme son prédécesseur Iagoda, Iejov sera jugé et fusillé en 1940.

tographes avec des enfants dans les bras. Sur son ordre, Lavrenti Pavlovitch Beria essaie d'effacer quelques-unes des conséquences fâcheuses des grandes purges. Des officiers sont rappelés des camps sibériens et réhabilités. L'Armée rouge, qui avait été décapitée, recouvre une certaine cohérence. D'autres déportés, civils, obtiennent de retrouver la liberté tandis qu'il est procédé à une réorganisation du Goulag, qui gomme ses aspects les plus coercitifs. En même temps, Beria épure ses propres services : les officiers du NKVD qui se sont le plus compromis avec Iejov sont exécutés dans les caves de la Loubianka, le siège de la police secrète.

Grâce à cette série de mesures, Beria en vient à incarner la libéralisation du régime et même le retour à des temps meilleurs. Mais c'est une illusion, d'ailleurs peu convaincante : plus d'un million de détenus croupissent toujours dans les camps de travail forcé. Au reste, le « libéral » Beria demeure le maître de la censure et n'hésite pas à réclamer la liquidation physique d'intellectuels aussi éminents que l'écrivain Babel ou le metteur en scène Meyerhold.

En 1939, consécration, Lavrenti Beria est admis dans le saint des saints, le Politburo. La même année, la signature du pacte germano-soviétique et le déclenchement de la Seconde Guerre mondiale ouvrent à l'URSS les territoires orientaux de la Pologne, les pays Baltes et la Finlande. Beria est chargé d'y planifier les déportations massives exigées par le Kremlin. C'est lui aussi qui donne l'ordre d'assassiner Trotski, l'ennemi intime de Staline, et qui organise le massacre des officiers polonais, dont on retrouvera plus tard les milliers de cadavres dans les charniers de Katyn. Suit l'exil forcé et massif des peuples asiatiques de l'URSS, Tatars, Tchétchènes, Kazakhs, etc., au prétexte qu'ils sont susceptibles de connivences avec les nazis.

Tout au long de la guerre, Beria se montre indispensable. Ses dons d'organisateur font merveille. Créateur du Comité d'Etat à la Défense, il a la haute main sur la production d'équipements militaires, met en place un tentaculaire réseau d'espionnage qui permettra à l'URSS de briser le secret de la bombe atomique américaine et développe son bras armé, le redoutable SMERSH.

Beria est incontestablement l'homme le plus puissant de l'URSS après Staline – à ce titre, il planifie encore la campagne antisémite qui sévit au lendemain de la Seconde Guerre mondiale. Mais l'âme damnée du tyran du Kremlin doit rester vigilante : au sommet de l'Etat, les rivalités sont féroces et son pouvoir inquiète. D'autant que circulent des rumeurs fondées sur les excès de sa vie privée. Le soir venu, la luxueuse Zis de Beria sillonne les rues de Moscou, à l'affût de jeunes proies féminines. Autant de jeunes filles qui sont enlevées par ses gardes du corps et subissent ensuite les derniers outrages dans son bureau feutré de la Loubianka.

Staline lui-même finit par prendre ombrage de la toute-puissance de Beria. Au début des années

1950, il lui enlève le portefeuille de la Sécurité d'Etat, qui est confié à l'un de ses rivaux. Le début de la disgrâce ? Tout indique que le dictateur, affaibli par la maladie et craignant d'être victime d'un complot, envisage de procéder à une nouvelle grande purge. Beria, instruit par les fâcheux exemples de Iagoda et Iejov, pourrait être parmi les premiers à tomber. Et peut-être a-t-il déjà appris que ses ennemis, à l'instigation de Staline, montaient un dossier contre lui... Au tout début du mois de mars 1953, il rend visite au tyran qui, malade, s'est réfugié dans sa datcha de Kountsevo.

Le lendemain matin, Staline gît sur le sol, agonisant. Beria, comme l'ont supposé d'autres membres du Politburo, a-t-il empoisonné son maître pour prévenir sa propre défaveur ? Le mystère demeure. Ce qui est par contre avéré, c'est que, la veille, Beria a prudemment évité de convoquer des médecins au chevet du tyran, pourtant déjà au plus mal.

Le Géorgien s'impose parmi les autres hiérarques du Parti. Exactement comme s'il avait tout préparé. Nouveau maître du Kremlin, il adopte une politique qui prend le contre-pied du stalinisme orthodoxe. Il libère des prisonniers, promulgue une amnistie, envisage de se réconcilier avec le « traître » Tito, décide d'en terminer avec le culte de la personnalité... Mais il semble qu'il ait présumé de sa puissance. A peine quelques mois après la mort de Staline, ses pairs décident de se débarrasser de lui.

Les circonstances de sa mort restent inconnues. Victime d'un piège, il aurait été exécuté au sein même du Kremlin, au cours d'une réunion du Politburo, sa dépouille aurait été immédiatement incinérée et ses cendres aussitôt dispersées[1].

Fin 1953, il a été déchu à titre posthume de tous ses titres et médailles. Une décision qu'en mai 2000 la Cour suprême de Russie s'est refusée à infirmer, en jugeant que la réalité des crimes contre l'humanité commis par Beria ne souffrait aucune contestation.

---

1. Ce n'est qu'une version de la disparition de Beria. Sa mort, tout comme celle de son maître Staline, demeure encore mystérieuse.

## *Attila*

### *La terreur en marche*

Il était celui qui inspirait la peur. Un archétype du méchant, dont le nom seul semait la terreur : Attila ! « Le fléau de Dieu » ! Une expression forgée par saint Augustin en 410 pour désigner un autre Barbare, Alaric, roi des Wisigoths, mais reprise deux siècles plus tard par l'évêque-chroniqueur Grégoire de Tours pour évoquer le roi des Huns. Le fléau de Dieu, c'est-à-dire étymologiquement son « fouet[1] », celui qui a été envoyé sur terre pour exercer la colère divine sur les mauvais fidèles et exprimer la toute-puissance de l'Etre suprême.

Pourquoi Attila a-t-il mérité de devenir cet anti-héros, ce symbole du mal absolu[2] ?

Le futur roi des Huns est sans doute né vers 395 quelque part dans les plaines danubiennes

1. *Flagellum*.

2. Il faut tout de suite observer que les sources sur la saga d'Attila, écrites en grec ou en latin, ne proviennent que du camp de ses adversaires. Elles sont donc sujettes à caution.

où nomadisaient les siens, fraîchement arrivés en Europe. Marchant en direction de l'ouest, ces guerriers, qui vivaient essentiellement de l'élevage de leurs troupeaux, avaient traversé la Volga une trentaine d'années plus tôt. Précédés par une réputation d'invincibilité grâce à leurs archers à cheval, très mobiles, ils s'étaient attaqués aux royaumes goths établis dans ces vastes plaines. Une poussée irrésistible qui avait conduit les Vandales, les Alains, les Suèves ou encore les Burgondes à fuir en direction de la Gaule romaine. A l'issue de ces conquêtes, les Huns étaient les maîtres d'un vaste territoire où vivaient des peuples disparates, assujettis bon gré mal gré.

Dans les premières années du ve siècle, ces Barbares venus de l'Est entretenaient des relations ambiguës avec leurs voisins romains. L'empire sur lequel régnaient les Théodosiens, s'il demeurait en principe uni, était néanmoins administré par deux entités distinctes : à l'ouest, un gouvernement établi à Ravenne, à l'est, un autre, sis à Constantinople. Avec l'un comme avec l'autre, les Huns alternaient menaces et gestes cordiaux. Contre la promesse de respecter la paix armée entre les deux empires, ils obtenaient ainsi le versement de solides tributs. Mais si les Romains acceptaient cette forme de chantage, c'était aussi qu'ils y trouvaient des avantages : les Huns offraient un formidable vivier de mercenaires aguerris qui pouvaient assister des légions en mal de recrutement. Des renforts hunniques furent ainsi engagés dans le combat contre les Germains insoumis qui sévissaient autour du limes[1] du Nord.

Attila était le fils du roi Moundzouk. Eduqué comme un jeune noble, instruit dans les arts martiaux, il parle le hunnique, une langue turque, mais il a aussi appris le langage des Goths. En 408, le père de l'adolescent est tué à la guerre. Lui et son frère Bleda sont adoptés par leurs oncles, Octar et Ruga, qui succèdent conjointement à la tête des Huns au roi défunt.

En 434, Ruga, survivant de la fratrie régnante, se sent mourir. Il confie le pouvoir à ses deux neveux, tandis que d'autres princes héritiers, récusant la décision de Ruga, se réfugient à Constantinople. Bleda, l'aîné, semble alors le plus entreprenant des deux frères : il accroît la pression militaire qu'il exerce sur les Romains d'Orient. Il obtient non seulement un doublement du tribut que lui verse Constantinople mais il arrache aussi la promesse que l'empire ne conclura plus d'alliance avec les Barbares du Nord, qui échappent encore à la tutelle hunnique. Les Huns peuvent ainsi étendre leur influence des Alpes jusqu'aux rives du Rhin et de la Vistule.

En 440, les Perses sassanides envahissent l'Arménie romaine. L'ambitieux Bleda profite aussitôt de cette diversion qui mobilise les forces romaines d'Orient pour s'attaquer à Constantinople. Attila désapprouve mais feint d'aider son frère. En réa-

1. Système de fortifications édifiées aux frontières de l'Empire romain.

lité, il a sans doute déjà décidé d'éliminer un rival qui lui fait de l'ombre et qui conduit une politique aventurière. Tandis que Bleda guerroie et amasse un important butin, Attila prépare en secret son coup de force. Il s'assure du soutien de vassaux germaniques, tels Edecon, roi des Skires, et Ardaric, souverain des Gépides, et rassemble autour de lui d'éminents personnages, Barbares hellénisés et même Romains attachés à sa cour. Fin 444, Attila a fini de tirer les fils de la conjuration : il attire son frère dans un piège et le fait assassiner. Les partisans de Bleda sont massacrés au cours de leur fuite et il obtient de Constantinople que les princes héritiers émigrés encore en position de revendiquer la couronne lui soient remis.

Désormais, il est le seul roi des Huns, le maître incontesté de la plus grande partie du territoire européen.

Priscus, ambassadeur de Rome à la cour d'Attila, donne la seule description physique que nous possédions du souverain hunnique : « Sa taille était courte, sa tête très grosse. Des petits yeux, la barbe clairsemée, les cheveux grisonnants, le nez aplati, le teint mat, il reproduisait ainsi les caractéristiques de son origine... » Bref, pour le diplomate romain, Attila a le faciès typique d'un individu issu des steppes orientales. Le même Priscus observe, pour s'en étonner, que le mode de vie du roi des Huns est à l'image de son apparence, simple et sans ostentation. Il ne porte ni bijoux ni vêtements somptueux et il mange dans une vaisselle de bois. Et si le Romain semble stupéfait, c'est qu'il est habitué au faste qui est l'ordinaire des empereurs de sa patrie.

Tout à rebours, Attila choisit de vivre au milieu de son peuple, dont il partage les us et coutumes. Mais, s'il a renoncé au nomadisme et invité les siens à se sédentariser, il a également commandé l'édification de maisons en bois, et même, pour son usage personnel, d'un palais construit dans le même matériau et pourvu, à la mode romaine, de thermes.

Parcimonieux dans sa vie quotidienne, Attila est prodigue dès qu'il s'agit de ses amours. Tant pour des raisons diplomatiques que privées, il multiplie les épouses et donc sa descendance. La plus influente semble avoir été Kreka, qui lui a donné son successeur désigné, son fils aîné, Ellac. Toutefois, contrairement aux usages des cours orientales, il laisse une grande liberté à ses femmes, qui jouissent d'une véritable indépendance matérielle. Il confie, par exemple, à Kreka le soin de recevoir les ambassadeurs byzantins.

Pareillement, Attila associe Ellac à la gestion de son empire. Ce relatif libéralisme familial a cependant des limites. Le dauphin désigné doit garder les yeux baissés lorsqu'il participe à un banquet officiel au côté de son père. Car Attila a une très haute idée de lui-même et de la fonction qu'il occupe. A peine débarrassé de son frère, il se désigne Europæ Orbator (empereur d'Europe) et, comme preuve de sa puissance, il conquiert dès 445 la province romaine de Pannonie-Savie (l'actuelle Hongrie). Pourtant, hésitant encore à attaquer frontalement l'empire, il maintient la fiction d'une administration romaine dans les régions dont il s'est emparé. Et pour faire bonne mesure, il obtient sans grandes difficultés de l'empereur Valentinien III, l'empereur romain d'Occident, d'être nommé maître de la milice en Pannonie.

Souverain d'un immense territoire aux multiples ethnies et aux croyances éclatées – nombre de ses sujets sont des chrétiens ariens –, Attila veille aussi à rester fidèle au culte animiste de ses ancêtres, spirituellement dirigés par d'influents chamanes. Les Huns étaient-ils cannibales, comme certains historiens l'ont écrit ? Se livraient-ils à des sacrifices humains sacrés ? Rien ne le prouve, sinon la découverte de quelques grands chaudrons en bronze où les Huns auraient mitonné leur macabre cuisine.

Ce qui est par contre avéré, c'est l'utilisation politique par Attila des croyances superstitieuses de son peuple. Afin de « diviniser » son règne, le Hun a affirmé avoir trouvé l'épée d'Arès (le Mars latin), forgée autrefois par Héphaïstos (Vulcain). La possession d'une arme aussi symbolique lui conférait un pouvoir quasi surnaturel. Ainsi pourvu, Attila avait les moyens de se dresser, enfin, face à Rome, cette insolente et lascive rivale ! Telle était son ambition suprême. Mais, il l'avait déjà montré, Attila savait attendre l'instant favorable avant d'attaquer.

En janvier 447, un terrible tremblement de terre réduit en poussière une grande partie de la muraille théodosienne de Constantinople.

Cinquante-sept tours se sont effondrées. La capitale orientale de l'Empire romain est d'autant plus vulnérable que le séisme a aussi mis à bas de nombreux silos à grains. La famine gagne toute la province de Thrace. L'opportuniste Attila décide de profiter de cette détresse et du désordre qui s'ensuit pour lancer son offensive. A la tête d'une importante armée, il franchit le limes et envahit une partie de la Dacie, la Roumanie actuelle. Il marche vers Constantinople. Les légions tentent de lui couper la route. Elles sont écrasées au cours de la bataille d'Utus. Leur général, Arnegisclus, est tué. Les Huns et leurs alliés germains pillent les régions de Mésie, de Thrace et de Macédoine, et amassent un considérable butin tandis que l'empereur d'Orient, Théodose II, abandonnant ces provinces à la soldatesque barbare, choisit de renforcer en priorité les défenses de sa capitale.

Attila va-t-il conduire sa campagne à son terme, c'est-à-dire jusqu'à Constantinople, qui lui semble promise ? Non, contre toute attente, comme s'il était rassasié par les riches dépouilles qu'il a arrachées à ses proies, il se retire. Mais, objectivement vainqueur, il est bien décidé à saigner l'empire d'Orient. Au cours des négociations de paix qui suivent, il entend obtenir une augmentation substantielle du tribut que lui verse ce dernier. Il veut aussi que les frontières soient modifiées en sa faveur.

Théodose feint d'accepter et fait traîner les pourparlers. En réalité, il met à profit ce répit pour soudoyer Edecon, un allié d'Attila, et fomenter l'assassinat du roi des Huns. Las, le traître n'est pas résolu à trahir, en dépit des cinquante livres d'or que lui a offertes l'empereur. La conjuration échoue. Il en coûte à l'empereur une nouvelle hausse du tribut qu'il doit acquitter.

En 450, un traité de paix est enfin signé. Les prisonniers romains sont autorisés à regagner leurs pénates. Théodose croit avoir acheté la paix. Mais les militaires présents à Constantinople grondent : l'empereur a cédé trop facilement à cet arrogant Barbare, qui a même obtenu de Théodose qu'il sacrifie l'un de ses ministres, Chrysaphios – reconnu comme étant l'instigateur de la tentative d'assassinat contre Attila, il a été mis à mort.

Le roi des Huns a donc obtenu gain de cause, mais il n'a pas vaincu pour autant ! En fait, s'il n'a pas poussé son avantage militaire jusqu'au bout, c'est qu'il a au moins depuis deux ans les yeux tournés vers l'Occident. Déjà, en 448, le chef en fuite d'une bagaude[1] est venu jusqu'à lui pour l'inciter à envahir la Gaule romaine. Attila, sans mésestimer l'importance décisive de la force armée, préfère user d'abord d'un stratagème diplomatique plutôt ingénieux pour assouvir son ambition. L'empire romain d'Occident, on l'a vu, est alors gouverné par Valentinien III.

1. Bande de brigands et de paysans révoltés qui, à partir de la première moitié du v^e^ siècle, vont semer le désordre à l'intérieur des frontières de l'Empire romain, préfigurant son délitement progressif.

Mais celui-ci doit, au moins en principe, partager le pouvoir avec sa sœur aînée Honoria, qui jouit du titre d'« Augusta ». Pour l'écarter, l'empereur a imaginé la marier avec un vieux sénateur. Mais la jeune femme n'entend pas se plier à la volonté de son frère.

Attila a-t-il décidé d'exploiter ce conflit familial qu'il ne pouvait ignorer ? A-t-il envoyé un émissaire secret auprès de la princesse rebelle ? En tout cas, l'indomptable Honoria, qui refuse d'être mariée contre son gré, envoie son anneau sigillaire à Attila en promettant de se donner à lui s'il accepte de lui venir en aide.

Le Hun saisit la bague au bond : en 450, il demande la main d'Honoria. En guise de dot, il ne réclame pas moins que la possession de la Gaule. A Ravenne, face à une proposition aussi insolente, Valentinien refuse tout net. C'est la rupture qu'Attila attendait. La guerre est désormais inévitable.

Les Huns se préparent à entrer en campagne, cherchent pour ce faire des alliés. Les Vandales acceptent, les Wisigoths, établis dans le sud-ouest de la Gaule, se récusent : ils se méfient des visées expansionnistes d'Attila. Mais celui-ci peut compter sur ses vassaux germaniques traditionnels, Thuringiens, Ostrogoths, Francs, Alains et autres Burgondes.

Au printemps 451, c'est une puissante troupe qui déferle sur la Gaule. Cependant, il en est fini de la tactique qui a permis les succès passés des hordes hunniques : des raids éclair conduits par des cavaliers rapides et insaisissables, qui agissent par surprise. L'armée, trop nombreuse, manœuvre avec lenteur. Néanmoins, en avril, Attila se présente devant Divodurum Mediomatricorum (Metz). La cité gallo-romaine résiste et refuse de se rendre. Le siège commence. Attila piaffe d'impatience. Malheureusement pour les futurs Messins, la muraille sud de leur ville s'écroule. Les envahisseurs se précipitent dans la brèche. La cité est mise à sac et brûlée, ses habitants massacrés : Attila leur a fait payer au prix fort leur résistance !

Reims tombe à son tour et subit le même sort. Le Hun marche maintenant vers Lutèce. Avertie du danger qui menace la ville, une jeune femme qui s'est vouée au dieu chrétien, Genovefa, fille unique d'un magistrat municipal qui lui a transmis sa charge, organise la résistance. Elle prie, sans oublier de tancer ceux de ses concitoyens terrorisés qui veulent fuir. L'historiographie chrétienne retiendra que ce sont ses prières qui ont convaincu Attila de ne pas assiéger Lutèce mais d'avancer au plus vite vers le sud. Selon d'autres sources, l'habile jeune femme aurait fait dire aux Huns que sa cité était la proie d'une épidémie de choléra.

Quoi qu'il en soit, Lutèce a vraiment été épargnée et, la grâce aidant, Genovefa y a gagné l'onction de la sainteté : sainte Geneviève sera désormais et pour les siècles des siècles la protectrice de Paris.

Attila entend passer la Loire pour aller combattre ces Wisigoths qui lui ont manqué. Mais il doit rompre le verrou d'Orléans, où un autre religieux promis à la sainteté, l'évêque Aignan, exalte l'esprit de résistance de ses ouailles. L'armée hunnique assiège la ville et perd ainsi quelques précieuses semaines. Car, de l'autre côté du fleuve, la riposte s'organise. Les Wisigoths de Théodoric sont rejoints par les légions d'Aetius, le patrice de la Gaule, un général qui connaît particulièrement bien le Hun : adolescent, ce fils de famille a été otage à la cour du roi Ruga et il a partagé jeux et exercices martiaux avec le neveu de ce dernier, Attila. Il a d'ailleurs gardé de ce séjour chez les Huns un grand respect pour leurs vertus guerrières, à tel point qu'il en a enrôlé quelques-uns pour former sa garde personnelle.

La confrontation entre les deux amis d'enfance est donc inéluctable. Mais Aetius a un avantage : il a bien compris la psychologie d'Attila – celui-ci est bien plus avide d'honneurs que de conquêtes territoriales –, tout comme il a parfaitement analysé l'un des piliers de l'invincibilité hunnique : la peur que les Huns inspirent est plus grande que le danger réel qu'ils représentent ! Lorsqu'on leur oppose un front uni et résolu, ils ne tardent pas à se débander et à battre en retraite.

Aetius, à la tête de ses légions et de ses alliés wisigoths, poursuit Attila, qui s'est retranché en Champagne. La bataille décisive se déroule dans les champs Catalauniques[1]. De chaque côté, les pertes humaines sont lourdes (Théodoric est tué). Attila, le premier, décroche. Ses troupes refluent vers le Rhin sans qu'Aetius songe à le poursuivre. Souvenir d'une lointaine amitié ou sagesse ? Le général romain a sans doute estimé qu'il était plus important de réduire le désordre qui régnait en Gaule que d'attaquer un ennemi qui ne pensait qu'à regagner ses terres.

Attila termine donc sans gloire sa campagne de Gaule. Il a même dû abandonner une partie du fabuleux butin qu'il avait amassé. Le roi des Huns ne peut en rester là. A-t-il encore en tête son fumeux projet matrimonial ? Au printemps de l'année suivante, il repart en guerre.

Son armée passe les Alpes, fond sur Aquilée, puis s'empare de Padoue, Vérone, Milan et Pavie. L'empire romain d'Occident est en danger. Le trône de Valentinien III vacille, mais l'empereur se refuse à appeler Aetius à son secours car il a peur de ce potentiel rival. Il se replie sur Rome et se résout à rouvrir des négociations avec Attila. Une délégation vient au-devant du Barbare. Sa prestigieuse composition témoigne de la panique qui s'est emparée des Romains. En effet, elle est conduite par le pape Léon Ier en personne. Les plénipotentiaires obtiennent une trêve. Comme à son habitude, Attila semble bien plus préoccupé par la richesse du butin qui lui est concédé que par de nouvelles conquêtes. Au reste, le Hun n'a

1. Entre Châlons (Catalaunum) et Troyes.

guère le temps de s'attarder : son armée est affaiblie par une épidémie, et il apprend que l'empereur d'Orient, Marcien, s'est décidé à venir en aide à son alter ego de l'Ouest.

Attila a beau fanfaronner et brandir la menace de son retour dès l'année suivante si Valentinien ne lui donne pas Honoria et sa dot, il doit rompre et rentrer en Pannonie, avec toutefois le sentiment du devoir accompli : il a humilié Rome.

Au printemps 453, alors qu'il songe à entamer une nouvelle campagne, il offre un festin à sa cour pour célébrer ses noces avec une nouvelle épouse, la Germaine Ildico. Mais au petit matin la jeune mariée gît, prostrée, à côté du cadavre du souverain. Attila a-t-il abusé des libations lors de ses noces ? Ou a-t-il présumé de ses forces en voulant honorer comme elle le méritait sa nouvelle épouse ? Ou – c'est l'hypothèse émise par les chroniqueurs byzantins – a-t-il été victime d'une tentative d'empoisonnement ? L'empereur Marcien aurait-il réussi là où son prédécesseur Théodose avait échoué ? Cette question restera sans réponse.

Les funérailles sont grandioses. Attila repose dans un triple cercueil d'or, d'argent et de fer. Il est inhumé si secrètement que nul ne retrouvera jamais son tombeau. Mais le roi des Huns à peine enterré, et alors que ses fils se disputent déjà son empire, la légende prend naissance. Noire, lorsqu'il s'agit d'accabler « le fléau de Dieu » de tous les maux. Glorieuse, et même romantique, quand il s'agit de revendiquer son héritage, quitte à tricoter une filiation purement imaginaire. Ainsi les Magyars, autres nomades venus de l'Est plusieurs siècles après Attila, s'identifieront-ils aux Huns, dont ils partagent les mêmes pratiques de razzias. Les mythes aidant, le défunt roi devient leur ancêtre. Les monarques hongrois fondent leur légitimité sur cette supposée postérité. Ainsi, au XVe siècle, Matthias Ier est-il célébré comme un nouvel Attila. Et, beaucoup plus tard, le mythe hunnique continuera d'être exploité par les dirigeants politiques hongrois de droite et d'extrême droite[1].

Il faut aussi souligner qu'en Allemagne, au Moyen Age, la légende d'Attila a donné naissance à la *Chanson des Nibelungen*, qui fournira à Richard Wagner l'argument de sa célèbre tétralogie : le personnage du roi Atli y est à l'évidence inspiré par Attila.

Enfin, difficile d'oublier que, tandis que l'empereur allemand Guillaume II galvanisait ses troupes engagées contre les Boxers chinois en citant le cruel exemple du roi des Huns, les petits écoliers français ont longtemps appris que là où passait Attila l'herbe ne repoussait pas !

---

1. Une statue équestre d'Attila a été érigée en 2010 à Budapest.

## *Agrippine*

## *La mère criminelle*

L'Histoire l'a rangée dans la catégorie des grandes criminelles, telle une Lady Macbeth romaine. Certes, Agrippine la Jeune a usé des moyens les plus extrêmes pour se hisser au pouvoir, mais ne lui reproche-t-on pas surtout d'avoir donné naissance à un monstre, Néron, et mis tout en œuvre pour que celui-ci accède à la pourpre impériale avec l'espoir de gouverner par son truchement ?

En réalité, l'infortune d'Agrippine fut d'être née fille dans une prestigieuse famille, la Domus Augusta, où les femmes, bien qu'il leur soit légalement interdit d'exercer le pouvoir, s'illustraient néanmoins par leur audace, leur insatiable ambition et leurs féroces rivalités.

Arrière-petite-fille d'empereur (Auguste), sœur d'empereur (Caligula), épouse d'empereur (Claude) et mère d'empereur (Néron), Agrippine était presque naturellement destinée à vivre dans les premiers cercles de la haute société romaine et à assumer sa volonté de puissance, souvent au péril de sa vie, en manipulant cyniquement époux, amants et affidés.

Mais Agrippine est avant tout l'enfant de Germanicus, un illustre général, adulé par ses légionnaires depuis qu'il les a conduits à la victoire dans les forêts de Germanie, et unanimement considéré comme un héros par le peuple romain. La renommée du père rejaillira sur la fille qui, en plusieurs occasions, saura jouir de la faveur de l'armée.

Elle est née en novembre 15 en Germanie, près de l'actuelle Cologne, alors que sa mère, Agrippine l'Aînée, suivait son époux en campagne. L'époque est troublée. Auguste, grand-père de Germanicus, vient de mourir. Sa deuxième épouse, Livie, première femme à avoir bénéficié de la dignité d'Augusta, impose sur le trône impérial, non sans difficultés, son propre fils, Tibère, alors que Germanicus, qui a toujours été le préféré d'Auguste, aurait pu lui aussi prétendre au pouvoir. La décision de l'impératrice douairière témoigne des haines qui règnent à l'intérieur de la Domus Augusta. Livie ne supporte ni Germanicus ni la fière Agrippine l'Aînée, qui n'appartiennent pas à sa lignée et qui, si le valeureux général avait revêtu la pourpre, l'auraient certainement éloignée de Rome.

Au reste, les parents d'Agrippine la Jeune, cousins germains[1], forment un couple uni, aimant

1. Agrippine l'Aînée était la fille du général Agrippa, qui avait épousé Julie, fille d'Auguste.

et exceptionnellement fécond : ils auront neuf enfants, dont six parviendront à l'âge adulte, et parmi eux Caius, le futur Caligula. Agrippine, le numéro sept de la famille, sera suivie par deux autres filles.

En 19, Germanicus, qui menait une mission d'inspection en Orient, meurt soudainement à Antioche, peut-être empoisonné par Pison, le gouverneur de Syrie, à l'instigation de Tibère, qui se méfiait toujours de ce potentiel et trop populaire rival. Pour sa part, Agrippine l'Aînée ne doutera jamais de la réalité de l'assassinat de son époux, en dépit des fastueux honneurs que l'empereur rendit à la mémoire du défunt général.

La petite Agrippine a quatre ans à la mort de son père. Que comprend-elle ? Tout au long de son enfance, elle est élevée dans le culte de son glorieux père et de ses aïeux. Son orgueilleuse mère ne manque jamais de lui rappeler que le sang d'Auguste coule dans ses veines. Elle-même ne désespère pas de hisser sur le trône l'un de ses enfants mâles. Ce qui ne manque pas d'irriter Tibère, pour qui il ne saurait y avoir d'autres héritiers que son fils Drusus.

Bientôt, la veuve de Germanicus et sa descendance vont être entraînées malgré elles dans la tourmente. Lucius Séjan, un ambitieux, devenu le favori et l'homme fort du régime, élevé à la dignité de préfet du prétoire, complote pour s'emparer du pouvoir, se débarrassant systématiquement de tous ceux qui pourraient faire obstacle à son ascension. Subjuguant la femme de Drusus, il commence par empoisonner ce dernier avec la complicité de sa maîtresse. Puis il entreprend de ruiner systématiquement la réputation de la famille de Germanicus. L'aîné, Nero, est soupçonné d'entretenir des relations impudiques avec des jeunes hommes. Il est exilé sur l'île de Pontia, où il mourra de faim. Séjan s'attaque ensuite à un autre fils d'Agrippine, Drusus III, et obtient en 30 que, déclaré ennemi public à la suite d'accusations douteuses, le jeune homme soit enfermé dans une geôle du Palatin. Chaque fois, le vétilleux Tibère, qui vit loin de Rome dans son refuge de Capri, a approuvé. Y compris l'exil forcé d'Agrippine l'Aînée sur une autre île. Comme sa vertu était irréprochable, son seul esprit de rébellion a été mis en cause. La veuve de Germanicus ne reverra jamais Rome.

Agrippine la Jeune, elle, sans être directement victime des tourments qui ont frappé les siens, n'a pas pu ne pas en être affectée. Cependant, en compagnie de son frère Caius et de ses deux sœurs, Drusilla et Livilla, elle a rejoint la demeure de Livie, leur arrière-grand-mère, et bénéficie donc d'une protection que l'Augusta n'a pas daigné accorder aux autres membres de la lignée. Le séjour est bref mais formateur : la fillette a certainement été impressionnée par la forte personnalité de son aïeule qui, depuis un demi-siècle, influence la vie publique des Romains. A-t-elle alors été témoin des liens incestueux qui se sont tissés entre le futur Caligula et sa jeune sœur Drusilla ? Elle-même a-t-elle été exposée à ses avances ? On ne le sait, mais le fait expliquerait les relations exécrables qui existeront plus tard entre Agrippine et son frère aîné.

En 28, sur ordre de Tibère, Agrippine est mariée à Cneius Domitius Ahenobarbus (Barberousse), un petit-neveu d'Auguste. Brutal, beaucoup plus âgé que son épouse, c'est un mari médiocre qui a toutefois le mérite de lui offrir une existence confortable entre sa maison située près du forum et ses luxueuses résidences campagnardes sises dans le Latium ou en Campanie. La jeune femme se frotte aussi à la société politique lorsque Ahenobarbus, distingué par Tibère, devient consul honoraire et se voit même confier la charge suprême pendant une année entière, en 32.

Séjan, qui a été l'artisan de la détestation de Tibère pour la *gens* de Germanicus, cesse soudain de plaire. L'empereur, méfiant tout autant que cruel, a soudain pris conscience d'avoir élevé un rival virtuel. Sa fureur grandit encore quand l'ex-femme de Séjan confesse que ce dernier a empoisonné Drusus, le fils de Tibère, avec la complicité de la femme de ce dernier. La réaction impériale est foudroyante : à la demande de Tibère, l'ambitieux est aussitôt condamné à mort par le Sénat et étranglé dans sa geôle. Sa dépouille est précipitée dans les escaliers des Gémonies puis jetée dans le Tibre.

Malheureusement, la disparition de Séjan ne conduit pas l'empereur à revenir sur les mesures d'exil imposées à Agrippine l'Aînée et à ses deux fils, qui vont bientôt mourir. C'est d'autant plus paradoxal que la faveur de Caius-Caligula croît auprès de Tibère, qui va même imaginer de l'adopter et d'en faire son héritier.

Au printemps 37, le vieux Tibère – il a soixante-dix-huit ans – décline dans sa retraite de Capri. Caligula s'impatiente et sans doute donne-t-il un coup de pouce au destin en précipitant le décès de son père adoptif. Empereur à vingt-cinq ans, encensé par le peuple et l'armée, il commence un règne auquel la félicité est promise. Ses trois sœurs partagent son triomphe et figureront même sur les monnaies frappées à l'occasion. La malédiction qui a pesé sur la Domus Augusta semble s'éloigner. Agrippine a une autre raison de se réjouir : après neuf années d'une union stérile[1], elle est enfin enceinte et donne naissance, après un accouchement difficile, à un garçon, Lucius Domitius Ahenobarbus, qui, plus tard, lors de son adoption par son oncle Claude, se fera nommer Néron.

Au sein de cette société volontiers superstitieuse, on guette l'apparition du moindre signe. Or, quelques familiers auraient observé que, lorsque le futur Néron est né, il avait été frappé par un rayon de soleil avant même que l'astre n'illumine le sol terrestre. Assurément, l'enfançon est promis à un illustre et solaire destin. La jeune mère n'est pas la dernière à populariser

1. Cette longue stérilité permettra à de nombreux contemporains de prétendre que le véritable père de l'enfant est un amant d'Agrippine, peut-être même Caligula.

cette légende. Déjà, Agrippine imagine que son rejeton revêtira un jour la pourpre impériale. Elle s'en persuade d'autant plus que Caligula est encore dépourvu d'épouse et donc d'héritier. Quoi qu'il en soit, elle est décidée à se battre bec et ongles pour réaliser son dessein.

Sa sœur Drusilla règne alors sans partage sur les sentiments et les sens du jeune empereur. Traitée en impératrice, elle doit même se séparer de son époux sur ordre de son frère. Pour sauvegarder les apparences, Caligula la donne alors en mariage à l'un de ses amis, le complaisant Aemilius Lepidus, ce qui fait illico de ce dernier un héritier du trône. Agrippine en conçoit certainement du ressentiment. D'autant qu'elle jalouse le sort de sa jeune sœur, promue première dame de l'empire. Mais en 38 Drusilla, qui n'a que vingt-trois ans, meurt brutalement[1]. Caligula est dévasté, et quitte même Rome plusieurs semaines durant. A son retour, manifestant d'évidents symptômes de déséquilibre, il entreprend de diviniser la défunte, à laquelle il sera désormais rendu un culte dans tout l'empire.

Nouvelle alarme pour Agrippine, Caligula épouse une certaine Milonia Caesonia, une femme de petite noblesse déjà grosse de ses œuvres. Si l'enfant est un garçon, ce sera un nouveau rival pour son fils. Heureusement, il s'agit d'une fille. Mais le danger n'est pas écarté : Milonia peut concevoir à nouveau. Agrippine décide alors de

---

1. La cause de son décès ne sera jamais éclaircie.

se rapprocher de Lepidus, qui demeure l'héritier présomptif, et ourdit avec ce nouvel amant un complot contre son frère. Son plan est des plus simples : sitôt Caligula mort, elle se débarrasse de son mari, épouse Lepidus, à qui, arrière-petite-fille d'Auguste, elle apportera un regain de légitimité. Ne restera plus à son nouveau mari qu'à adopter le futur Néron.

Las, le complot est éventé avant même qu'il ait commencé à être exécuté. Lepidus, condamné à mort, a la tête tranchée tandis qu'Agrippine, échappant à la peine capitale, est exilée avec sa sœur Livilla à Pontia, là même où son frère Nero a été déporté par Tibère, des années plus tôt. Ses biens ont été confisqués, son fils lui a été retiré et confié à l'une de ses tantes paternelles.

Pendant deux longues années, Agrippine, surveillée en permanence, remâche sa colère. Son seul espoir réside dans la folie de son frère qui, multipliant les excès, finira sans doute par s'aliéner la faveur du peuple et de l'armée. En janvier 41, les dés sont jetés. Caligula est assassiné par ceux-là mêmes qui étaient censés le protéger, des membres de sa garde prétorienne.

Le trône est vacant. Le Sénat hésite. Néron étant encore trop jeune, le seul membre mâle de la Domus Augusta en âge de régner est Claude, le frère de Germanicus ! Claude, âgé de cinquante ans, le « benêt » de la famille, un bègue qui a été trop souvent un objet de dérision jusque sur les bancs du Sénat, ne semble pas capable d'accéder à la dignité suprême. Pourtant, contre toute attente, il est imposé par les prétoriens, c'est-à-dire l'armée, en mémoire de son glorieux frère. Le nouvel empereur paie immédiatement sa dette en offrant un *donativum* de quinze mille sesterces à chaque légionnaire et se déclare décidé à réparer les méfaits de son détestable neveu. Il commence par rappeler à Rome Agrippine et sa sœur, qui recouvrent du même coup leurs biens.

Ahenobarbus est mort quelques mois plus tôt. La jeune veuve, qui s'est empressée de récupérer son fils, doit d'abord restaurer sa réputation mise à mal par sa liaison adultérine avec Lepidus. Elle multiplie les gestes pieux, allant même jusqu'à donner une sépulture décente à son frère Caligula, qui avait été sommairement enterré dans les jardins de Lamia. N'ayant bien sûr en rien renoncé à son ambition dynastique pour Néron, elle doit aussi apparaître comme une digne matrone et donc contracter au plus vite un nouveau mariage. Le candidat pressenti se nomme Caius Sallustius Crispus Passienus. Agé, puissant et riche, élevé au rang de consul, il lui offre la sécurité à laquelle elle aspirait et qui lui permettra de continuer à intriguer dans l'ombre. Car une puissante rivale se présente sur son chemin.

Elle s'appelle Messaline. C'est l'épouse de Claude. Certes, elle mène une vie dissolue au vu et au su de son mari qui ne semble pas en prendre ombrage, mais elle a donné deux enfants à l'empereur : un garçon, Britannicus, et une fille, Octavie. Le premier est l'héritier naturel de son père.

Messaline n'est pas moins féroce qu'Agrippine et veille à protéger son époux de toute tentation féminine qui ne soit de basse extraction. Sa première victime est Livilla, la sœur d'Agrippine, coupable d'entretenir des liens trop étroits avec son oncle et de mépriser son épouse. Messaline parvient à convaincre Claude que sa nièce, qui s'est entourée d'une coterie de jeunes sénateurs et d'érudits, menace son pouvoir. Au prétexte qu'elle entretiendrait une liaison adultérine avec le philosophe Sénèque, Claude consent à l'exiler. Sur la route de Pontia, Livilla est assassinée, vraisemblablement sur ordre de Messaline. Quant à Sénèque, il lui est ordonné de se retirer en Sicile, puis en Corse.

Agrippine sait maintenant quel danger extrême représente la jeune, belle et cruelle Messaline. Elle doit craindre à la fois pour elle-même et pour la vie du jeune Néron. C'est un duel à mort qui va opposer les deux femmes, également acharnées à élever leur fils jusqu'à la première marche du trône.

La faction d'Agrippine s'efforce de ruiner la réputation de Messaline, déjà largement écornée par de fort réelles turpitudes. Ainsi fait-on courir la rumeur de débauches nocturnes dans les bas-fonds de Rome où, prétend-on, Messaline a soutenu avec une prostituée une joute sexuelle dont l'enjeu était de coucher avec le plus de partenaires en une seule nuit. Autant d'accusations infamantes qui seront reprises par des historiens comme Suétone ou Juvénal. De son côté, Messaline, conseillée par d'influents affranchis tels Narcisse ou Pallas, se constitue une solide clientèle et élimine sans pitié tous ceux qui pourraient lui faire de l'ombre auprès de Claude.

Réalise-t-elle qu'en conduisant à la mort ceux qui pourraient faire obstacle à son ambition elle dégage en même temps la route d'Agrippine vers le pouvoir ? En tout cas, ivre de puissance, elle va précipiter sa propre fin. En 47, elle s'amourache de Caius Silius qui, dit-on, est le plus beau des Romains. Pour elle, ce jeune homme noble répudie son épouse qui appartient pourtant à une famille réputée. Elle conçoit ensuite une conjuration pour assassiner Claude, se faire épouser par Silius, qui deviendrait le père adoptif de Britannicus. Folle d'amour, et sans même attendre la disparition programmée de Claude, elle pousse l'impudence jusqu'à organiser des épousailles sacrilèges avec Silius en août 48. C'en est trop pour le complaisant Claude. Ayant obtenu le retournement des affranchis de Messaline, il ordonne sa mort. « La putain impériale », ainsi qu'on la nomme, tente de se suicider, échoue à porter le glaive sur sa voluptueuse chair et décède sous le coup d'estoc que lui porte le tribun Evodus. Elle a tout juste vingt-trois ans.

Agrippine, elle, a largement passé la trentaine, un âge mûr pour l'époque. Mais, de l'avis général, elle demeure très séduisante. Six mois avant la mort de sa rivale, son vieux mari est opportunément décédé[1]. Elle est libre. La mère de Néron

1. Agrippine a été soupçonnée d'avoir tué son mari. Mais l'accusation semble peu sérieuse. La jeune femme ne pou-

imagine alors le plan le plus audacieux de toute son existence : se remarier avec Claude, son oncle. Son avenir et celui de son fils seraient définitivement assurés.

La loi romaine interdit l'inceste. Mais il est toujours possible de trouver des accommodements si la raison d'Etat l'impose. Le pouvoir ne gagnerait-il pas en homogénéité en unissant ces deux membres de la Domus Augusta ?

Dès la mort de l'infidèle Messaline, la rusée retrouve le chemin du Palatin et de la demeure de son oncle. Claude est loin d'être insensible au charme de sa nièce. Il écoute aussi Pallas, qui plaide en faveur de ce mariage. Reste l'obstacle de la loi. Les proches de Claude et d'Agrippine font le siège des sénateurs et emportent leur adhésion : un oncle peut désormais épouser légalement sa nièce. En janvier 49, après un délai de viduité de dix mois[1], Claude épouse Agrippine. Consécration suprême, l'empereur lui décerne le titre très envié d'Augusta, dont seule l'épouse d'Auguste, Livie, avait jusque-là été honorée.

Agrippine n'a pas fini d'avancer ses pions : en février 50, elle obtient de Claude qu'il adopte son fils, désormais connu sous le nom de Néron. Puis,

---

vait pas deviner que Messaline précipiterait elle-même sa propre chute. D'autre part, son mariage avec Passienus les mettait, elle et Néron, à l'abri des manœuvres criminelles de Messaline.

1. Afin de s'assurer qu'Agrippine ne porte pas un enfant de son deuxième mari.

toujours pour renforcer les liens de ce dernier avec son père adoptif, elle pousse Lucius Junius Silanus, le fiancé d'Octavie, au suicide. Néron pourra maintenant épouser celle qui est aussi sa sœur légale. Il devient alors à la fois le gendre et le fils de Claude.

Reste la dernière étape : l'élimination de Britannicus. Agrippine, qui a gagné en influence, en prestige et en pouvoir comme jamais avant elle aucune autre impératrice romaine, manœuvre avec habileté et cynisme. Elle ne manque jamais une occasion publique ou privée de rabaisser l'enfant aux yeux de son père et par là même de mettre en évidence la supériorité intellectuelle et physique de son propre fils. Ainsi, lors des jeux du cirque, c'est Néron qui apparaît au côté de l'empereur tandis que Britannicus se tient en retrait.

En même temps, Agrippine travaille à édifier sa propre gloire. Augusta, elle se veut l'égale de son époux. Sur les monnaies d'or et d'argent que Claude fait frapper, si son portrait figure sur l'avers, c'est la figure d'Agrippine qui orne le revers, une première dans l'histoire de Rome. Et quand elle se déplace, elle monte dans un véhicule d'honneur réservé aux prêtresses.

Fière de son illustre ascendance et consciente de son exceptionnel statut, Agrippine paraît en 52, lors d'une magnifique naumachie, vêtue d'une éblouissante chlamyde d'or, un manteau masculin et royal qui la transfigure en fille d'Apollon, le dieu tutélaire des empereurs. Mais, au-delà des apparences et d'un protocole qui favorise ses entreprises, Agrippine entend aussi jouer un rôle politique éminent, ce que lui permet un époux faible, qui semble se tenir éloigné du pouvoir réel. Secondée par l'industrieux Pallas, qui a la haute main sur le trésor et les affaires monétaires, elle imprime sa marque, rappelle Sénèque, auquel elle confie l'éducation de Néron. Chassant les deux préfets du prétoire choisis par Messaline, elle leur substitue un homme qui lui sera entièrement soumis, Sextus Burrus. Dorénavant assurée de la fidélité de cette troupe d'élite, elle distribue charges et prébendes selon son bon plaisir. Cependant, tout en accroissant touche après touche le caractère absolutiste du pouvoir, elle se garde de provoquer inutilement le Sénat.

Politique subtile, l'impératrice ne se conduit pas avec moins de férocité que Messaline dès lors qu'il s'agit de donner libre cours à ses inimitiés. Elle a déjà conduit Lucius Junius Silanus à se donner la mort. Elle s'en prend ensuite à Lollia Paulina, une riche et belle patricienne que Claude avait songé à épouser avant de porter son choix sur Agrippine. Il lui est reproché d'avoir consulté des mages et de nourrir de funestes desseins à l'endroit de l'empereur. Les biens de Lollia sont confisqués. Elle-même est exilée et bientôt expédiée *ad patres* par un tribun. Selon un historien malintentionné, Dion Cassius, Agrippine aurait demandé que la tête de la malheureuse lui fût présentée afin d'être assurée de sa mort. Puis c'est le tour de Domitia Lepida, la mère de Messaline, soupçonnée d'enjôler Néron, qu'elle avait autrefois recueilli lorsque sa mère était exilée. Enfin, il faut ajouter à cette liste morbide le consul Statilius Taurus, qui aurait refusé de céder à Agrippine les jardins qu'il possédait près de la Porte Majeure. Accusé de malversations et de pratiques magiques, Taurus se suicide pour échapper à la honte d'un procès.

Parallèlement, Agrippine continue à isoler le petit Britannicus. Elle éloigne de son entourage les centurions et les tribuns qui lui étaient attachés, limite ses apparitions publiques autant que ses moments d'intimité avec son père.

Agrippine a-t-elle abusé de son pouvoir et irrité Claude, ou bien l'empereur a-t-il pris ombrage des rumeurs qui prêtent des relations adultères à Agrippine, tantôt avec Sénèque, tantôt avec Pallas ? A moins que ce velléitaire n'ait soudain pris conscience de l'injustice qui était faite à son fils légitime… Fine mouche, Agrippine a saisi que sa faveur auprès de son époux s'étiolait. Elle commence à craindre qu'il ne songe à la répudier et donc à écarter Néron au profit de Britannicus. Du coup, le sort de Claude est scellé.

En 54, Néron a seize ans. Il est encore un peu jeune pour accéder à la pourpre. Mais son ambitieuse mère saura tenir fermement les rênes du pouvoir à sa place.

Claude est gourmand et même glouton. Il raffole des champignons qu'on trouve en automne dans la campagne romaine. Rien de plus aisé que de suborner un cuisinier[1] afin qu'il glisse une amanite vénéneuse au milieu d'innocentes oronges – qu'on appelle aussi « amanites de César ». Le goûteur, l'eunuque Halotus, était-il complice ? En tout cas, fidèle à sa voracité coutumière, Claude engloutit son plat tandis qu'Agrippine, pour dissiper les soupçons, pioche quelques miettes de champignons dans son assiette. Le poison ne tarde pas à produire ses effets. Claude doit être transporté en toute hâte dans sa chambre. Toutefois, il tarde à passer. Agrippine s'affole. Elle appelle le médecin Xénophon, autre complice. Sous prétexte d'aider l'empereur à vomir, celui-ci lui introduit dans la gorge une plume d'oie dont l'extrémité est empoisonnée.

Ce 13 octobre, Claude, veillé par ses proches éplorés, rend son dernier souffle en fin de matinée. Sur ordre de l'impératrice, sa mort est tenue secrète quelques heures, le temps pour Néron de se faire reconnaître par la garde prétorienne, commandée par le fidèle Burrus.

Agrippine a gagné. Néron est acclamé imperator. Britannicus, treize ans, ne saura jamais si son père voulait qu'il lui succédât ou non : le testament de Claude a été escamoté et détruit. La prudente Agrippine peaufine son triomphe en se débarrassant des quelques personnages qui pourraient contester le pouvoir de son fils.

---

1. Selon certaines sources, c'est l'empoisonneuse Locuste qui aurait fourni le champignon mortel. Mais, à cette époque, elle se trouvait en prison, où elle expiait ses crimes.

Narcisse, qui avait l'oreille de Claude, est invité à se suicider et Marcus Julius Silanus, descendant d'Auguste par sa petite-fille Julie, est empoisonné. Seulement quatre mois après son père, Britannicus trépasse, lui aussi vraisemblablement victime du poison.

Au commencement de son règne, Néron ne semble pas s'intéresser aux affaires de l'Etat, plus occupé à partager les jeux et les plaisirs des jeunes gens de son âge. Agrippine ne s'en émeut pas, au contraire, car cela lui permet de conforter son propre pouvoir. Pour autant, a-t-elle tenté de s'attacher l'affection de ce fils tant aimé par des moyens que la morale réprouve ? De nombreux auteurs le prétendent. Suétone, encore lui, soutient que lors de leurs déplacements en litière, à l'abri des rideaux du véhicule, la mère et le fils se livraient à des ébats amoureux. Pour d'autres, tel Tacite, c'est Néron qui voulait abuser de sa mère. Et si Agrippine céda à ses assauts, ç'aurait été pour mieux accroître son ascendant sur son fils[1].

Quoi qu'il en soit, Néron montre assez rapidement des velléités d'indépendance et entend secouer l'impérieuse tutelle maternelle. Soutenu par Sénèque, encouragé par Burrus, il limite peu à peu les prérogatives de sa mère et les honneurs qu'elle ne cesse d'accumuler. Agrippine, humiliée, résiste tant qu'elle le peut, mais ne peut plus s'appuyer que sur Pallas. Ecartée du palais, consignée

1. Autant d'assertions que les historiens modernes contestent.

dans ses villas hors de Rome, elle remâche l'ingratitude de son fils tandis que l'hostilité de ce dernier à l'encontre de sa mère ne cesse de grandir. Le ressentiment du jeune empereur est accru par les jugements que porte Agrippine sur ses amours. Epris de la très séduisante Poppée, il veut répudier Octavie et épouser sa maîtresse. Une conduite que désapprouve sa mère pour des raisons politiques : si Octavie se remariait, son époux, gendre de Claude, pourrait devenir un rival légitime.

Agrippine n'a-t-elle pas compris que le monstre auquel elle a donné la vie ne se sentira entièrement libre qu'en lui donnant la mort ? Malgré son éloignement, elle ne cesse en effet d'accabler Néron de conseils qu'il s'abstient de suivre mais qui le hantent, tant cette mère abusive lui inspire de la peur.

En 59, Néron règne depuis cinq ans. Il est décidé à passer à l'action. Toutefois, un matricide, s'il était connu des Romains, pourrait lui coûter l'affection de son peuple et de l'armée, qui vénère toujours la fille de Germanicus. Il lui faut donc imaginer un assassinat qui ressemblerait à un accident et qui serait précédé par une touchante tentative de rapprochement. Au mois de mars, Néron invite sa mère à participer aux fêtes de Minerve à ses côtés, dans sa demeure impériale du golfe de Naples.

La suite est aussi extravagante qu'invraisemblable. Le banquet qu'offre Néron à sa mère est fastueux et bien arrosé. Les rancunes semblent enterrées. A la nuit, un peu ivre, Agrippine annonce son intention de regagner sa villa d'Antium, de l'autre côté du golfe. Elle pourrait emprunter une litière mais Néron met une galère à sa disposition. Le bâtiment, commandé par le chef de la flotte de Misène, Anicetus, a été saboté sur ordre. Quand le bâtiment s'est suffisamment éloigné du rivage, son pont supérieur s'écroule sur les passagers. Agrippine n'est pas tuée. Elle doit être achevée à coups de rames par les marins complices. Puis la galère est sabordée. Selon un autre récit, tout aussi improbable, Agrippine aurait survécu et réussi à nager jusqu'à la côte. Néron, averti de ce fiasco, aurait alors ordonné qu'elle fût poignardée dans sa villa, qu'elle avait pu rejoindre. Puis son cadavre aurait été prestement incinéré.

L'invraisemblance de ces versions était telle que l'entourage de Néron, et sans doute d'abord Sénèque, crut bon de livrer une autre explication, qui demeure la relation officielle de la disparition de l'impératrice : Agrippine aurait réellement été victime d'un naufrage, auquel elle aurait survécu. Convaincue à tort de la responsabilité de son fils dans cet incident destiné à la tuer, elle aurait envoyé nuitamment un affranchi jusque chez Néron avec la mission d'assassiner ce dernier. Mais le meurtrier aurait failli. Agrippine aurait alors choisi de se donner la mort.

C'était donc une criminelle qui avait choisi d'en finir ! Justice était faite, on ne pouvait en tenir rigueur à Néron, qui, au contraire, avait tenté sincèrement de se réconcilier avec sa génitrice !

## *Barberousse*

### *La fratrie sanguinaire*

Sa barbe était-elle seulement rousse ? Et ne faudrait-il pas plutôt parler des « frères Barberousse », une fratrie unie qui a semé de conserve la terreur en Méditerranée tout au long de la première moitié du XVIe siècle ? Enfin et surtout, ce sobriquet ne fait-il pas d'abord allusion aux Barbaresques, ces pirates de Barbarie (la terre des Berbères) qui sévissaient sur mer à partir de leurs repaires du Maghreb ?

Barbe ou pas, rousse ou pas, les Barberousse ont en tout cas réellement inspiré les plus grandes craintes aux navigateurs mais aussi aux populations du pourtour méditerranéen, qui redoutaient leurs incursions destinées à enrichir leur capital d'esclaves.

Ils étaient donc quatre. Mais l'Histoire a essentiellement retenu le nom de deux d'entre eux, Arudj, l'aîné, et Khizir, qui s'est fait ensuite appeler Khayr al-Din, c'est-à-dire, en turc, « le Bienfait de la religion »...

Les frères seraient nés sur l'île de Lesbos, à

quelques encablures des côtes de la Sublime Porte. Leur père, peut-être d'origine albanaise, aurait été un ancien soldat devenu potier et leur mère serait catalane. Tous sont attirés par la mer dès leur plus jeune âge et deviendront des marins expérimentés. Arudj, le premier, largue les amarres et quitte son île natale. Il a déjà choisi l'aventure et s'engage sur un bateau corsaire avant de pouvoir acquérir son propre bâtiment, une petite galère équipée d'une ou deux voiles latines et nommée galiote.

Entre deux arraisonnements de vaisseaux mar chands armés par des chrétiens, Arudj, souvent secondé par ses frères, convoie des musulmans espagnols mais aussi des Juifs qui fuient l'Inquisition, une activité appréciée par le sultan turc, qui accorde l'hospitalité aux corsaires.

Grâce à ses prises, le redoutable pirate devient rapidement prospère. La vente des équipages et des passagers sur les marchés aux esclaves de Djerba ou de Tunis est lucrative. La flotte d'Arudj grossit, et sa renommée croît sur tous les rivages de la Méditerranée, où le simple énoncé de son sobriquet, Barberousse, inspire la terreur.

Cependant, à l'aube du XVIe siècle, le pirate est victime de sa propre audace : sa galiote est à son tour attaquée par une grosse galère maltaise des chevaliers de Saint-Jean. Le combat est féroce mais il tourne vite au désavantage d'Arudj. Son plus jeune frère, Elias, est tué. Lui-même est fait prisonnier. Conduit à Malte, il est jeté dans un cul-de-basse-fosse : les chevaliers chrétiens ne sont pas moins impitoyables que les pirates barbaresques qu'ils pourchassent inlassablement. Puis il connaît le banc des galériens à bord d'un vaisseau maltais.

Là, enchaîné, maltraité et affamé, Arudj s'abouche avec quelques-uns de ses compagnons de souffrance. Il leur faut s'évader. Par chance, un des galériens réussit à se procurer un couteau. Les captifs ont maintenant la possibilité de crocheter leurs fers. Mais ils doivent attendre le moment favorable.

Un soir, alors que la nuit tombe, la galère longe la côte tunisienne, où brillent quelques rares lumières. La mer est tempétueuse, l'obscurité presque totale. Vite, les galériens se débarrassent de leurs chaînes et sautent par-dessus bord. Ballottés par la houle, épuisés, ils sont emportés par le courant vers la terre ferme. A demi morts mais libres ! Arudj a connu deux ans de captivité. Et il aspire de toutes ses forces à reprendre la mer.

Sa réputation est telle que le bey de Tunis, vassal du sultan ottoman, lui confie les deux galiotes qu'il possède. A charge pour le pirate de lui reverser un cinquième de ses prises.

Arudj écume à nouveau la Méditerranée. Au large des Baléares, il s'empare d'abord d'un lourd vaisseau espagnol qui se rend sans même combattre. Mais ce n'est qu'un début : six galions chargés jusqu'à la gueule de richesses arrachées aux lointaines Amériques, puis deux vaisseaux portugais et un bateau français seront successivement capturés. Le retour de Barberousse à

Tunis est triomphal. Mais d'autres campagnes l'attendent.

En 1504, les espions qu'il rétribue en plusieurs ports de la Méditerranée lui annoncent le prochain passage près de l'île d'Elbe de deux galères marchandes appartenant au pape Jules II. L'occasion est trop belle. Arudj, accompagné de son frère Khizir, tend une embuscade aux navires pontificaux. Arborant des pavillons espagnols, les galiotes s'approchent de leurs victimes. Et soudain, sabre à la main, les pirates fondent sur leurs victimes. L'effet de surprise est total. Les équipages du pape sont massacrés ou faits prisonniers. Les marins les plus forts seront vendus comme esclaves.

L'ambitieux Arudj rêve maintenant de conquêtes territoriales. Son choix se porte sur la côte algérienne, où les Espagnols se sont établis en quelques points du littoral. En 1510, onze de ses galiotes se présentent devant la forteresse de Béjaïa (Bougie). Là, malgré le soutien de plusieurs centaines de montagnards berbères qui donnent l'assaut côté terre, Arudj échoue à conquérir cet important poste espagnol. Pire, un boulet lui arrache la moitié du bras gauche. Il doit être amputé et sonne la retraite. La flotte barbaresque reflue vers son repaire de Tunis, non sans prendre au passage une petite galère génoise.

Cette dernière capture est lourde de conséquences. Les Génois, qui n'avaient jusqu'alors guère souffert des activités des pirates, décident de venger l'affront. Une puissante escadre sous les ordres de l'amiral Andrea Doria met le cap sur La Goulette qui commande l'accès au port de Tunis. Des troupes sont débarquées. La ville est pillée, les vaisseaux des pirates sont brûlés. Arudj, durablement affaibli, et son frère Khizir ont eu tout juste le temps de se réfugier à Djerba où dès 1514, ils vont tenter de reconstituer leur flotte.

Car les frères Barberousse n'ont pas renoncé à se créer un fief sur la côte du Maghreb. Après une nouvelle tentative infructueuse contre Béjaïa, Arudj enlève aux Génois le petit port de Djidjelli, au pied des montagnes de Kabylie. Ce sera désormais la base d'où il lancera ses expéditions de piraterie ou encore ses razzias sur les côtes chrétiennes de la Méditerranée, où la priorité est donnée à la capture des jeunes femmes, proies de choix pour les harems.

En 1516, les deux frères sont sollicités par l'émir d'Alger, Salam al-Toumi. Celui-ci entend se débarrasser de l'occupant espagnol qui commande son port depuis la forteresse construite sur l'îlot de Peñón. Les pirates répondent favorablement, mobilisent de nombreux combattants grâce à l'or qu'ils ont amassé lors de leurs rapines. Khizir attaque par la mer tandis que son frère aîné investit la ville par la terre. Bientôt, les deux frères sont maîtres d'Alger. Et Arudj, dont c'était certainement le secret dessein, assassine l'émir alors qu'il se trouve aux bains, et se proclame nouveau souverain d'Alger.

La population algérienne, révulsée par cette traîtrise, se révolte. Arudj réussit à prendre la fuite. Pour mieux revenir à la tête de ses janissaires. Les conjurés sont arrêtés, suppliciés de maintes façons. Le pirate donne ainsi la preuve de sa fertile imagination.

Toutefois, les Barberousse doivent affronter un nouveau péril. Le souverain espagnol, dont les troupes ont été chassées d'Alger, est courroucé. Charles I$^{er}$ (le futur Charles Quint) se résout à sévir contre les Barbaresques et à restaurer l'autorité de la famille de Salam. Il envoie d'abord une forte escadre devant Alger. La ville est canonnée, des troupes sont débarquées. Mais les janissaires commandés par Khizir résistent vaillamment. Les soldats espagnols doivent regagner en toute hâte leurs vaisseaux alors qu'un fort coup de vent balaie la rade. Les bâtiments, qui allaient appareiller, sont drossés les uns contre les autres. Vingt navires coulent et quatre mille hommes périssent.

De son côté, Arudj s'est lancé au-devant d'une armée de dix mille soldats espagnols débarqués à Oran. Depuis Tlemcen, où il s'est établi, l'aîné des Barberousse organise la contre-attaque avec l'espoir de consolider son domaine. Mais il a préjugé de ses forces. L'Espagnol est le plus puissant. Arudj est tué, les armes à la main, en essayant de s'échapper. Charles I$^{er}$ et les siens pensent en avoir fini avec la menace barbaresque. Ils se trompent car, presque naturellement, Khizir succède en 1518 à son frère et devient Khayr al-Din. Sans renoncer à la piraterie maritime, grâce à une flotte qui compte plus de vingt navires, il se consacre à l'expansion de ses possessions algériennes. Cependant, craignant de nouvelles offensives des troupes chrétiennes, il agit prudemment et envoie une ambassade auprès du sultan d'Istanbul. Il requiert sa protection, promet en retour de lui payer un tribut. Selim Ier accepte le marché, lui envoie deux mille janissaires et le nomme beylerbey (gouverneur) d'Alger.

Vassal du très redouté souverain de la Sublime Porte, Khayr al-Din s'empare de plusieurs localités du littoral, dont Bône et Constantine. En 1529, il emporte aussi le fort de Peñón, verrou du port d'Alger, et ordonne qu'il soit rasé. Les pierres serviront à construire une jetée reliant l'îlot à la terre. La garnison et les femmes et les enfants qui y résidaient rejoignent immédiatement le marché aux esclaves.

Deux années plus tard, l'amiral génois Andrea Doria débarque des troupes et tente de détruire le nouvel édifice. L'affaire se termine en fiasco : les envahisseurs sont massacrés avant même de pouvoir regagner leurs vaisseaux. Pour parachever sa victoire, Barberousse lance ses galiotes à la poursuite des fuyards. Il en profite pour ravager les côtes italiennes et provençales.

Khayr al-Din règne désormais sur un véritable Etat dont la principale ressource est la piraterie. Ses galiotes, commandées par ses lieutenants, Dragut, Salih Raïs ou Siñan, naviguent d'exploits en exploits. Elles franchissent même les colonnes d'Hercule pour aller attaquer dans l'Atlantique les galions espagnols chargés de l'or du Nouveau Monde.

L'autorité du beylerbey sur la partie occidentale de la Méditerranée est si évidente que les Tunisiens, mécontents de leur souverain, Manlay Hassan, lui demandent de les aider à le déposer et de gouverner leur pays. La sollicitation est flatteuse. Khayr al-Din prend toutefois la précaution d'en référer à son suzerain, Soliman Ier[1], qui a succédé à son père, Selim. Le sultan lui octroie une armée de huit mille soldats. Assuré de vaincre, Barberousse quitte Alger, dont il confie la garde à son fils adoptif Hassan Agha[2], marche sur la Tunisie et s'en rend maître.

Khayr al-Din est alors au faîte de sa puissance. En 1533, Soliman le réclame à Istanbul. Reçu avec les honneurs, il est bientôt nommé grand-amiral de la flotte ottomane (capitan pacha). Le pirate barbaresque est maintenant un personnage officiel. Il est loin, le temps des coups de main hasardeux où Khizir, sabre en main, combattait sur le pont des galères, éventrait et décapitait aux côtés de son aîné Arudj.

Pour autant, Khayr al-Din n'a guère le temps de jouir de sa nouvelle élévation. Le souverain de Tunis qu'il a démis, Manlay Hassan, a fait appel à Charles Quint. L'Espagnol répond avec

---

1. Soliman le Magnifique.

2. Enfant, Hassan a été raflé par les Barbaresques sur les côtes sardes. Fait eunuque, il devient le protégé puis le majordome de Khayr al-Din, avant d'être adopté.

empressement, d'autant qu'il aspire à se venger du Barbaresque. Il monte une formidable expédition, forte de plus de quatre cents vaisseaux et vingt-sept mille hommes, sous l'autorité d'Andrea Doria, le meilleur ennemi du pirate.

Revenu précipitamment en Tunisie, Barberousse comprend qu'il lui sera impossible de résister. Il abandonne Tunis, se replie avec ses navires à Bône tandis que Tunis est prise et que les soldats espagnols passent au fil de l'épée le tiers de la population de la ville. Plutôt que d'attaquer frontalement les envahisseurs, Khayr al-Din choisit de se livrer à des opérations de diversion. En 1536, sa flotte fond sur l'île de Minorque, dans l'archipel des Baléares. Six mille Espagnols sont capturés et un considérable butin est raflé.

Barberousse échoue toutefois à satisfaire l'un des vœux les plus chers du grand vizir Ibrahim. L'épisode est aussi curieux qu'extravagant. Ce ministre du sultan, exaspéré par l'emprise absolue de la favorite Roxelane sur les sens et la volonté de Soliman le Magnifique, a en effet imaginé de la supplanter en présentant à son maître une femme encore plus admirable. Son choix se porte sur la veuve du comte Vespasiano Colonna, Giulia Gonzaga, dont la réputation avait dépassé les frontières de la péninsule italienne. Aussi belle que cultivée, la comtesse a réuni en son château de Fondi un cercle d'érudits et de beaux esprits mais se refuse obstinément à se donner un nouvel époux.

Ibrahim demande donc à Khayr al-Din d'enlever Giulia et de la conduire à Istanbul. Barberousse, malgré la haute position qu'il occupe, ne peut se risquer de déplaire au grand vizir. Il débarque donc sur les côtes du Latium avec un gros contingent de janissaires et court jusqu'à Fondi, où il arrive à la nuit. Hélas, la belle, sans doute alertée par ce déploiement de soldats, a déjà sauté sur un cheval et fui dans l'obscurité. Le pirate est furieux. Sa colère retombe sur la population de Fondi, qu'il fait massacrer par ses hommes.

De retour à Istanbul, le grand-amiral travaille à réorganiser la flotte ottomane qui va permettre à la Turquie de devenir sous les ordres de ce marin chevronné l'une des premières puissances navales de son temps. Il sera encore, à deux reprises, confronté à son éternel rival, Andrea Doria.

Une première fois, leurs escadres s'affrontent devant Preventa, au large des côtes occidentales de la Grèce. Mais le combat tourne court. Le Génois, se sentant en état d'infériorité, s'esquive. Puis, en octobre 1541, Doria se trouve à nouveau aux commandes de l'armada que Charles Quint lance contre Alger. Le mauvais temps oblige les attaquants à différer leur débarquement. Quand enfin ils mettent pied à terre, ils subissent un tir nourri de l'infanterie et échouent à forcer les défenses de la cité. Il leur faut rembarquer alors que la tempête sévit toujours et qu'ils subissent le harcèlement des fantassins turcs. L'expédition tourne bien vite au désastre : les Espagnols perdent huit mille hommes, dont trois cent cinquante officiers. Ils doivent aussi abandonner à l'ennemi une cinquantaine de vaisseaux.

La cuisante défaite de Charles Quint provoque une vive émotion en Europe, où ses ennemis ne manquent pas de se réjouir. Parmi eux, François Ier, qui a déjà décidé de passer un traité avec la Sublime Porte[1]. Le roi de France est même si enthousiaste qu'il lance une invitation au grand-amiral de la flotte ottomane. En juillet 1543, Khayr al-Din, à la tête d'une escadre de cent dix galiotes, entre donc dans le port de Marseille. Il y est solennellement reçu par le comte d'Enghien, général des galères royales. Toutefois, la cohabitation des Turcs avec la population locale tourne vite à l'aigre. Pour éviter de nouveaux incidents, François Ier convainc Barberousse d'appareiller et d'aller attaquer Nice, possession du duc de Savoie. Escortée par une vingtaine de navires français, la flotte turque attaque la ville et la met à sac. Cinq mille de ses habitants sont envoyés à Alger, où ils sont vendus comme esclaves. Puis, fidèle à ses habitudes, Barberousse poursuit son périple en semant la mort et la désolation tout au long des côtes italiennes occidentales. Dans l'île sicilienne de Lipari, un prêtre français rapporte que les Turcs surprirent des dizaines de vieillards, de femmes et d'enfants réfugiés dans la cathédrale. Tous furent éventrés afin que soit recueilli le fiel de leur foie. L'ecclésiastique ne précise toutefois

1. Une alliance en bonne et due forme sera même signée en 1543 entre François Ier et Soliman le Magnifique.

pas l'usage que les janissaires entendaient faire de cet élixir.

Ce fut la dernière expédition de Barberousse. De retour à Istanbul, Khayr al-Din mène une vie pieuse et paisible jusqu'au jour de sa mort, en 1546, édifiant une mosquée et un mausolée où son corps fut déposé. Et malgré les nombreux crimes qui lui ont été imputés, il demeure encore aujourd'hui pour les Turcs une gloire nationale.

## *Hérode*

## *L'assassin de Noël ?*

Il le dispute à Judas dans l'aversion que lui vouent les chrétiens. L'histoire est bien connue : Hérode, fait roi des Juifs par la grâce du suzerain romain, apprend de la bouche de trois illustres visiteurs venus d'Orient qu'un autre roi des Juifs vient de naître dans la région de Bethléem. Chargés de cadeaux, les trois mages viennent de leurs lointaines provinces pour l'adorer. Hérode en conçoit une irrépressible jalousie et décide illico de se débarrasser de l'intrus. Mais comment le trouver ? Dans quelle famille a-t-il vu le jour ?

Le rusé Hérode demande aux Rois mages, que guide une mystérieuse étoile, de lui indiquer où se trouve le nouveau-né auquel ils s'apprêtent à rendre hommage. Melchior, Balthazar et Gaspard ont sans doute percé les noirs desseins du souverain. A moins qu'un ange, venu tout exprès sur terre, ne les ait informés de la rouerie d'Hérode. En tout cas, aussitôt leurs cadeaux délivrés, ils prennent la route du retour en omettant de se rendre au palais royal. Hérode comprend qu'il a été joué. Ivre de fureur, il ordonne que tous les enfants de Bethléem âgés de moins de deux ans soient passés par le fil de l'épée. Là encore, un ange évite le pire en conseillant aux parents de Jésus de fuir en Egypte et d'y rester tant qu'Hérode régnera. Restent les autres nouveau-nés...

Ainsi débute ce que l'histoire religieuse a appelé le Massacre des Innocents et qui, de siècle en siècle, va prendre des dimensions quasi apocalyptiques. Ecoutons par exemple saint Augustin qui, quatre siècles après cet holocauste, raconte la tuerie : « Les mères s'arrachaient les cheveux ; elles voulaient cacher leurs petits enfants, mais ces tendres créatures se trahissaient elles-mêmes ; elles ne savaient pas se taire, n'ayant pas appris à craindre. C'était un combat entre la mère et le bourreau ; l'un saisissait violemment sa proie, l'autre la retenait. La mère disait au bourreau : "Moi, te livrer mon enfant ! Mes entrailles lui ont donné la vie et tu veux le briser contre la terre !" Une voix se faisait entendre : "Qui cherchez-vous ? Vous tuez une multitude d'enfants pour vous débarrasser d'un seul et Celui que vous cherchez vous échappe !" »

La vision de ces corps d'enfançons démembrés et fracassés ne pouvait manquer de frapper l'imagination des premiers chrétiens. Dès le IIe siècle, la jeune Eglise instaure une fête des Innocents. Plus tard, à travers la Chrétienté, des sanctuaires sont érigés pour perpétuer leur souvenir, et les artistes s'emparent du thème pour produire des chefs-d'œuvre terribles, aussi complaisants que frappants. Ainsi Hérode demeure à jamais le tyran qui a inutilement et férocement fait une myriade de petits martyrs, et son nom reste à ce titre un objet d'horreur. D'autant que c'est un autre Hérode, son fils, Hérode Antipas, qui, après avoir interrogé Jésus, l'abandonne à la justice des Romains, et qui, plus tard, offrira sur un plateau la tête de Jean le Baptiste à sa fille Salomé.

Qu'en est-il réellement ? Hérode le Grand a-t-il été le monstre dépeint par les Ecritures et honni par la tradition chrétienne ? Il faut rappeler d'abord que, dans le Nouveau Testament, un seul évangéliste, Matthieu, narre l'épisode sanglant du Massacre des Innocents. Ni Luc, ni Marc, ni Jean ne l'évoquent. Il est étonnant qu'une boucherie aussi spectaculaire ait pu échapper à ces chroniqueurs de la vie de Jésus. Par ailleurs, l'historien contemporain le plus connu, le Juif romanisé Flavius Josèphe, qui n'est pourtant guère tendre avec Hérode le Grand, omet de mentionner l'événement.

Alors, Matthieu aurait menti ? La vérité est peut-être plus subtile. L'apôtre, dans sa volonté de magnifier la geste de Jésus, aurait procédé à une confusion volontaire en se référant à d'autres épisodes tragiques contés dans le Livre. Par exemple, la noyade des enfants hébreux mâles lors de l'Exode du peuple juif en Egypte, châtiment auquel échappa Moïse, confié par sa mère aux flots du Nil puis recueilli par la sœur de Pharaon. Pour Matthieu, Jésus serait un nouveau Moïse, le Messie annoncé par les prophètes des Ecritures, tandis que la figure d'Hérode serait assimilée à celle du souverain égyptien.

Ou encore, et là aussi le rapprochement ne doit rien au hasard, l'évangéliste aurait voulu rappeler le massacre des enfants juifs lors de la déportation du peuple hébreu à Babylone telle qu'elle est racontée par le prophète Jérémie. Ne se trahit-il pas lui-même lorsque, après avoir évoqué le forfait d'Hérode, il conclut : « Alors s'accomplit ce qui avait été annoncé par le prophète Jérémie » ?

L'historicité du récit de l'apôtre Matthieu mérite donc d'être remise en cause. Sans surprise, puisque le texte de son évangile a été vraisemblablement rédigé par un scripteur anonyme, un siècle après la mort de Jésus, sur la foi de témoignages indirects qui mêlent le merveilleux et l'hagiographie. Il n'est jusqu'à un examen rigoureux des dates pour mettre à mal l'authenticité du Massacre des Innocents. Hérode dispose en effet d'un alibi imparable : il était mort à l'époque où Matthieu situe l'événement ! De savants recoupements permettent en effet de situer le trépas du roi des Juifs quatre années avant la naissance de Jésus-Christ. Bref, au vu des travaux scientifiques, l'innocence change de camp. Au moins provisoirement.

Pour autant, en absolvant Hérode le Grand, peut-on affirmer que ce Massacre des Innocents n'a jamais eu lieu ? Non, même si la statistique vient atténuer considérablement l'ampleur du bain de sang : les historiens s'accordent à considérer que le gros village de Bethléem n'était alors peuplé que d'un millier d'habitants. Il n'y aurait donc eu guère plus de vingt bébés de moins de deux ans vivant dans la localité. Plus subtilement, il faut encore soupçonner ce malheureux Matthieu, ou l'homme qui a tenu le calame en son nom, d'avoir pris d'autres libertés avec l'histoire de son temps. C'est l'historien païen Macrobe qui, au V^e siècle, a soulevé ce lièvre. Il relate un massacre d'enfants attribué à Hérode le Grand. Mais cette tuerie n'aurait eu lieu ni en Judée ni en Samarie, mais sur le territoire de l'actuelle Syrie. Et parmi les petites victimes se serait trouvé l'un des propres enfants du roi des Juifs. Informé, son contemporain et suzerain, l'empereur Auguste, aurait commenté avec flegme : « Mieux vaut être le cochon d'Hérode que son fils ! »

En fait, même si le massacre des petits Hébreux ne peut être attribué à Hérode le Grand, il semble bien que la sombre réputation du souverain juif n'était nullement usurpée.

Alors qui était ce souverain ? Et jusqu'où était-il prêt à aller pour défendre son trône ?

Hérode était incontestablement doué d'une forte personnalité. Né en – 73 à Ascalon dans une Palestine soumise à Rome et gouvernée en réalité par les prêtres, il avait pour géniteur Antipater, conseiller d'Hyrcan II, grand-prêtre et roi de la dynastie asmonéenne. L'époque est troublée, les révoltes incessantes. Le jeune Hérode y prend sa part en assassinant un chef rebelle galiléen. Mis en accusation, il s'assure du soutien du gouverneur romain, Sextus César. Il est acquitté, et nommé en – 46 stratège de Samarie, contribuant avec son frère Phasaël à renforcer la puissance de sa famille face aux ambitions des notables et de la caste religieuse. Mais, en – 43, Antipater est empoisonné par un rival, Malachus. Hérode venge promptement son père en faisant assassiner le fâcheux. Puis, afin d'échapper aux représailles, il se précipite en Macédoine au-devant d'Antoine qui, avec son compère Octave[1], vient de remporter la bataille de Philippes. Il a pris soin de se munir d'une grosse somme d'argent. Le pot-de-vin est mirifique : Antoine est subjugué. Les deux fils d'Antipater accèdent aussitôt à la fonction de tétrarque. Mais les frères n'ont guère le temps de jouir de leur nouvelle félicité : en – 40, les Parthes envahissent la Palestine. En jouant des rivalités dynastiques et familiales, l'occupant sème le trouble chez les Juifs. Hyrcan et Phasaël acceptent de pactiser alors que l'ombrageux Hérode refuse, parvient même à s'enfuir de Jérusalem avec neuf mille de ses fidèles, échappe à une embuscade tendue par l'ennemi et trouve un refuge sûr dans la forteresse de Massada. Prisonnier et déshonoré, son frère Phasaël se donne la mort. Hérode est désormais le seul héritier. Proscrit dans son propre pays, il comprend que son destin est lié à celui de Rome. Il part pour Alexandrie avant de rejoindre la capitale de l'empire, où règnent encore conjointement Antoine et Octave. Le Sénat réserve au « résistant » un accueil cha-

1. Le futur Auguste.

leureux et lui accorde sans tarder la dignité de roi de Judée. Une décision exceptionnelle, car, si Hérode est issu d'une grande lignée, il n'appartient pas à une ancienne dynastie régnante.

En tout cas, bien lui a pris de choisir la protection romaine. En – 39, le général Bassus débarque en Palestine, défait son homologue parthe et rétablit la suzeraineté de Rome sur la région. Hérode arrive dans les fourgons du vainqueur et le nouveau roi de Judée s'installe à Jérusalem. Afin de mieux conforter son pouvoir, il s'attaque aux privilèges des prêtres et n'hésite pas à répudier sa femme pour épouser Mariamne, une princesse issue de la dynastie asmonéenne qui a si longtemps régné à Jérusalem. Malheur à ceux qui oseraient remettre en cause son appartenance à cette lignée royale ! L'ultime rejeton asmonéen, Antigone, neveu de son épouse, pourrait encore contester ce douteux appariement. Il est mis à mort à l'instigation d'Hérode.

Ce crime ne suffit pas encore à assurer sa légitimité. Né d'un père iduméen[1] et de la fille d'un cheikh nabatéen, il pourrait être soupçonné d'être un faux Juif. Qu'à cela ne tienne ! Hérode demande à un courtisan érudit de trafiquer sa biographie. Le roi de Judée devient un descendant de ces premiers Juifs qui, revenus de Babylone après le Grand Exil, ont entrepris de rebâtir le Temple cinq siècles plus tôt. La mystification ne

1. L'Idumée est une région située au sud de la Palestine. Ses habitants ont été convertis tardivement au judaïsme.

fait guère illusion chez les religieux. Peu importe, car, à l'image de ses prétendus ancêtres, il se met en demeure d'achever la construction du Temple et ajoute une nouvelle pierre à sa biographie aussi prestigieuse que mensongère : un de ses aïeuls serait Aaron, le propre frère de Moïse !

En même temps, l'ambitieux Hérode, pris d'une véritable fièvre bâtisseuse, crée de nouvelles villes dont Césarée, un port qui ouvre son royaume au commerce méditerranéen. Assuré de la protection de Rome, il étend son territoire au nord, au sud et à l'est, au-delà de la mer Morte. Mais ses succès ne lui apportent pas l'apaisement qu'il pouvait en espérer. Souverain d'un peuple batailleur et chicanier, prompt à contester son autorité, le tyran vit dans la crainte d'être dépossédé de son pouvoir. Il sévit avec la plus grande férocité, punit de mort ses opposants.

Mais c'est sa propre famille qui lui inspire les pires alarmes. Il châtie sans pitié ceux de ses parents qu'il suspecte de vouloir le chasser de son trône. Sa malheureuse épouse, Mariamne, est la première victime de sa folie sanguinaire. Accusée d'adultère, elle est conduite au supplice. Bientôt suivie par ses deux fils, Alexandre et Aristobule, convaincus d'avoir comploté contre leur père. Vient le tour d'un autre fils d'Hérode, Antipater, que lui avait donné Doris, sa première femme. Des oncles, une belle-mère et un beau-frère sont ensuite sacrifiés sur l'autel du soupçon. L'âge venant, la démence meurtrière d'Hérode s'accroît encore. A l'approche de la mort, il ordonne l'arrestation de dizaines de membres de grandes familles et commande à sa sœur de faire procéder à leur exécution dès qu'il passera lui-même de vie à trépas. Voulait-il éviter que le peuple se réjouisse à l'annonce de sa disparition ? En tout cas, cette ultime décision ne sera pas suivie d'effet.

Coiffé d'une auréole sanglante, Hérode le Grand offrait les meilleures garanties pour être retenu par l'imaginatif Matthieu afin d'incarner le grand ordonnateur du mythique Massacre des Innocents.

## *Ivan*

## *Le maître de la terreur*

L'Histoire l'a qualifié de « terrible », c'est-à-dire, au sens propre, celui qui inspire la terreur. Mais les Russes, eux, préfèrent l'épithète « redoutable ». Ivan le Redoutable, donc. Le plus russe aussi de tous les tsars, car il ressemblait à sa nation alors en train de naître dans la passion, la violence et la sauvagerie. Un mystique criminel, capable de tous les excès, déchiré entre l'Occident et l'Orient, mais aussi un souverain visionnaire, le véritable accoucheur de la Russie moderne. Sa figure est transcendée par les représentations qui en seront faites : le tsar au regard fou sous des sourcils colériques de l'artiste Viktor Vasnetsov (1897), le meurtrier halluciné de son propre fils peint par Ilia Répine (1885), le conquérant au profil de prophète, aussi puissant qu'inquiétant, mis en scène dans la fresque shakespearienne de Sergueï Eisenstein (1945). Il était presque inévitable que Staline magnifie l'image de ce tsar fondateur et revendique une filiation avec l'autocrate du XVIe siècle qui régnait comme lui par la peur. De même, il n'est pas étonnant que Poutine, sectateur d'un Etat fort, ait fait ériger une statue de trois mètres de haut à Vologda pour célébrer le despote.

Ivan, fils du grand-prince de Russie Vassili III et d'Elena Glinska, naît le 25 août 1530 à Kolomenskoïe, près de Moscou. Ses parents ont longtemps attendu cet héritier qui est baptisé dès le 4 septembre au monastère de la Trinité Saint-Serge. En décembre 1533, le petit Ivan a alors un peu plus de trois ans, son père meurt. La régence est confiée à sa mère, assistée par un conseil de vingt boyards[1].

Le nouveau grand-prince vit ses premières années dans une atmosphère de haines et d'intrigues. Elena partage le pouvoir avec son favori, Ivan Obolenski, mais doit se défier en permanence des ambitions des boyards et des rivalités au sein de la famille régnante. Elle-même, pour sauvegarder les droits de son fils, n'hésite pas à frapper tous ceux qui voudraient s'emparer du trône : les deux oncles de l'enfant, Iouri et Andreï, sont arrêtés en 1537. Le dernier nommé ne tardera pas à mourir dans sa prison.

Elena décède un an plus tard, peut-être empoisonnée. Ivan, qui doit subir la férule des princes, les Chouïski, Glinski ou Bielski, vit dans la crainte d'être assassiné. Il donne alors ses premiers signes de déséquilibre : on note qu'il se complaît à tor-

---

1. Ainsi sont nommés les aristocrates des pays orthodoxes.

turer les animaux et à semer la terreur dans les villages de Moscovie où il chasse. D'une grande intelligence, convaincu de la nature quasi divine de sa future mission, cet autodidacte traverse des périodes de profonde religiosité. Il se passionne pour les Saintes Ecritures et voue un culte démesuré aux icônes.

Il a treize ans lorsqu'il affirme pour la première fois son autorité de manière radicale : il ordonne l'arrestation et la mort du prince Chouïski, qui prétendait gouverner Moscou. Un an plus tard, à la suite d'une dispute d'adolescents avec Michel, fils du prince Bogdan Troubetskoï, il ordonne la mise à mort de son compagnon. Un autre de ses proches, Afanasii Bouturline, ayant la mauvaise idée de lui répondre de façon grossière, il lui fait aussitôt couper la langue. Pour autant, s'il exerce de façon aussi brutale sa toute-puissance en faisant tuer qui bon lui semble, Ivan n'est pas encore officiellement investi. Mais, passant outre aux alarmes de sa petite enfance, il est persuadé que sa personne est sacrée et que les boyards, malgré qu'ils en aient, n'oseront jamais le mettre à mal.

Avant même d'être couronné, il se frotte aux affaires militaires : en 1536, il rejoint l'armée, qui est engagée contre les Tatars. Là, comme à la cour, il donne la preuve de son impitoyable intransigeance. Cinquante arquebusiers de Novgorod ayant osé lancer une pétition contre leurs officiers, Ivan ordonne leur exécution.

Enfin, en janvier 1537, dans la cathédrale de l'Assomption, il est proclamé « tsar de toutes les

Russies » par le métropolite Macaire. Tsar[1] et non pas grand-prince, comme l'étaient ses ancêtres. La nuance est essentielle. Dès lors, Ivan se veut le chef de la « Troisième Rome », celle qui a succédé légitimement à Constantinople, prise par les Ottomans en 1453. La Sainte Russie est donc maintenant l'unique phare du monde de l'orthodoxie. Toutefois, en s'attribuant ce titre prestigieux, Ivan entend aussi montrer que la Russie se trouve au seuil d'une formidable expansion territoriale. Déjà, ses aïeux ont multiplié par dix la superficie de la modeste principauté de Moscovie. Ivan, lui, en lorgnant vers la Sibérie à l'est, la mer Baltique au nord et le Caucase au sud, veut encore élargir son domaine aux dépens de ses voisins, notamment en repoussant toujours plus loin les Mongols, descendants de la Horde d'Or de Gengis Khan !

Au reste, la Russie est encore un territoire très peu peuplé qui rassemble tout au plus cinq millions d'habitants, la ville de Moscou n'en comptant que cent mille. Cette société, aux mœurs plutôt rudes, est très hiérarchisée. Au sommet, on trouve les boyards, rustres et batailleurs ; au-dessous d'eux, une noblesse de second ordre, la dvorianstvo, recrutée sur le principe de la méritocratie et dont certains membres sont des esclaves affranchis. Et, tout en bas, il y a la grande masse de la population, restée paysanne et indissociable de la terre qu'elle cultive au profit des seigneurs

1. L'équivalent de « césar ».

– il lui sera bientôt interdit de la quitter. Enfin, il existe des esclaves autochtones (autour de 10 % de la population), des domestiques qui accèdent parfois à des charges plus flatteuses au sein des grands domaines.

L'Eglise n'est pas moins hiérarchisée, du plus bas de l'échelle, les prêtres, guère mieux éduqués que les moujiks, jusqu'au plus haut, les dignitaires, qui vivent de façon fastueuse auprès du pouvoir.

Ivan couronné, il convient de le marier au plus vite. L'élue s'appelle Anastasia Romanovna Zakarine. Elle appartient à l'une des familles de boyards les plus proches du tsar. Les historiens s'accordent à dire que, jusqu'au jour de sa mort en 1560, la jeune tsarine a contribué à apaiser son éruptif époux. Pourtant, cette union avait commencé sous les pires auspices. Au cours de l'été torride de 1547, Moscou s'embrase. Les maisons, communément construites en bois, brûlent les unes après les autres. Le peuple gronde : une telle catastrophe ne peut avoir que des causes magiques. Des sorciers ou prétendus tels sont attrapés, sauvagement mis à mort. Puis ce sont les boyards qui sont accusés. Un oncle du tsar est lapidé, Ivan lui-même prend peur lorsque la foule s'amasse devant les murailles du Kremlin. Il fuit momentanément Moscou.

En ses premières années de règne, Ivan fait preuve de solides qualités d'homme d'Etat. La révolte populaire étant jugulée, il écarte les boyards, toujours prompts à se mêler des affaires publiques, et s'entoure de conseillers avisés, Alexis Adachev ou le prêtre Sylvestre. Avec eux, il réforme l'organisation du pouvoir, crée des « bureaux » qui sont l'esquisse de véritables ministères spécialisés. En même temps, sur la voie de la modernisation, il rédige un nouveau code plus favorable aux petites gens et reposant sur des organes élus par la noblesse provinciale. Sa volonté réformatrice n'épargne ni l'Eglise ni l'armée, où il confie des commandements à des officiers choisis en raison de leur seul mérite et non de leur naissance. Ivan semble avoir pris le parti du peuple contre les possédants.

Parallèlement, le tsar s'attache à agrandir la Russie. Pour en finir avec les incursions aux frontières des Tatars, il prend la tête de ses troupes et marche en direction de la Volga. Le khanat de Kazan est conquis en 1552 puis celui d'Astrakhan en 1556. Pour célébrer ces victoires, le tsar demande à l'architecte Yakovlev la construction de la prestigieuse cathédrale Saint-Basile, sur la place Rouge.

Cette politique d'expansion territoriale conduit ses généraux jusqu'aux monts d'Oural, ouvrant la voie vers la Sibérie. Dans une autre direction, il pousse son offensive vers la Baltique, afin de se procurer un débouché sur cette mer, véritable carrefour commercial. Ce sera le début de la longue guerre de Livonie, qui durera un quart de siècle et se terminera par une défaite, en 1583, face à une coalition regroupant la Pologne, la Suède, la Lituanie et les chevaliers teutoniques.

Soudain, en 1560, tout bascule. Est-ce la mort de son épouse qui bouleverse cette personnalité fragile ? Ou une maladie consécutive à ce décès ? En tout cas, cette année 1560 marque un tournant à la fois dans la vie d'Ivan et dans sa façon de gouverner son pays.

Il commence par chasser ses conseillers les plus proches. Sylvestre est contraint de rejoindre un monastère et Adachev, accusé d'avoir empoisonné Anastasia, est emprisonné et mourra dans la geôle qui lui a été assignée, sans doute assassiné. Ivan a décidé d'exercer seul le pouvoir. Il se remarie précipitamment. Une princesse tcherkesse, Maria Temrioukovna, est l'objet de son choix. Mais le mariage ne dure guère : c'est le début d'un spectaculaire enchaînement d'épousailles. Les unes après les autres, les femmes d'Ivan décèdent (souvent de mort violente) ou sont répudiées. Au total, le tsar connaîtra huit épouses !

Cette nouvelle période est aussi marquée par une exacerbation de la terreur qu'Ivan impose à son peuple et à ses courtisans. Des princes et des boyards sont sommairement exécutés. Les plus chanceux sont tonsurés, conduits de force dans des monastères tandis que leurs propriétés sont confisquées. Une partie de la noblesse est éliminée : le tsar y gagne définitivement sa réputation de « briseur de grands » ! Mais cette légende, opportunément propagée des siècles plus tard par Staline, ne doit pas faire illusion : lorsque les élites sont frappées, les paysans et autres serfs qui en dépendent économiquement sont autant de victimes.

En décembre 1564, Ivan prend soudain la décision de s'éloigner de Moscou sans même prévoir une administration de remplacement. Accompagné par ses proches, il semble hésiter sur sa destination finale. Le cortège s'arrête à Alexandrovna Sloboda, un bourg situé au nord-est de Moscou. Une fois installé, Ivan envoie une missive au métropolite Athanase dans laquelle, dénonçant la trahison des boyards, il affirme sa volonté d'abdiquer. Dès la nouvelle connue, l'inquiétude gagne les couches populaires, qui redoutent d'être soumises à la tyrannie des nobles. Aussitôt, une délégation dirigée par Athanase se rend dans la nouvelle résidence. Ivan est supplié de renoncer à se démettre. Il accepte à la seule condition de gouverner à l'avenir sans aucune entrave. Le clergé, en particulier, doit consentir à ne plus intercéder en faveur des personnes disgraciées.

Son pouvoir étant conforté, le tsar prend alors une curieuse décision qu'aujourd'hui encore les historiens peinent à expliquer : il divise la Moscovie en deux parties. L'une, la zemchtchina, administrera les régions éloignées. L'autre, l'opritchnina, sera confiée à sa seule autorité[1]. Il s'ensuit de nombreuses redistributions de terres et d'importants déplacements de populations. En même temps, Ivan crée les opritchniki, une troupe d'élite dévouée corps et âme à sa personne. Vêtus de noir, portant une tête de chien et un balai

1. Zemchtchina est un vocable formé à partir du mot « terre » et opritchnina à partir de « réserve ».

accrochés à la selle de leurs montures, ces cavaliers fanatisés sèment la désolation partout où ils passent. Ils sont le bras armé du tsar, qui poursuit son impitoyable répression. Sans être pour autant de simples sicaires : le dévot Ivan les a organisés en communauté monastique dont il a lui-même écrit les statuts. En sa présence, les opritchniki, encapuchonnés et vêtus de bure, doivent se livrer à de fréquents exercices religieux et subir au réfectoire la lecture de la vie des saints. Et particulièrement avant de quitter leur étrange monastère d'Alexandrovskaïa et d'aller perpétrer de nouveaux supplices, assassinats et autres sanglantes exactions avec la bénédiction d'Ivan. Le tsar se vit alors comme une nouvelle figure du « Fol en Christ », c'est-à-dire, selon la tradition orthodoxe, une créature qui commet des sacrilèges au nom même de Dieu et préfère en toutes circonstances la foi à la raison. Ainsi Ivan peut-il justifier les meurtres qu'il commandite jusque dans les églises ou les séances d'ivrognerie collective qu'il partage avec ses opritchniki, pendant lesquelles on le voit danser masqué parmi les bouffons.

En 1567, il lui prend la fantaisie de sévir contre le boyard Ivan Fedorov. Celui-ci lui a-t-il manqué ? Et de quelle manière ? Peu importe. Devant l'assemblée des courtisans, le tsar l'invite à revêtir ses propres habits de cérémonie, lui confie son sceptre et lui demande d'occuper son trône. Mais l'homme est à peine assis qu'Ivan le poignarde puis ordonne à tous les hommes présents de le transpercer de leurs dagues.

En 1570, la fureur d'Ivan, obsédé par l'idée de complot, se tourne contre la ville de Novgorod, qui aurait autrefois résisté à l'autorité de Moscou. Le tsar y conduit une expédition punitive qui se traduit par un massacre généralisé de la population. Les survivants sont jetés vivants dans la Volkhov, les maisons ravagées et tous les animaux tués. Ruinée, dévastée, Novgorod ne se relèvera pas avant de nombreuses années.

Malgré ce comportement apparemment irrationnel, Ivan manifeste encore d'incontestables qualités politiques. Sous son règne, les Cosaques commencent à conquérir la Sibérie, et, lorsque le roi de Pologne menace de marcher contre ses Etats, le tsar obtient une trêve après en avoir appelé à la médiation du pape Grégoire XIII. Il aspire à ouvrir son pays aux influences étrangères, proposant même, en vain, le mariage à l'altière reine d'Angleterre, Elisabeth, et autorisant des négociants anglais à commercer en Russie.

Surtout, il réalise que la période de terreur de l'opritchnina, qui a peut-être provoqué la mort de dix mille Russes, n'a apporté que désolation et déclin. Il en a la preuve lorsque les Tatars de Crimée envahissent la Moscovie et incendient une partie de sa capitale sans même que ses opritchniki aient tenté de résister. Aussitôt, les chefs de cette garde personnelle, convaincus de trahison, sont exécutés. C'en est fini de la division du pays. Un ukase de 1572 abolit l'opritchnina. Les grands propriétaires retrouvent leurs biens, et il leur est même permis d'accroître le servage sur leurs terres.

Les années qui suivent sont plus paisibles. Ivan donne libre cours à ses passions pour la musique et la théologie. Mais le tyran est encore la proie de soudains accès de démence. A l'automne 1581, il admoneste sa bru, l'épouse du tsarévitch, coupable d'arborer une tenue inappropriée. Joignant le geste à la parole en dépit de la grossesse avancée de la jeune femme, il porte la main sur elle. Peu après, son mari, Ivan le jeune, ose adresser des reproches à son père. Celui-ci, ivre de fureur, se saisit d'un long bâton ferré et en frappe violemment son fils à la tête. Le jeune homme s'écroule, grièvement blessé. Hébété, le tsar se jette sur le corps en hurlant : « J'ai tué mon fils ! » Puis il implore son pardon et supplie le ciel de lui accorder la vie de son héritier. Mais après quatre longues journées d'agonie le blessé succombe. Ivan, vêtu comme le plus humble de ses sujets, suit le cercueil à pied. Il crie, il sanglote. Dans la cathédrale de l'Archange-Saint-Michel, il se jette à terre, cogne son front contre le sol à plusieurs reprises. La face sanguinolente, il est relevé par ses serviteurs et doit être porté à l'extérieur de l'édifice.

Hagard, le tsar annonce à nouveau aux dignitaires de sa cour qu'il veut abdiquer et se faire moine. Vieillard diminué, il va pourtant régner encore trois ans avant de mourir brutalement, un jour de 1584, alors qu'il jouait aux échecs. Ivan le Terrible avait cinquante-quatre ans.

Dans les années 1960, à l'occasion de la rénovation de son tombeau, des médecins ont pu examiner et analyser ses restes. Ils découvrirent des taux anormalement élevés de mercure, un métal dont l'absorption en poudre était prescrite à l'époque dans le traitement de la syphilis, mais qui, on le sait aujourd'hui, était susceptible de provoquer d'importants troubles neurologiques : une explication de la folie d'un être déjà prédisposé à une instabilité mentale chronique ?

## *Himmler*

### *Un assassin si tranquille*

Rarement un personnage a moins ressemblé à la monstruosité de ses actes ! Heinrich Himmler est pourtant le maître d'œuvre de la Solution finale. Le visage poupin, falot et passe-partout d'un petit homme myope qui n'aurait jamais dû s'élever au-dessus de sa condition d'éleveur de poules. Par une cruelle perversion de l'Histoire, cet individu insignifiant et médiocrement intelligent est devenu l'un des plus grands criminels de tous les temps !

Il est né avec le siècle dans une famille de la moyenne bourgeoisie bavaroise. Heinrich est le deuxième fils de Joseph, un professeur de lycée. Chez les Himmler, par tradition, on est catholique, nationaliste et antisémite. Curieuse personnalité que celle du père ! Ancien membre d'une fratrie estudiantine raciste et pangermaniste (que ses fils rejoindront plus tard), c'est un homme d'ordre, maniaque, qui impose une discipline rigoureuse à ses enfants auxquels, par ailleurs, il consacre peu de temps. Il surveille étroitement leurs fréquentations, sélectionnant leurs camarades en fonction de leur rang social. Cet obsédé du classement va même jusqu'à établir des fiches sur leurs parents. Autre détail significatif, il impose à son deuxième fils, le moins démonstratif, de tenir un journal où le garçon doit scrupuleusement noter dans le détail son emploi du temps et ses activités. L'enfant obtempère : il obéit toujours à ce père qu'il craint et dont il n'attend aucune marque d'affection. Mais dans ce journal prétendument intime il se gardera bien de jamais confier ses sentiments et ne livrera, par exemple, que des énumérations ennuyeuses des mets consommés au jour le jour.

Et sa mère, Anna Maria ? Elle n'est pas moins soumise à la férule de son époux que ses fils, et se réfugie selon la saison dans les travaux de broderie ou les herbiers. De ses trois enfants, Heinrich est sans doute le préféré. Ce garçon malingre et maladroit, que l'effort physique rebute, lui inspire un désir de protection. Mais, toujours apeurée, elle attend que Joseph ait le dos tourné pour le cajoler.

Adolescent, Heinrich est un élève appliqué mais guère apprécié par ses condisciples. Il n'en faut attendre ni émotion ni sentiment, pas même une de ces soudaines éruptions de colère ou d'enthousiasme qui sont la marque de son âge. Ce n'est qu'avec l'entrée en guerre de l'Allemagne qu'il manifeste enfin quelque passion. Comme son père et ses deux frères, il suit avec attention les nouvelles du front et se laisse aller à transcrire dans son journal des réflexions qui, à l'évidence, reflètent les opinions paternelles. Ainsi, tout en semant au fil des lignes des appréciations antisémites, il exprime son dégoût pour la « vermine » que sont les prisonniers russes ou son espoir de voir l'armée allemande conquérir de nouveaux territoires à l'est afin d'en chasser leurs habitants primitifs.

Lui-même et son frère aîné Gebhard brûlent d'envie d'aller combattre. Mais ils sont trop jeunes. En attendant, ils s'engagent dans un mouvement paramilitaire, la Garde de la jeunesse. En 1915, Gebhard peut enfin être incorporé dans l'armée de réserve. Mais Heinrich, lui, doit demeurer au foyer familial. Cependant, en juin 1917, son père lui obtient une dispense. Malgré sa forte myopie, il rejoint un régiment d'infanterie. Le temps de faire ses classes d'élève officier, il est démobilisé sans avoir jamais combattu. Ce qui ne l'empêchera pas, plus tard, de prétendre avoir conduit des hommes au combat.

Frustré, il fête Noël 1918 dans sa famille. Toutefois, le démon militaire ne l'a pas quitté. Dans l'Allemagne de l'après-guerre, où désormais la guerre civile menace, les Corps francs affrontent les armes à la main les troupes des Conseils communistes[1]. Heinrich intègre une unité de réserve de l'armée et se rapproche des mouvements pangermanistes les plus extrémistes. La Ligue d'Ar-

1. On dénombrera par exemple six cents morts à Munich au printemps 1919.

tam, dont il est l'un des premiers adhérents, qui promeut au nom « du sang, du sol et du glaive » la colonisation et l'extension des frontières du Reich à l'est, est l'esquisse des futures Jeunesses hitlériennes. On y cultive un retour au paganisme et on y exalte l'hégémonie de la « race » teutonne. Autant de poisons nationalistes dans lesquels Himmler puisera pour élaborer un peu plus tard ses délirantes divagations idéologiques. Ce bouillonnement est exacerbé par une situation économique exécrable et les conditions très dures imposées à l'Allemagne par le traité de Versailles.

Partisan résolu d'un salutaire retour à la terre, le jeune Heinrich se lance dans des études d'agronomie et effectue un stage dans une exploitation agricole. Las, cet homme de constitution chétive est vite rebuté par les épuisants travaux de la ferme. Il doit renoncer. Vexé, il récidive en 1920 chez des relations de ses parents, où lui sont épargnées les besognes les plus fatigantes. En réalité, il semble plus intéressé par la fille des propriétaires. Mais cet être complexé n'ose pas se déclarer. Les femmes lui font-elles peur ? En tout cas, après son échec sentimental, il décide de refouler durablement toute pulsion sexuelle afin de se consacrer à ses études d'agronomie et à l'approfondissement de ses convictions politiques.

En novembre 1921, il est impressionné par un conférencier, Rüdiger von Goltz, qui, partageant ses deux thèmes favoris, le retour à la terre et la colonisation des territoires orientaux, établit une comparaison qu'il juge pertinente entre le courageux paysan aryen et le Juif urbain et décadent.

Devenu ingénieur en 1922, il trouve, toujours grâce son père, un emploi dans une usine d'engrais. Mais c'est la politique qui occupe son existence. Il fréquente assidûment les brasseries de Munich où, dans les vapeurs de bière, vocifèrent les chefs des confréries étudiantes nationalistes (lui-même s'abstient de boire car il supporte mal l'alcool). Sans doute y a-t-il entendu un orateur de plus en plus populaire, un ancien caporal de la Grande Guerre nommé Adolf Hitler. Il a aussi rencontré un homme qui va l'influencer profondément : le capitaine Ernst Röhm, un vétéran lui aussi, plusieurs fois blessé au combat et couturé de cicatrices, une brute qui est un redoutable meneur d'hommes et dissimule à peine son homosexualité.

Ce dernier détail a-t-il troublé Himmler ? Impossible de le savoir tant il est discret sur ses sentiments. Quoi qu'il en soit, la virilité démonstrative de Röhm séduit le jeune Heinrich qui, en dépit de ses médiocres prouesses physiques, aspire à devenir un guerrier. Flatté de sa proximité avec un si valeureux combattant, il décide que le capitaine sera son modèle et son ami. C'est d'ailleurs Röhm qui, en 1923, l'invite à rejoindre un nouveau parti politique, le NSDAP[1], créé par

1. Nationalsozialistische Deutsche Arbeiter Partei, parti ouvrier national-socialiste allemand, c'est-à-dire, plus brièvement, le parti nazi.

Adolf Hitler et auquel il vient lui-même d'adhérer. A la demande du futur Führer, il y a formé la SA[1], une milice paramilitaire en principe chargée du service d'ordre du Parti, dont les membres arborent ceinturon, baudrier et chemise brune. Ils se rendront bientôt tristement célèbres lors de violentes attaques de rue conduites contre leurs adversaires politiques.

En novembre 1923, Hitler, profitant de l'émotion suscitée par l'occupation de la Ruhr par les troupes françaises et belges, tente de s'emparer du ministère bavarois de la Guerre. Heinrich Himmler participe à l'assaut. Mais le putsch échoue. Hitler est incarcéré et demeure enfermé treize mois durant, une période de détention qu'il consacre à l'écriture de *Mein Kampf*. Himmler, également interpellé, n'est pas poursuivi, eu égard à son jeune âge et aux responsabilités modestes qu'il a exercées au sein du NSDAP.

Le parti nazi étant dorénavant interdit, Himmler intègre provisoirement son faux nez, le Mouvement national-socialiste pour la liberté, qui le promeut presque immédiatement secrétaire et orateur itinérant. Le jeune homme exulte : il est enfin reconnu. Cette nouvelle fonction lui permet de rencontrer Joseph Goebbels, un écrivain sans succès. Mais les deux hommes ne s'apprécient guère. Les rapports entre ces deux sectateurs du Führer vireront de part et d'autre à la haine.

Hitler bénéficie d'une libération anticipée en

1. Sturmmabteilung, section d'assaut.

décembre 1924. Dès sa sortie de prison, il recrée le NSDAP. Himmler s'empresse d'y adhérer à nouveau et, bien décidé à poursuivre son ascension politique, s'engage dans la SA de son ami Röhm. Mais celui-ci, condamné avec sursis après le putsch de Munich, choisit de s'exiler en Bolivie, où il met ses sinistres talents aux services de l'armée. Cependant, Himmler s'est déjà trouvé une nouvelle idole, Hitler lui-même, dont il restera un des adorateurs les plus constants. Cette ferveur et ses incontestables qualités de bureaucrate lui valent plusieurs avancements : il est successivement propagandiste, chef de la propagande puis Gauleiter (responsable régional) suppléant de Basse-Bavière, et enfin Gauleiter tout court.

L'événement qui bouleverse sa vie et l'oriente définitivement se produit en 1925. Cette année-là, Hitler décide de se doter d'une unité disciplinée qui lui sera entièrement dévouée, la SS[1]. Recrutés au sein de la SA, ses membres formeront sa garde rapprochée. Dès le début, Heinrich Himmler est choisi pour être un des chefs de cette nouvelle organisation. Et agit dans l'ombre pour en devenir le seul leader.

Est-ce parce qu'il a vaincu sa timidité et acquis une certaine assurance ? En tout cas, en 1926, il met fin à son abstinence sexuelle, qu'elle ait été choisie ou imposée par une nature trop timorée.

Elle se prénomme Margarete. Infirmière, protestante, divorcée, elle a sept ans de plus que

1. Schutzstaffel, escadron de protection.

lui. C'est une grande et solide blonde aux yeux bleus, une parfaite aryenne qui n'est pas moins antisémite que lui. Que partagent-ils à part cette conviction ? Elle est certes plus expérimentée que lui mais veillera toujours, dans leur relation conjugale, à lui laisser l'ascendant. Au reste, « Marga » est une solitaire qu'ennuient les rapports sociaux. Ils ne se marient qu'en 1928 ; Heinrich a longtemps tardé à présenter cette divorcée à ses parents.

L'année de leurs noces, auxquelles ne participe aucun membre de la famille Himmler, le couple investit la dot de Marga dans un élevage de poules, réalisant d'une façon un peu dérisoire le rêve agraire de Heinrich, toujours obsédé par le retour à la terre. D'ailleurs, accaparé de plus en plus par le Parti et sa chère SS, l'éleveur rend bientôt les clefs du poulailler, tout comme l'époux s'éloigne du foyer conjugal... Le jour viendra où il n'y reparaîtra plus, sans pour autant divorcer. Les Himmler auront néanmoins une fille, Gudrun, née en 1929.

Reichsführer-SS adjoint en 1927, Himmler peut désormais approcher quotidiennement Hitler. S'il ne sera jamais un intime, il appartient quand même au premier cercle des dirigeants nazis, et ne manque jamais une occasion de manifester une fidélité absolue à l'objet de son culte. Son ascension au sein du parti nazi se mesure à l'aune de cette dévotion. Mais elle étonne : de nombreux dirigeants nazis de premier plan peinent à expliquer pourquoi ce personnage sans charisme, avec ses manières de rond-de-cuir et ses élucubrations mystico-ethniques, jouit d'une telle influence auprès de Hitler. Toutefois, lorsqu'ils auront véritablement jaugé l'insatiable ambition de l'homme, il sera trop tard pour s'en débarrasser !

Dès 1929, Himmler obtient la démission du premier chef de la SS, Erhard Heiden, et devient le nouveau Reichsführer-SS. « Le fidèle Heinrich », ainsi qu'on le nomme, non sans ironie, dans le Parti, s'attache dorénavant à faire croître les effectifs de son unité. Alors qu'elle ne comptait que deux cent quatre-vingts membres lorsqu'il en a pris le commandement, elle regroupe, dès la fin de l'année 1930, plus de trois mille éléments.

Au début de l'année 1931, Himmler accueille dans la SS une remarquable recrue, Reinhard Heydrich, qui vient tout juste d'être limogé de la Reichsmarine[1]. Spécialiste du renseignement, l'homme arrive à point nommé : Himmler ambitionne de doter la SS d'un département spécialisé dans la recherche d'informations et l'espionnage. Entre le petit mou et le grand Aryen blond, la confiance est paradoxalement totale. Heydrich est-il celui auquel Himmler voudrait ressembler ? Son double fantasmé et magnifié ? Heydrich devient rapidement son bras droit et concourt à faire de la SS une troupe d'élite parfaitement disciplinée, dont l'apparence n'est pas moins importante que la compétence. A l'image de ce nouveau collaborateur, ses membres doivent être

1. Voir le chapitre « Heydrich – Un nazi trop parfait ».

grands (au moins un mètre quatre-vingts), bien découplés et blonds. Cette recherche de la perfection physique s'insinue jusque dans le contrôle de la vie intime des recrues : leurs compagnes (car le célibat est désapprouvé) doivent présenter des caractéristiques prétendument aryennes, être dépourvues de tares et d'anomalies génétiques et ne compter dans leur ascendance aucune flétrissure juive. Enfin, il faut qu'elles soient en capacité d'enfanter. Ce souci maniaque du chef de la SS pour « l'amélioration de la race » le conduit à soumettre le mariage des hommes de la SS à son autorisation. Il y a là, en germe, la politique eugéniste du III^e^ Reich et la création des Lebensborn, ces instituts destinés à « produire » des enfants parfaits selon les critères raciaux chers aux nazis.

Himmler est par ailleurs si attentif à l'apparence de ses hommes qu'il va jusqu'à commander au couturier Hugo Boss le modèle d'un seyant uniforme noir. Au-delà de la vanité de cette initiative, il faut y voir chez Himmler la volonté de distinguer ses SS de la masse volontiers débraillée et batailleuse du reste de la SA. Un point d'autant plus important pour lui que Röhm, rappelé par Hitler, est de retour en Allemagne. L'ancienne idole est devenue un rival pour Himmler, qui n'a d'yeux que pour son Führer !

Nouvelle étape de l'ascension de Himmler, en 1932, il est aussi nommé chef de la sécurité de la Maison brune, c'est-à-dire le QG munichois du mouvement nazi.

Un an plus tard, au mois de janvier, Hitler

accède légalement à la Chancellerie grâce à la veulerie du maréchal-président Hindenburg, et proclame en mars l'avènement du IIIe Reich qui, selon ses propres mots, est appelé à durer mille ans. Dès le lendemain, Himmler annonce l'ouverture du camp de concentration de Dachau, où seront internés arbitrairement les ennemis du Reich, qu'ils soient communistes, socialistes ou juifs. C'est la première étape de l'édification d'un gigantesque système coercitif qui ne va cesser de se développer sous l'autorité de ce Reichsführer-SS aux prérogatives toujours plus importantes.

La SS rassemble alors quelque cinquante mille membres. C'est déjà une force considérable. Toutefois, elle ne pèse pas très lourd à côté de la SA, qui compte des centaines de milliers de militants – mais il est vrai que ses critères de recrutement sont beaucoup plus lâches que ceux de la SS.

Himmler tisse patiemment les fils d'une conjuration qui doit lui permettre d'éliminer Röhm. Si Hermann Göring, qui a la main sur la nouvelle police politique, la toute-puissante Gestapo, est convaincu que le chef de la SA représente un danger pour les institutions du Reich, Hitler lui-même hésite encore. Röhm n'est-il pas un de ses tout premiers complices ? Mais Himmler se fait pressant. A la fin du printemps 1934, il présente au Führer les preuves – fabriquées avec son compère Heydrich – d'un complot prétendument ourdi par le chef de la SA. Hitler cède.

Dans la nuit du 30 juin, la SS passe à l'action : plus de cent responsables de la SA, dont Röhm, sont assassinés. Sans états d'âme, Himmler a fait assassiner son ancien mentor. L'épisode, qui restera dans l'Histoire sous le nom « Nuit des longs couteaux », renforce encore le pouvoir du chancelier qui, bientôt, dissout la fonction présidentielle. Dans le même temps, Himmler se débarrasse de la tutelle de la SA : la SS est désormais indépendante. Mais il lui faut encore mettre la main sur le dernier outil de répression qui échappe à son autorité. Après une joute féroce, il réussit à arracher à Göring la direction de la Gestapo !

Heinrich Himmler est maintenant l'homme le plus puissant d'Allemagne après Adolf Hitler. Le plus craint, aussi. Non seulement la SS est le fer de lance du régime mais le Reichsfürher règne sur l'ensemble du système coercitif et multiplie les camps de concentration.

Bouffi de vanité autant que de mysticisme, Himmler entreprend alors de lancer une véritable croisade idéologique destinée à refonder une Allemagne qui puiserait dorénavant ses forces dans ses traditions et valeurs les plus authentiques, germanisme et paganisme. Le chef d'une SS dont les membres seraient les nouveaux chevaliers teutoniques recrute pêle-mêle écrivains gothiques, géographes, archéologues, généalogistes, pseudo-scientifiques, occultistes, généticiens ou encore ethnologues, tous grassement payés. Regroupés au sein de l'Ahnernerbe[1], un institut qui a pour vocation l'étude du patrimoine de la race indo-

1. « Héritage ancestral ».

européenne nordique, ces prétendus chercheurs élaborent à l'instigation de Heinrich Himmler des théories échevelées et surtout mortifères. Ils développent en particulier deux théories fondamentales : le Lebensraum, espace vital indispensable au peuple germanique, et la supériorité de la race germanique, émasculée par le christianisme, polluée par le poison juif, et toujours menacée, hier par les hordes mongoles, aujourd'hui par les judéo-bolcheviks.

A ce corpus théorique, il faut ajouter une recréation de l'Histoire et la fondation parallèle d'une quasi-religion. L'Histoire, d'abord... Le peuple germain aurait ses origines tantôt dans le légendaire royaume aryen de Thulé, autrefois situé dans le Grand Nord européen, tantôt au Tibet. L'un de ses héros serait le roi médiéval saxon Henri l'Oiseleur, dont les séides de Himmler vont rechercher désespérément le tombeau afin de lui rendre le culte qu'il mérite. La religion, ensuite... Les vraies racines de la germanité étant païennes, les Allemands doivent rompre avec le christianisme et revenir à leurs premières croyances. Ainsi Himmler, Grand Maître implicite de ce nouveau culte, invite-t-il la population à fêter le solstice d'hiver plutôt que Noël. Quant au solstice d'été, il faut lui rendre la signification qu'il avait autrefois dans les tribus germaniques, c'est-à-dire celle d'une grande fête de l'accouplement et de la conception. Ce fatras pseudo-religieux est ritualisé au bénéfice des SS : sous le parrainage de Himmler, on célèbre des « bénédictions du nom », substituts du baptême chrétien, au cours desquelles, devant un autel recouvert d'un drapeau à croix gammée et sous un portrait de Hitler, un consécrateur, psalmodiant des extraits de *Mein Kampf*, procède à une cérémonie de passage. Dans le même esprit, les SS les plus anciens ou les plus méritants se voient remettre des anneaux à tête de mort dessinés par Himmler lui-même.

Même si certains dirigeants nazis, tel Goebbels, se moquent du « délire cultuel » du chef de la SS, le Führer, sans tout gober, consent à ce que Himmler développe ses lubies. Surtout quand elles apportent un semblant de justification idéologique et scientiste aux persécutions contre les sous-hommes que sont les Juifs.

L'antisémitisme, colonne vertébrale de *Mein Kampf*, la bible nazie, produit des effets pernicieux dès l'accession au pouvoir d'Adolf Hitler. Commerces boycottés, exclusion du fonctionnariat, la répression ne cesse de prendre de l'ampleur. En 1935, les lois de Nuremberg privent de fait les Juifs de la citoyenneté allemande. 1938 marque une nouvelle étape : des décrets additionnels limitent encore un peu plus leur existence dans le III^e^ Reich. Il est alors évident que le gouvernement nazi, en multipliant les humiliations et les interdictions de toutes sortes, cherche à provoquer leur départ d'Allemagne. Un autre tournant, annonciateur des crimes futurs, se produit à la fin de cette même année 1938. A

Paris, un Juif polonais d'origine allemande blesse grièvement un diplomate en poste à l'ambassade d'Allemagne. Avant même que soit annoncée la mort de la victime, une vague de violences antisémites embrase le pays. Les services placés sous l'autorité de Himmler, Heydrich et Müller, le chef de la Gestapo, laissent faire ces pogroms quand ils n'encouragent pas carrément les émeutiers. Au cours de cette « Nuit de cristal » (9 au 10 novembre), des centaines de synagogues et de commerces sont incendiés tandis que plus de deux mille Juifs sont assassinés et que trente mille autres sont déportés dans les camps de concentration, où ils sont soumis aux multiples sévices de leurs geôliers.

La guerre approche, Himmler n'en doute pas et s'y prépare méthodiquement. Il a obtenu du Führer qu'un régiment de SS soit adjoint à chaque armée et que des unités soient engagées derrière les divisions qui vont bientôt envahir la Pologne. Il a déjà imaginé qu'elles seront chargées, le moment venu, d'éradiquer les populations slaves et juives vivant sur ces territoires destinés à être peuplés de colons allemands. Sans rien changer à son comportement de rond-de-cuir, le glacial Reichsführer-SS vit les mois précédant la Seconde Guerre mondiale dans un état de grande exaltation. Jouissant plus que jamais de la confiance du Führer, qui a même créé pour lui la fonction de « chef suprême de la SS et de la police », il est sur le point d'expérimenter dans la réalité ses théories raciales. Par ailleurs, sa vie intime semble lui apporter de nouvelles satisfactions : propagandiste officiel de la polygamie – il faut donner toujours plus d'enfants de bonne race à l'Allemagne –, il partage maintenant l'existence de Hedwig, sa jeune secrétaire, dont il aura deux enfants.

Dès l'invasion de la Pologne, l'ère des massacres de masse commence. Himmler, auquel Hitler a confié une prérogative supplémentaire, celle de commissaire du Reich pour le renforcement de la race allemande, dispose de toutes les libertés pour ordonner l'élimination physique des individus susceptibles d'entraver la colonisation allemande, c'est-à-dire les Polonais et les Juifs. Une mission effectuée sous le contrôle des SS par des commandos mobiles de tueurs spécialisés, les Einzatzgruppen.

Parallèlement, Himmler décide la construction de nouveaux camps d'internement dans ces lointaines marches orientales nouvellement conquises. Mais à la différence des premiers camps où, si les détenus mouraient, c'était de faim, de maladie ou de mauvais traitements, Auschwitz, Chelmno, Bełžec, Sobibor ou Treblinka deviendront des camps d'extermination méthodique.

L'invasion de l'URSS, en juin 1941, donne une nouvelle dimension à l'entreprise criminelle de Heinrich Himmler. Derrière la ligne de front, en Ukraine ou en Biélorussie, les Einzatzgruppen tuent, tant et plus. Les Juifs en priorité, les prisonniers ensuite, surtout s'ils ont exercé des fonctions politiques[1]. Le Reichsführer-SS ne dédaigne pas de quitter ses bureaux berlinois pour assister en personne à ces éliminations collectives. En août 1941, après avoir présidé une réunion de travail, il se voit offrir de commander lui-même la salve d'un peloton d'exécution. Himmler ne se dérobe pas. Il observe sans ciller ces dizaines d'hommes et de femmes qui, foudroyés, tombent dans une fosse préalablement creusée par les tueurs. Et s'il éprouve un sentiment de pitié, c'est pour les exécuteurs, qui accomplissent une besogne si éprouvante qu'on doit souvent les soutenir à coups de verres de schnaps ! Dès ce moment, Himmler demande à ses collaborateurs d'étudier d'autres méthodes d'exécution qui, tout en épargnant la sensibilité des assassins, seraient aussi plus économiques – les munitions coûtent cher.

Il est procédé à une première expérimentation avec des camions aménagés pour rejeter leurs gaz d'échappement dans une cabine arrière hermétique tandis qu'ils roulent. Les cobayes sont les pensionnaires d'un asile psychiatrique. Même si cet essai donne satisfaction, les experts de la SS estiment que sa rentabilité est insuffisante, les camions ne pouvant contenir que quelques dizaines d'individus. Il est donc décidé d'imaginer une solution plus « industrielle ». Ce seront les chambres à gaz. Installées progressivement dans

1. Plus d'un million de Juifs ont péri au cours de cette première période, appelée parfois « la Shoah par balles ».

les camps d'extermination, elles permettront d'éliminer quotidiennement des centaines d'hommes, de femmes et d'enfants.

Avant même la conférence secrète de Wannsee (janvier 1942), qui décide de la mise en œuvre de la Solution finale, c'est-à-dire de l'extermination de tous les Juifs d'Europe, Himmler a donné son aval aux méthodes imaginées par ses spécialistes. Désormais, sous l'autorité administrative de Heydrich et avec le concours du « comptable de la mort », le lieutenant-colonel Eichmann, c'est une véritable machine à tuer clandestine qui se met en place. Une entreprise gigantesque, qui demande une rigoureuse organisation. Il faut planifier les rafles, coordonner l'arrivée des convois ferroviaires (qui ont parfois priorité sur les trains militaires), assurer l'approvisionnement en gaz Zyklon-B des différents camps ou encore exploiter au mieux les biens saisis sur les victimes... Autant de tâches que Heinrich Himmler et ses services accomplissent avec un terrible zèle, même si la mort de Heydrich, dans un attentat, en mai 1942, le prive de son plus remarquable collaborateur.

En juillet 1942, le Reichsführer-SS inspecte le camp d'Auschwitz et assiste au gazage de Juifs hollandais tout juste débarqués des wagons de marchandises dans lesquels ils ont voyagé. Puis il observe le travail des Sonderkommandos, qui jettent les dépouilles dans une fosse. Sur le chemin du retour, il réfléchit. Ne serait-il pas plus sage et plus prudent de se débarrasser définitivement de ces corps en les brûlant ? Comme si, au fond, ces Juifs n'avaient jamais existé ! Il ordonne aussitôt la construction de fours crématoires dans les camps.

Un an plus tard, nouveau succès : Hitler le nomme ministre de l'Intérieur. Toujours en 1943, il éprouve le curieux besoin de se confier devant une assemblée de dignitaires nazis réunis à Posen. Tout en soulignant la dureté de sa tâche dans l'application de la Solution finale[1], il pose soudain cette question : « Que fait-on des femmes et des enfants ? » Et il donne sa réponse, glaçante : « Je ne me sentais pas le droit de les exterminer. Mais pouvais-je laisser grandir leurs descendants qui, un jour, seraient tentés de se venger sur nos propres enfants ? Alors, j'ai décidé de les tuer et par là même de faire disparaître leur peuple de la Terre ! »

A-t-il conscience à cette date que le IIIe Reich, de défaite en défaite, de recul en recul, est condamné à terme ? A aucun moment il n'en donne l'impression. Car ce vaniteux se croit indispensable. C'est à lui, maintenant chargé de l'armée de réserve, que le Führer confie le soin de mener la chasse aux « planqués » et aux déserteurs. Il traque, il condamne à mort, il récupère des combattants isolés qu'il regroupe dans des unités de Volks-

---

1. Quelque six millions de Juifs ont péri pendant la Seconde Guerre mondiale. Mais des Tziganes, des homosexuels, des prisonniers politiques ont aussi perdu la vie dans les camps d'extermination.

grenadier. Puis, en septembre 1944, alors qu'il n'a aucune véritable compétence militaire, il est appelé à l'ouest, où il a tout pouvoir pour reconstituer un front homogène. Les trois offensives qu'il commande échouent. Hitler le rappelle et, en janvier 1945, lui remet le commandement du groupe d'armée de la Vistule, de plus en plus menacé par les troupes soviétiques. Nouvelle désillusion ! En mars, il est relevé de son commandement.

La fin approche. La tentation de la trahison le ronge. N'a-t-il pas autrefois contribué à faire assassiner le mentor de sa jeunesse, Ernst Röhm ? Pourrait-il racheter ses crimes en pactisant avec l'ennemi ? Il semble bien qu'il y ait pensé, contre toute raison, puisque, après avoir contacté Américains et Britanniques par l'intermédiaire de la Croix-Rouge, le plus grand tueur de Juifs de l'Histoire ose entamer un début de négociation avec le représentant de l'un des leurs, un Suédois, le Dr Masur. Celui-ci, muni d'un sauf-conduit du Reichsführer, atterrit le 19 avril à Tempelhof, dans une capitale cernée par l'Armée rouge. Deux jours plus tard, en pleine nuit, ce délégué du Congrès juif mondial rencontre Himmler chez son médecin. Excessivement courtois, le chef nazi lui tend la main et débite cette phrase ahurissante : « Il est temps que vous, les Juifs, et nous, les nationaux-socialistes, nous enterrions la hache de guerre ! » Abasourdi, le Dr Masur n'ose pas refuser sa main et obtient qu'aucun Juif n'ait plus à souffrir des exactions nazies.

Le 28 avril, Hitler est informé des manœuvres

de son ministre. Il le déchoit immédiatement de toutes ses fonctions. Après le suicide du Führer, Himmler tente encore de rallier l'éphémère gouvernement nazi composé par Dönitz. Mais le 8 mai, c'est la capitulation. L'ex-Reichsführer-SS est désormais l'homme le plus recherché de l'Allemagne occupée. Rasé, déguisé, doté d'une fausse identité, il fuit avec une poignée de collaborateurs. Mais, fin mai, il est trahi par ses lunettes lors d'un contrôle de l'armée anglaise. Reconnu par un sergent, il croque une ampoule de cyanure après qu'un dentiste a demandé à examiner sa bouche. Mort instantanément, il ne rendra jamais de comptes : il sera l'un des grands absents sur la scène du Tribunal international de Nuremberg chargé de châtier les criminels nazis !

## *Kadhafi*

### *Le Bédouin illuminé*

Ce personnage fantasque a longtemps été la bête noire de l'Occident. Accusé, non sans raison, de protéger et de financer ses pires adversaires, d'attiser les haines chez ses voisins, de fomenter des complots, il a fait de son pays, la Libye, un véritable vivier de terroristes. Mais surtout, Mouammar Kadhafi fut le pire ennemi de son propre peuple, qu'il a asservi et terrorisé pendant plus de quarante ans.

Benjamin d'une famille de Bédouins illettrés appartenant à la tribu des Kadhafa, le futur « Guide » de la Libye est né en juin 1942 dans une zone désertique, à quelques kilomètres de Syrte[1]. Ainsi que tous les enfants de son âge, Mouammar reçoit des rudiments d'éducation coranique. Ensuite, il est le premier de sa famille à fréquenter l'école primaire, puis l'école préparatoire. Dès

1. Selon une rumeur persistante, Kadhafi aurait été le fils d'un aviateur corse échoué en Libye lors de la Seconde Guerre mondiale.

cette époque, il se passionne pour la politique ; ses grands hommes sont Mao Zedong, Tito, de Gaulle... Mais son véritable modèle est le colonel égyptien Gamal Abdel Nasser, qui, ayant pris le pouvoir au Caire à la tête du Mouvement des officiers libres, est devenu le chantre du nationalisme et de la fierté arabes.

Mouammar Kadhafi étudie le droit, apprend l'anglais et l'italien, puis choisit la carrière des armes. Déjà, fidèle à son héros égyptien, il rêve de chasser la monarchie corrompue qui règne sur son pays, ainsi que les troupes étrangères, britanniques et états-uniennes, qui y stationnent toujours. Tel Nasser, ce jeune et séduisant capitaine rassemble en secret autour de lui des officiers décidés à provoquer une révolution. En 1969, ils passent à l'action : le vieux roi Idriss est détrôné sans grande effusion de sang. Un pouvoir militaire collégial est mis en place. Kadhafi, qui s'est autopromu colonel, en est le véritable animateur.

L'idéologie de ces « officiers libres à la libyenne » est un curieux mélange de socialisme et d'islamisme. Mais elle emprunte aussi à Rousseau et même à Fourier. Le pouvoir, prétendent-ils, doit être exercé par le peuple. C'est l'esquisse de la Jamahiriya, conceptualisée plus tard par Kadhafi lui-même dans son petit *Livre vert*. C'est-à-dire un « Etat des masses » où le peuple gouverne, en principe, par le biais de comités populaires censés exprimer ses aspirations. Au sommet de la pyramide se trouve le CCR, c'est-à-dire le Conseil du commandement de la révolution, chargé de traduire ces désirs dans les faits. Ce système est aussi flou qu'utopique. Mais il fonctionnera tant bien que mal. Parce que la Sécurité d'Etat, très efficace, s'emploie à juguler les éventuelles manifestations d'opposition. Et parce que la rente pétrolière[1], généreusement répartie, permet d'acheter les consciences.

Dès son accession au pouvoir, Kadhafi considère qu'il est investi d'une mission : la lutte contre l'impérialisme. Grâce aux revenus du pétrole, il entreprend de soutenir financièrement un certain nombre de mouvements révolutionnaires de libération ou d'inspiration tiers-mondiste. Certains, classés comme terroristes, sont même accueillis en Libye. Kadhafi devient donc un adversaire naturel de l'Occident et d'Israël. Pour autant, il garde ses distances avec l'URSS, jugée tout aussi impérialiste que les Etats-Unis. Et si, progressivement, le camp de l'Est lui vend de plus en plus d'armes, c'est surtout à cause de l'embargo décrété à son encontre par les puissances occidentales.

En 1973, Kadhafi met fin à la fiction du pouvoir collégial et dissout le CCR. Il met en place un système très autoritaire et personnel dans lequel les instances tribales jouent un rôle important, et dans un pays où les trois grandes régions, la

---

1. Peu après sa prise de pouvoir, Kadhafi décide une importante augmentation du prix du pétrole brut. Toutefois, il attendra 1973 pour nationaliser à 51 % les compagnies pétrolières installées dans son pays.

Cyrénaïque à l'est, la Tripolitaine à l'ouest et le Fezzan au sud, s'observent avec méfiance.

Pour asseoir son pouvoir, le Guide, comme on l'appelle dorénavant, joue des rivalités tribales, nouant et dénouant des alliances avec les plus puissantes, sans bien sûr oublier de toujours favoriser la sienne, celles des Kadhafa.

En réalité, le Guide se livre à un véritable jeu de chaises musicales afin de consolider son pouvoir personnel. Mais ce système ne permet pas que s'établissent des structures administratives pérennes et efficaces puisque les fonctionnaires sont souvent mutés avant de pouvoir procéder à la moindre réforme !

Le régime est aussi policier. Kadhafi réprime impitoyablement tous ceux qui veulent s'opposer. En 1996, par exemple, mille deux cents prisonniers islamistes sont massacrés dans la prison d'Abou Salim.

La Jamahiriya progressivement mise en place par Kadhafi repose sur trois sources de légitimité : révolutionnaire, militaire et tribale. Les comités révolutionnaires sont les garants de la doctrine jamahirienne et de la mobilisation des masses, sur le modèle des gardes rouges de Mao ou encore des pasdarans iraniens. Ils regroupent environ trente mille membres et sont renouvelés par cooptation. On les retrouve dans toutes les structures de l'Etat et des grandes entreprises.

Deuxième pilier du régime, les gardes prétoriennes dévolues à la protection du Guide et de sa famille. Elles rassemblent environ quinze mille hommes répartis en trois gros bataillons dits de « sécurité » et trois brigades interarmes. Leurs membres sont essentiellement recrutés au sein des deux grandes tribus du Centre et du Sud libyens, les Kadhafa et les Magariha. Ces prétoriens bénéficient de nombreux avantages matériels et seront commandés par deux des fils de Kadhafi. Enfin, les tribus constituent un élément indissociable du clientélisme qui est au cœur du régime, même si le Guide doit en permanence veiller à maintenir un fragile équilibre entre ces tribus batailleuses et les régions.

C'est la rente pétrolière qui, en réalité, assure la stabilité du pays. Elle représente plus de 90 % des revenus du pays. Dans la Libye de Kadhafi, il n'existe aucune taxation des citoyens. Conséquence, l'Etat, qui ne dépend pas financièrement de ses ressortissants, estime ne pas leur devoir de comptes. Le pacte est implicite : en échange de la manne pétrolière, le pouvoir demande la passivité des citoyens.

Autre particularité libyenne, le panarabiste Kadhafi s'acharne à vouloir « marier » son pays avec ses voisins. Tour à tour l'Egypte, le Soudan, la Tunisie, et même la plus lointaine Syrie, sont l'objet de sollicitations pressantes. Ces projets d'union échouent les uns après les autres, tant les dirigeants de ces Etats se méfient des foucades d'un Kadhafi toujours imprévisible.

Le Guide libyen regarde aussi vers le Grand Sud, mais ce faisant il entre en conflit avec la

France, soucieuse de maintenir ses intérêts et son influence en Afrique.

Depuis des dizaines d'années, le Tchad et la Libye se disputent un territoire quasi désertique, la bande d'Aouzou. Dès 1973, Kadhafi a manifesté ses visées expansionnistes. La France, qui a signé des accords secrets d'assistance militaire avec N'Djamena et y dispose d'une importante garnison, s'inquiète. Car, dans le même temps, le Guide entretient l'agitation dans un certain nombre de pays africains francophones, indépendants mais sous tutelle économique et politique de Paris.

Le leader libyen, malgré les Mirage qu'il a achetés en 1970, devient soudain l'ennemi ! A l'Elysée, alors occupé par Valéry Giscard d'Estaing, ordre est donné aux services secrets de tout mettre en œuvre pour éliminer Kadhafi. En 1975, le SDECE réussit à persuader un compagnon du Guide, le capitaine Meheishi, de préparer un putsch. Mais le comploteur est trahi par l'un des siens, et l'opération est un fiasco. Meheishi, qui parvient à s'enfuir, vivra désormais sous la menace des tueurs de son ancien compagnon.

Les services secrets français sont d'autant moins enclins à abandonner que les menées de Kadhafi au Tchad se précisent : il apporte son soutien à des rebelles implantés dans le nord du pays. Pour le contrer, Paris imagine de susciter depuis l'Egypte la création d'un mouvement d'opposition avec l'accord du président Sadate, qui aspire à se débarrasser de son encombrant voisin. Parallèlement, des actions de commando sont conduites contre la Libye à partir de la frontière avec l'Egypte. Sans grand résultat. Mais les services de renseignements ont obtenu la preuve que les Libyens sont maintenant directement impliqués dans les conflits qui déchirent le Tchad, et une opération beaucoup plus ambitieuse est décidée. Au cours de l'été 1979, un commando chargé d'assassiner le Guide est infiltré en Libye, sous couvert d'une entreprise de travaux publics. Le 1er septembre, quatre tueurs, dissimulés sur le toit de l'aéroport de Tripoli, attendent Kadhafi qui revient d'une tournée en province. Ils tirent sur le leader libyen lorsqu'il sort de son avion. Touché, il s'écroule.

La suite est mystérieuse. Kadhafi réapparaît un mois plus tard à la télévision libyenne, mais on parle alors d'un sosie. On s'apercevra plus tard qu'il est toujours bien vivant. Il aurait été opéré dans le plus grand secret à Chypre par un spécialiste parisien qui lui aurait retiré quatre balles du corps. Puis il aurait été envoyé à Moscou, où des chirurgiens soviétiques auraient renoncé à extraire un cinquième projectile, la balle étant logée trop près du cœur. Tout cela paraît bien fumeux. Mais il faut faire la part de la propagande : en répandant la rumeur d'un attentat auquel le leader libyen aurait échappé de justesse, on tente de persuader l'opinion que Kadhafi n'est plus intouchable.

L'année suivante, au début 1980, le Guide essaie de déstabiliser la Tunisie du président Bourguiba, qu'il juge trop inféodée à l'Occident. A la fin janvier, avec l'aide des services secrets libyens, des opposants tunisiens pénètrent dans le sud du pays en se faisant passer pour des membres d'une équipe de football palestinienne accompagnés de supporters. A peine arrivés, les faux joueurs de football investissent par surprise une caserne de Gafsa, s'emparent des armes et commencent à les distribuer. Très vite, Tunis alerte Paris. Aussitôt, le SDECE envoie là-bas une équipe du service Action. Des armes sont livrées par avions, des bâtiments de la marine française voguent vers les côtes tunisiennes... L'affaire fait long feu : les assaillants sont tués et les Libyens abandonnent. Non sans se venger en mettant à sac l'ambassade de France à Tripoli !

Les affrontements franco-libyens ressemblent de plus en plus à une vendetta personnelle entre Valéry Giscard d'Estaing et Mouammar Kadhafi. Il y aura encore une tentative de rébellion à Tobrouk initiée par Paris, puis la mise au point d'un scénario rocambolesque mêlant la France, l'Egypte et même Israël, et visant à faire croire à une attaque libyenne en Egypte. L'élection présidentielle française et l'arrivée au pouvoir de François Mitterrand en 1981 auront raison de cette manœuvre de grande ampleur[1].

---

1. Il faudrait aussi évoquer la catastrophe d'Ustica, au cours de laquelle un avion commercial italien a vraisemblablement été touché par un missile tiré par un avion de l'OTAN (français ?) après une bataille aérienne avec des

Le nouveau président met fin aux tentatives d'élimination physique de Kadhafi, sans pour autant renoncer à juguler les menaces militaires libyennes sur le Tchad, où, par deux fois, des opérations armées (Manta et Epervier) contraindront Kadhafi à reculer.

L'ennemi le plus résolu de Kadhafi s'appelle maintenant Ronald Reagan. Le président états-unien, qui prend ses fonctions en janvier 1981, est persuadé que le leader libyen est un personnage aussi dangereux que détestable. La plupart des attentats terroristes qui sont perpétrés dans le monde lui sont attribués, à lui ou à ceux qu'il soutient, tel le redoutable Abou Nidal. Comme Giscard en son temps, Reagan est décidé à se débarrasser de Kadhafi qui, pour l'opinion états-unienne, devient le Diable en personne. En 1984, une tentative de coup d'Etat fomentée par des exilés libyens avec l'aide des Américains se traduit par un véritable désastre humain : soixante-quinze officiers sont arrêtés et fusillés séance tenante. Dès lors, le leader libyen obsède littéralement le président des Etats-Unis, qui demande toujours plus de détails à la CIA sur sa vie privée et ses mœurs.

A partir du mois de janvier 1986, des chasseurs-bombardiers F-111 basés en Grande-Bretagne procèdent à des vols d'entraînement jusqu'au-dessus de la Turquie afin que leurs pilotes se familia-

---

aéronefs libyens qui escortaient un appareil où avait pris place Kadhafi en route vers Varsovie.

risent avec les manœuvres nocturnes de ravitaillement en vol indispensables en cas de frappe sur la Libye. En même temps, la VIe Flotte américaine, rassemblant deux porte-avions, quarante-cinq navires et plus de deux cents avions, se rapproche des côtes libyennes. Face à ce qui apparaît comme une incontestable menace, Kadhafi fixe une « ligne de mort », c'est-à-dire une ligne abstraite empruntant le 32e parallèle et en deçà de laquelle ses avions ou ses bâtiments seront autorisés à ouvrir le feu en cas d'intrusion. Ce faisant, il élargit considérablement la limite de ses eaux territoriales puisque pratiquement tout le golfe de Syrte en fait dorénavant partie.

A la mi-février, la situation se tend. Les pilotes américains commencent à flirter avec la ligne de mort. Les MiG-25 libyens prennent l'air. On se frôle, on se jauge. Le moindre incident pourrait conduire à la déflagration. C'est ce qu'attend impatiemment Reagan, qui brûle de l'envie de châtier le Libyen. Un troisième porte-avions arrive sur zone au mois de mars. Comme Kadhafi ne bouge toujours pas, les Américains se livrent à une provocation. Des bâtiments américains pénètrent dans le golfe de Syrte tandis que, simultanément, des chasseurs survolent la zone interdite. Aussitôt les batteries antiaériennes libyennes font feu, mais ratent leurs cibles. Peu importe ! Reagan tient enfin le prétexte qu'il cherchait : quelques heures après, la flotte américaine coule un patrouilleur libyen et l'aviation en profite pour détruire plusieurs radars et batteries de missiles Sam-5.

Kadhafi, bien qu'il ait déjà perdu une centaine d'hommes, est conscient qu'il est incapable de riposter de manière efficace tant la puissance de feu américaine est impressionnante. Mais il annonce toutefois son intention de se venger. Une décision qui ne peut que satisfaire la Maison-Blanche. Ainsi Reagan aura-t-il la possibilité d'ordonner enfin de vraies représailles.

Directement ou pas, Kadhafi commet la faute que Washington attendait. Au début du mois d'avril, une bombe explose dans une discothèque de Berlin fréquentée par les militaires états-uniens. Des écoutes téléphoniques permettraient d'incriminer les Libyens[1]. Reagan décide immédiatement de passer à l'attaque. Les chasseurs-bombardiers F-111 décollent de Grande-Bretagne. La caserne de Tripoli où Kadhafi réside avec sa famille est frappée. Il y a des dizaines de victimes, mais le leader libyen échappe à la mort.

Kadhafi, semble-t-il, a subi un véritable traumatisme. Pendant un jour entier, il garde le silence. Le lendemain, il prononce un discours très violent à la télévision, accusant les Américains d'avoir tué une de ses filles. Puis il disparaît. Quand il revient à Tripoli, après avoir passé plusieurs semaines sous sa tente plantée dans le désert, il a, plus vindicatif que jamais, recouvré tous ses moyens.

---

1. La police allemande, plus prudente, n'accusera pas la Libye mais bien plutôt son protégé, le Palestinien Abou Nidal.

Les faucons de la Maison-Blanche sont furieux d'avoir échoué et n'entendent pas en rester là. La Voix de l'Amérique diffuse un message qui est clairement un appel au soulèvement des Libyens. Un appel et aussi une menace. D'autres raids sont prévus. Mais la Maison-Blanche, engluée dans le scandale de l'Irangate, préfère surseoir.

Néanmoins, le bombardement de Tripoli a eu une grave conséquence. Il a contribué à radicaliser Kadhafi dans sa haine de l'Occident. L'implication de ses services dans les attentats meurtriers contre le Boeing 747 de la Pan-Am à Lockerbie puis contre le DC-10 d'UTA en apportera une effrayante preuve[1]. Mais le Guide multiplie également les aides à des organisations terroristes un peu partout dans le monde. Il fournit des armes à l'IRA nord-irlandaise, entretient des liens avec l'ETA basque, la Fraction armée rouge ouest-allemande et les Brigades rouges italiennes. Au Sahara, il soutient le Polisario contre le Maroc. Et au Liban il appuie les mouvements les plus extrémistes.

Mais c'est surtout en Afrique qu'il est le plus actif. Prodigue, il dispense sans compter des aides financières et se constitue une clientèle d'obligés qu'il veut convaincre de créer des Etats-Unis africains. Si cet objectif ne sera jamais atteint,

1. S'il est certain que des agents libyens ont été associés à la perpétration de ces deux attentats contre des avions civils, d'autres sources pointent la responsabilité de l'Iran en tant que commanditaire.

il réussira quand même, en 2009, à se faire élire président de l'Union africaine et dans la foulée, réunissant sept rois coutumiers africains, il obtient d'être proclamé « roi des rois traditionnels ». Il exige maintenant de ses partenaires sur le continent d'être désigné ainsi.

Au fil des années, le personnage lui-même a singulièrement évolué. Le colonel des débuts, sanglé dans un strict uniforme kaki, a cédé la place à un monarque arborant les tenues les plus extravagantes : amples capes, gandouras ou burnous multicolores, costumes chamarrés d'or sous des coiffures improbables empruntant beaucoup plus à la fantaisie qu'à la tradition bédouine. Il paraît escorté par une garde d'« amazones », de très jolies athlètes en tailleur militaire. Appartiennent-elles au sérail qu'il aurait constitué[1] ? Leur présence à ses côtés nourrit en tout cas les rumeurs sur une vie sexuelle aussi débridée que criminelle. Mouammar Kadhafi retiendrait dans les sous-sols de son immense bunker de Bab al-Azizia, au centre de Tripoli, des jeunes gens, garçons et filles, qui seraient ses esclaves sexuels. Sadique, assurément violent, il a, c'est certain, agressé des femmes journalistes qui repoussaient ses avances et contraint des épouses de ses proches à lui céder.

En même temps, sa paranoïa aidant, Kadhafi a encore accru le caractère répressif de son

---

1. Voir *Les Proies : dans le harem de Kadhafi*, un ouvrage d'Annick Cojean paru chez Grasset en 2012.

régime tout au long de la décennie 1980-1990. Aux termes de la loi 71, toute activité politique indépendante est désormais interdite et passible de la peine de mort. Des milliers de Libyens sont emprisonnés et torturés. De nombreuses pendaisons sont retransmises à la télévision, à seule fin de terroriser la population libyenne.

Le temps passant, avide de reconnaissance, Kadhafi aspire à être réintégré dans le concert des nations. A partir de 2002, il entame une libéralisation de l'économie libyenne, exigée par les instances financières internationales. Puis, affirmant renoncer à fabriquer des armes de destruction massive, il indemnise largement les victimes des attentats où se sont compromis des agents libyens. Enfin, il ordonne la libération de prisonniers politiques liés à des mouvements islamistes.

Espère-t-il ainsi redevenir fréquentable ? Ou éviter le sort que les Américains vont réserver à Saddam Hussein ? Quoi qu'il en soit, sa politique d'ouverture suscite de nombreuses convoitises, en particulier parmi les groupes pétroliers mondiaux. En Libye, on privatise donc à tour de bras. Conséquence, les riches deviennent plus riches et les pauvres un peu plus pauvres. Le système de redistribution relativement égalitaire qui existait jusqu'alors est démantelé. Au cours des années 2000, à la faveur des privatisations, apparaissent de nouveaux prédateurs économiques et un système politico-mafieux dans lequel les fils Kadhafi occupent les premières places. Ce qui déchaîne l'hostilité d'autres personnages, officiers ou gouverneurs, qui veulent leur part du gâteau, alors même que le mécontentement grandit dans la population, surtout en Cyrénaïque, où l'on est plus traditionnel et religieusement plus rigoureux qu'à l'ouest.

Par conséquent, la libéralisation économique entreprise par Kadhafi se traduit par un affaiblissement progressif du régime, bien que la pratique de la torture et des procès expéditifs n'ait en rien été abandonnée.

En février 2011, la Libye est à son tour ébranlée par le Printemps arabe, qui a permis aux voisins tunisiens et égyptiens de se débarrasser de leurs dictateurs. Le 15 de ce mois, quelques dizaines d'habitants de Benghazi manifestent : un avocat, défenseur des familles des prisonniers politiques islamistes massacrés en 1996 dans la prison d'Abou Salim, vient d'être arrêté : il réclamait pour ses clients une indemnisation semblable à celle qui a été octroyée par le régime aux familles des victimes des attentats du Boeing américain de Lockerbie et du DC-10 français au-dessus du Sahara.

L'avocat est rapidement libéré. Loin de calmer la rue, le geste est interprété comme un signe d'affaiblissement. Le lendemain 16 février, deux cortèges de manifestants convergent vers la place centrale où siège l'Administration de la ville. La police ouvre le feu, il y a plusieurs morts.

Kadhafi prend aussitôt conscience du danger. Il tente d'apaiser la situation : il promet d'augmenter les salaires des fonctionnaires, de baisser le prix du pain, et il limoge le chef de la sécurité de Benghazi. En même temps, il ordonne la libération de cent dix membres d'un mouvement islamiste auquel appartenaient les victimes du massacre d'Abou Salim. Mais il est trop tard. Le 17 février, une nouvelle manifestation est organisée. Il s'agit d'un mouvement de protestation pacifique où l'on voit surtout la jeunesse étudiante. Déjà, sur les réseaux sociaux, apparaissent des groupes qui se réfèrent au 17 février 2006, jour où une manifestation islamiste devant le consulat italien de Benghazi avait été brutalement réprimée[1].

Les miliciens et les soldats tirent à balles réelles sur les manifestants de 2011. Cela provoque une réaction en chaîne dans toute la Cyrénaïque puis dans les régions qui s'estiment mal traitées par le régime.

Dès le 19 février, l'organisation Human Rights Watch évalue à cent soixante-treize le nombre de tués depuis le 15. Le lendemain, la colère gagne Tripoli. Les forces de l'ordre tirent sur les manifestants qui convergent vers la place Verte. Ce même jour, un fils de Kadhafi, Saïf al-Islam, que tout le monde voit comme le successeur de son père, dénonce un complot étranger aux motivations islamistes. Menaçant, il ajoute : « Soit nous nous entendons aujourd'hui sur des réformes, soit des rivières de sang couleront dans toute la Libye ! »

---

1. Il s'agissait alors de protester contre la publication des caricatures de Mahomet par des journaux italiens.

La machine insurrectionnelle s'emballe. Le 21, deux pilotes libyens aux commandes de Mirage se déroutent vers Malte parce qu'ils ont refusé de bombarder un village au sud de la capitale. Puis Kadhafi lui-même apparaît à la télévision. Au cours d'une allocution hallucinée, le Guide, égal à lui-même, jure de se battre jusqu'à la dernière goutte de son sang.

A l'intérieur des tribus, la solidarité clanique et familiale permet une mobilisation efficace pour ou contre Kadhafi. Plus qu'une révolution, c'est la guerre civile qui gronde.

Parallèlement, on assiste à la création du CNT, le Conseil national de transition, un organisme autoproclamé dont la légitimité est douteuse, mais qui entend chapeauter la rébellion avec le soutien de l'Occident – lequel se hâte de le considérer comme un interlocuteur obligé. Les hommes qui le composent sont des Libyens de l'étranger, coupés depuis longtemps de leur patrie, ou des apparatchiks du régime qui ont très opportunément rompu avec le Guide.

A Washington, Londres et surtout Paris, il a déjà été décidé de tourner la page Kadhafi. Le 19 mars, Français et Britanniques obtiennent de l'ONU le vote d'une résolution imposant une zone d'exclusion aérienne à l'aviation de Kadhafi. Résolution qui permet aussi, éventuellement, une action militaire pour protéger les civils. Deux jours plus tard, une colonne de l'armée de Kadhafi, précédée par une vingtaine de chars, est observée sur la route de Benghazi, la capitale de la Cyrénaïque. Paris, alerté par le CNT et le philosophe Bernard-Henri Lévy devenu son porte-parole, prétend que les habitants vont être massacrés. Alors même que les insurgés de Benghazi, devenus les maîtres de la ville, sont en capacité de se défendre.

L'aviation française improvise en toute urgence une opération de bombardement : les chars libyens sont détruits, Benghazi est sauvée. Et tout le monde d'applaudir ! C'est le commencement d'une offensive qui va durer plusieurs mois.

Contrairement à ce qu'espéraient les stratèges occidentaux, les partisans de Kadhafi offrent une résistance acharnée tandis que le pays tout entier sombre dans le chaos. En août, Tripoli tombe mais le Guide a fui.

Il est retrouvé, le 20 octobre, dans sa région natale de Syrte. Visage meurtri et ensanglanté, corps pantelant, regard perdu, il gît sur le capot d'un pick-up. Quelques minutes plus tôt, après le bombardement de la colonne de véhicules où il avait pris place, il s'est réfugié dans un égout, ultime et dégradant refuge d'où les rebelles l'ont extrait.

Autour de lui, on crie, on insulte, on vocifère. Et soudain, il y a un et peut-être plusieurs coups mortels.

Qui l'a tué ? On ne le saura jamais. A l'évidence, il s'agit d'une exécution. Mais n'était-ce pas le véritable objectif poursuivi par les révolutionnaires libyens, et surtout par les dirigeants occidentaux qui bombardaient sans relâche la Libye depuis plusieurs mois – faisant fi de la mission que leur avait confiée l'ONU, à savoir la protection des civils ?

## *Montfort*

## *Le bourreau des Parfaits*

« Tuez-les tous, Dieu reconnaîtra les siens ! » Ce n'est sans doute pas Simon de Montfort qui a prononcé cette phrase terrible, comme on le verra, mais elle lui est souvent attribuée tant elle lui ressemble.

Pourtant, rien ne destinait ce modeste seigneur d'Ile-de-France à devenir un chef de guerre aussi fanatique qu'impitoyable, principal maître d'œuvre de la Croisade contre les albigeois et bourreau des cathares. Simon de Montfort est né vers 1150 dans une famille de barons français installée à quelques lieues de Paris, dans le bourg de Montfort-l'Amaury. Son arrière-grand-père, Amaury III, comte d'Evreux, avait été sénéchal de France. Son père, Simon, était gruyer de la forêt d'Yvelines, c'est-à-dire qu'il en était juridiquement le gestionnaire. Quant à sa mère, Amicie de Beaumont, issue d'une lignée anglo-normande, elle possédait en droit la moitié du comté de Leicester.

En 1188, à la mort de son père, Simon hérite de la seigneurie de Montfort. Prudemment, pour ne pas compromettre son héritage anglais, il se tient d'abord à l'écart des batailles qui opposent alors les royaumes de France et d'Angleterre. Pareillement, après son mariage avec Alix de Montmorency, il s'abstient de participer à la troisième croisade prêchée par le pape à la suite de l'annonce de la prise de Jérusalem par Saladin. Son frère Guy, lui, figure parmi les seigneurs qui accompagnent en 1189 Philippe Auguste et Richard Cœur de Lion, Français et Anglais unis le temps d'une croisade – qui échouera à reprendre la ville sainte.

Mais quelques années plus tard, alors que les deux royaumes ennemis recommencent à guerroyer l'un contre l'autre, Simon consent enfin à rejoindre ses pairs qui combattent aux côtés de son suzerain, le roi de France. Sa haute stature, sa force qualifiée d'herculéenne par ses contemporains et sa témérité font merveille au cours des engagements contre l'Anglais. Puis, en novembre 1199, il répond à l'invitation du comte Thibaut III de Champagne, qui rassemble la fine fleur de la chevalerie à l'occasion d'un tournoi. La véritable intention de ce grand seigneur est de répondre à la préoccupation du nouveau pape, Innocent III, qui prône une nouvelle croisade en Terre sainte. Simon entend l'exhortation enflammée du prédicateur Foulques de Neuilly. Comme la plupart des autres barons, il est subjugué et décide aussitôt de se croiser.

Ces chevaliers choisissent la voie maritime pour atteindre la Palestine. Le Champenois

Geoffroy de Villehardouin, maréchal de France et conseiller du roi Philippe Auguste, est chargé de négocier la traversée avec Venise, qui doit fournir les bateaux. Mais lorsque les chevaliers arrivent dans la Sérénissime, il apparaît que la somme demandée pour le voyage est supérieure à ce qu'ils possèdent. Le doge Enrico Dandolo leur propose alors un marché. En échange d'un délai de paiement, les croisés pourraient s'emparer au passage, pour le compte des Vénitiens, de la ville portuaire de Zara, sur la côte dalmate.

Certains barons, parmi lesquels Simon de Montfort, désapprouvent cet acte de piraterie. Lors de l'assaut (et de la mise à sac) de cette cité chrétienne, ils demeurent dans leur campement, sans intervenir. Innocent III, également indigné, excommunie les pillards et ceux qui les ont sollicités. Mais, décidément, la présence de cette forte troupe de chevaliers donne des idées. C'est maintenant le roi d'Allemagne, en accord avec le doge, qui fait une demande intéressée aux croisés : il s'agit de venir en aide à son beau-frère Alexis Ange, empereur byzantin, qui vient d'être détrôné par son propre frère. En contrepartie, les barons recevraient deux cent mille marcs d'argent, une somme qui leur permettrait de payer leur traversée.

Une nouvelle fois, un certain nombre de croisés sont séduits par la proposition[1]. Mais Simon

1. Ces croisés occupent une première fois Constantinople en juillet 1203. Ils permettent l'intronisation d'un

et ses amis crient à la trahison et font troupe à part. Sollicitant l'appui du roi de Hongrie, ils finissent par s'embarquer à Barletta, un port des Pouilles, et débarquent en Terre sainte à Jaffa. Ils rejoignent aussitôt le roi de Jérusalem, Amaury II de Lusignan. Simon de Montfort participe valeureusement à un coup de main en Tibériade. Impressionné par son héroïsme, le souverain veut les attacher, lui et les siens, à son service. Simon refuse : il a compris que la quatrième croisade, à cause de ses divisions et de la cupidité des barons qui ont choisi d'attaquer Constantinople, avait échoué. Il regagne la France, non sans s'être procuré un petit bout de bois, censé être un morceau de la Vraie Croix, qu'il déposera pieusement dans une église de Rambouillet, une localité proche de Montfort-l'Amaury.

Simon de Montfort, la cinquantaine venue, un âge avancé pour l'époque, pourrait jouir en paix des bénéfices de sa baronnie. Il va pourtant entamer la période la plus mouvementée de son existence. Il le doit à un voisin et ami, l'abbé Guy des Vaux de Cernay, l'un des ecclésiastiques choisis par le pape pour juguler l'hérésie cathare.

---

nouveau *basileus*, Alexis IV. Mais celui-ci étant incapable d'imposer son autorité, les croisés, toujours à l'instigation des Vénitiens, reviennent, en avril 1204. Eblouis par les immenses richesses de « la Deuxième Rome », ils mettent la ville à sac et abandonnent du même coup leur mission première : la croisade.

Cette nouvelle branche du christianisme, qui a émergé sous diverses formes en Europe occidentale aux alentours de l'an mille, a prospéré au XII^e siècle surtout dans le midi de la France. Les cathares (du grec *katharos*, « pur ») prônent essentiellement un retour à la simplicité de la religion primitive. Rejetant la hiérarchie romaine et ses fastes, les « Parfaits » ou Bons Hommes, tels qu'ils se désignent, font vœu de pauvreté, rejettent les sacrements catholiques et n'en reconnaissent qu'un, le « consolament », qui octroie le salut aux croyants.

Pour Rome, le danger est mortel, d'autant que les cathares, qu'on appellera aussi « albigeois » en raison de leurs succès dans l'évêché d'Albi, séduisent aussi bien les pauvres que les nobles. L'Eglise a d'abord pensé réduire cette hérésie en envoyant en pays cathare des prédicateurs, comme le futur saint Bernard ou, plus tard, Dominique de Guzmán (saint Dominique). Rien n'y fait, l'influence des cathares ne cesse de progresser tandis que le plus puissant seigneur de l'Occitanie, Raymond VI, comte de Toulouse, tout en condamnant officiellement l'hérésie, répugne à sévir contre ses sujets. Cette attitude provoque la fureur du légat du pape, Pierre de Castelnau, qui, de guerre lasse, finit par excommunier Raymond.

Innocent III, exaspéré, se décide à frapper ces nouveaux infidèles, plus menaçants encore que les juifs ou les musulmans. Il appelle à la croisade. Pour la première fois, des chrétiens vont marcher contre des croyants qui se réclament aussi du Christ.

Le roi Philippe Auguste, sollicité pour prendre la tête de cette expédition punitive, décline prudemment la proposition, ne serait-ce que parce qu'il ne veut pas entrer en guerre contre son propre peuple. Toutefois, fin politique, il ne s'oppose pas à la participation de ses vassaux à la croisade, car il ressortira peut-être de l'expédition un arrimage plus solide de ces lointaines régions à son trône.

Le nouveau légat du pape, Arnaud Amaury, et Guy des Vaux de Cernay se mettent alors en demeure de parcourir le royaume afin de convaincre les barons de se croiser contre les albigeois. Les uns après les autres, grands feudataires et petits seigneurs se rallient. Ces engagements ne sont pourtant pas dénués d'arrière-pensées. Certes, ces futurs combattants, qui n'ont pas toujours vécu en bons chrétiens, y gagneront des indulgences, mais beaucoup y voient l'occasion d'amasser du butin et même, pourquoi pas, de se tailler de nouveaux fiefs aux dépens de ces Occitans qui sont si peu français.

A Lyon, où se rassemblent les croisés, on voit arriver des « Grands », tels Eudes III, duc de Bourgogne, Hervé IV de Donzy, comte de Nevers, ou Gaucher III de Châtillon. S'y joignent une multitude de petits barons et encore plus de ribauds et de routiers qui ne rêvent que saccages et pillages – avec, de surcroît, la bénédiction de l'Eglise. Simon de Montfort, lui, catholique fervent et même dogmatique, est pénétré de l'importance religieuse de sa mission, mais, le moment venu, il ne dédaignera pas non plus d'édifier en faveur de sa maison un considérable patrimoine territorial.

Combien sont-ils ? Des dizaines de milliers, dont un fort contingent allemand, tous placés sous le commandement du légat du pape et résolus à extirper l'hérésie. Une troupe si menaçante que le comte de Toulouse fait amende honorable et décide d'appuyer la croisade. Seuls deux grands seigneurs se tiennent à l'écart. Le puissant roi Pierre II d'Aragon, comte de Barcelone, a peu de raisons d'être inquiet puisque le catharisme est faiblement implanté dans les Etats languedociens dont il est le suzerain. Il en va autrement de Raymond-Roger de Trencavel, jeune vicomte de Béziers, de Carcassonne et d'Albi, dont, au contraire, les fiefs abritent de nombreux cathares.

Lorsque la croisade arrive à Montpellier, Raymond-Roger de Trencavel se présente aux chefs de l'expédition. Il proteste de sa fidélité à la foi romaine. Cela ne suffit pas à Arnaud Amaury, qui exige une soumission totale. Le vicomte refuse et rejoint au plus tôt ses terres afin d'en organiser la défense. Les fortifications de Béziers, où des quantités de vivres et d'armes ont été amassées, lui semblent suffisamment solides pour résister à une attaque. Il file ensuite à Carcassonne pour y constituer une armée de secours. Il est persuadé que la troupe des assaillants va s'effilocher au fil des jours, car les croisés ne se sont engagés que pour quarante jours de service.

Le vicomte se trompe lourdement. C'est une troupe puissante qui se présente en juillet 1209 devant les murailles de la riche ville de Béziers. Elle est aussi fanatisée : Arnaud Amaury et son armée de prédicateurs n'ont cessé de répéter que, derrière les murs de la cité, se dissimulaient des êtres dépravés et adorateurs de Satan.

Les chefs de la croisade réclament que les cathares présents dans la ville leur soient remis. Non sans grandeur, les édiles de Béziers se refusent à livrer leurs concitoyens et se préparent à subir un siège. Malheureusement, une imprudence de quelques Biterrois permet à des croisés de s'introduire dans la ville. Aussitôt, rufians en tête, une marée humaine féroce et hurlante se répand dans la cité. On égorge, on éventre, on viole, on brûle, on occit sans distinction, même dans les églises. C'est à cette occasion, si l'on en croit le moine cistercien Césaire de Heisterbach, que le légat Arnaud Amaury, et non Simon de Montfort, aurait donné sa bénédiction aux tueries indifférenciées en reportant sur le Seigneur la tâche de « reconnaître les siens » parmi les victimes des soudards.

Qu'en est-il ? Les barons et les ecclésiastiques ont-ils réellement fermé les yeux, voire approuvé ? Un rapport des légats au pape lève toute ambiguïté : « Les nôtres, n'épargnant ni le rang, ni le sexe, ni l'âge, firent périr par l'épée à peu près vingt mille personnes. Après un énorme massacre des ennemis, la cité tout entière a été pillée et brûlée. La vengeance divine a fait merveille. »

Simon de Montfort y a pris sa part. Avec tant d'ardeur même que, lorsque les deux évêques qui dirigent spirituellement la croisade décident qu'il leur faut un chef de guerre, le modeste seigneur d'Ile-de-France se voit proposer la charge, et l'accepte. C'est sous ses ordres que l'expédition marche vers Carcassonne, cet autre foyer d'hérésie.

Le 1er août 1209, la cité fortifiée est en vue. Elle rassemble entre trois mille et quatre mille habitants et de nombreux paysans qui, terrorisés par la nouvelle des massacres de Béziers, ont trouvé refuge en ses murs.

Raymond-Roger de Trencavel est prêt à résister. Mais, rapidement, l'armée croisée s'empare d'un faubourg et coupe la ville de son approvisionnement en eau alors que la canicule s'est abattue sur la région. Pierre II d'Aragon, suzerain de Trencavel, tente en vain de s'entremettre en conseillant une reddition honorable. Arnaud Amaury ne veut rien entendre. Il ne consent qu'à offrir la liberté au jeune vicomte et à une poignée de ses chevaliers. Jugeant la proposition infamante, Raymond-Roger rompt les pourparlers. Cependant, tandis que Simon de Montfort met en place mangonneaux et autres catapultes, la situation des assiégés devient de plus en plus précaire. Des brèches sont ouvertes dans les remparts. Pour sauver les siens, le 15 août, Trencavel se résout à se rendre – il mourra dans sa geôle quelques mois plus tard, peut-être empoisonné. Ce même 15 août, les habitants de Carcassonne sont obligés de quitter leur cité, en n'emportant que les habits dont ils sont vêtus.

Béziers et Carcassonne tombées, beaucoup de croisés estiment leur mission terminée. La croisade se débande.

Simon de Montfort a théoriquement hérité des fiefs de Trencavel – Innocent III l'a confirmé solennellement dans toutes ses possessions dès la mort du vicomte –, mais il doit encore imposer son autorité par la force dans un pays hostile à ce Français du Nord qui méprise la population locale[1]. Or, en ce mois de septembre 1209, seuls vingt-six chevaliers et cinq cents soldats demeurent à ses côtés ; et ses caisses sont vides.

Il commence donc, sans grands moyens, une véritable guerre de conquête ou de colonisation, livrant à ses commensaux les villes ou châteaux dont il s'empare. Affaibli, il doit régner par la peur, multipliant les actes de cruauté et les représailles. A Bram, qu'il prend après une résistance de trois jours, il ordonne que les cent hommes de la garnison soient punis de façon exemplaire : leurs nez et lèvres supérieures sont coupés, leurs yeux crevés. Un seul est épargné, que Simon charge de conduire ses malheureux

---

1. Guillaume de Puylaurens rapporte qu'après avoir constaté la défection d'un chevalier qui s'était préalablement rallié à lui Simon de Montfort s'est écrié : « Je ne veux plus avoir affaire avec les hommes de cette maudite race provençale ! »

compagnons jusqu'à Cabaret afin de frapper de terreur ses habitants, qui tardent à se rendre.

Au reste, cette sauvagerie est également partagée. Depuis le carnage de Béziers, les deux camps se livrent à une surenchère d'atrocités. Les prisonniers, surtout quand il s'agit de routiers, gens de peu, sont fréquemment démembrés, écorchés vifs ou coupés en morceaux. Quant aux seigneurs qui, après avoir prêté serment, ont repris leur parole, ils sont traînés à la queue d'un cheval avant d'être pendus.

Dans cette terrible compétition, Simon de Montfort s'impose, car sa cruauté est froide, calculée. Son ami Pierre des Vaux de Cernay, qui ne lui cède en rien en matière de fanatisme, s'en étonne, essaie de lui trouver des excuses... Peu lui chaut : le chef militaire des croisés laisse derrière lui un sillon d'horreur : pillages, massacres, destructions systématiques des récoltes et du bétail...

Simon, qui a reçu le renfort d'une troupe conduite par son épouse Alix de Montmorency, avance en pays cathare tel un taureau furieux. Villes, bourgades, forteresses tombent les unes après les autres. Fanjeaux, Castres, Mirepoix, Pamiers sont conquises. Dans cette dernière cité, qu'il donne en apanage à son beau-frère Guy de Lévis, il détruit la maison des Parfaits. Puis il conquiert Saverdun, Preixan, Albi, avant de s'attaquer au début de l'été 1210 à Minerve qui, sur son éperon rocheux, abrite une importante communauté de cathares.

Avec l'aide des Narbonnais qui se sont ralliés

à lui, Montfort commence par commander la construction d'une énorme « pierrière », c'est-à-dire une machine de siège lançant des pierres. Baptisée « la Malvoisine », elle lui permet de détruire un sentier couvert par où les assiégés se ravitaillaient en eau. Un mois et demi plus tard, la ville est obligée de capituler. Son seigneur a obtenu de Simon que soient épargnés tous ceux, habitants ou soldats, qui abjureront la foi cathare. Cent quarante Parfaits s'y refusent. Ils sont conduits sur un immense bûcher et brûlés. Epouvantés par cet holocauste sans précédent, les habitants de la ville de Montréal décident de se rendre sans combattre.

Pour autant, malgré ce chapelet de victoires toutes plus sanglantes les unes que les autres, Simon de Montfort sait que son véritable ennemi se trouve à Toulouse, cœur de l'Occitanie rebelle, même si le prudent Raymond VI ne cesse de tergiverser. Mais il n'est pas encore temps d'y porter le fer. Simon doit aussi se faire reconnaître par le suzerain de tous les fiefs qu'il a conquis, Pierre II d'Aragon. Celui-ci, conciliant, finit par lui accorder satisfaction, en janvier 1211, au cours d'une rencontre à Montpellier qui réunit les principaux acteurs de la guerre. Autre motif de contentement : le comte de Toulouse, ayant rejeté l'injonction des légats de démilitariser ses Etats, a été illico excommunié. Une fois de plus[1].

Simon de Montfort, ainsi conforté dans sa

1. Sa précédente excommunication avait été levée en 1208.

position, est prêt à aller de l'avant. D'autant que l'Eglise l'autorise à prendre les armes contre un excommunié, et qu'il reçoit le renfort d'un contingent de cinq mille croisés. Il se lance à l'assaut d'un foyer hérétique qu'il a échoué à réduire aux premiers jours de la croisade : Lastours. Son seigneur, Pierre-Roger de Cabaret, comprend vite qu'il est vain de résister. Le siège est à peine commencé qu'il décide de livrer ses châteaux. Mais déjà un autre rebelle se présente, Aimery de Montréal. Reniant son allégeance à la croisade, ce féal du comte de Toulouse s'est retranché dans la citadelle de Lavaur. Espère-t-il que Raymond viendra lui porter secours ? En tout cas, il est déterminé et met en pièces un détachement de croisés allemands.

En mars 1211, un nouveau siège commence. Le comte de Toulouse, après avoir dans un premier temps envisagé de marcher sur Lavaur, fait demi-tour. Les redoutables machines de Simon de Montfort bombardent tant et plus. Au début du mois de mai, une mine éventre un rempart. Les croisés s'engouffrent dans la brèche et sont bientôt maîtres de la place. Aimery et quatre-vingts de ses chevaliers, coupables d'avoir failli à leur parole, sont pendus. Dame Guiraude, sœur d'Aimery et protectrice avérée des cathares, est violée par les soudards, lapidée et précipitée dans un puits. Tandis que quatre cents Parfaits sont juchés sur un gigantesque bûcher et affrontent la mort avec un courage qui n'émeut guère Simon et les siens. Ces fanatiques, faute d'avoir réussi, comme saint Dominique, à convertir les hérétiques, ne voient dans la sérénité qu'ils affichent au milieu des flammes que la preuve de leur endurcissement dans le péché.

Simon de Montfort, enfin, songe à s'attaquer frontalement au comte de Toulouse. L'armée des croisés progresse en direction de la ville et s'empare de plusieurs places. Mais Raymond VI se prépare lui-même à la guerre. Le chef de la croisade entame le siège avant de réaliser que Toulouse est trop bien protégée. Il rebrousse chemin, ravage au passage le comté de Foix et dresse son camp à Castelnaudary. Il y est rejoint par le comte de Toulouse, qui l'assiège à son tour. Malgré une troupe inférieure en nombre, les croisés réussissent à briser l'encerclement. Raymond se retire.

Après cette victoire, Simon de Montfort peut considérer qu'il est le maître du Languedoc. L'impitoyable guerrier convoque ses vassaux à Pamiers et se fait législateur. Il organise ses Etats dans les domaines civil, militaire et religieux. Mais la guerre n'est jamais loin : le danger vient maintenant de l'autre côté des Pyrénées, où Pierre d'Aragon, auréolé par sa victoire de Las Navas de Tolosa contre les mahométans, entend reprendre la main dans ses trois vassalités occitanes indûment conquises ou menacées par la croisade, les comtés de Toulouse, de Foix et de Comminges. Au cours de l'été 1213, son armée franchit les montagnes. Il pense alors que son seul prestige lui permettra de s'imposer sans même combattre, d'autant que ce roi très catholique se croit soutenu par le pape.

La population et la noblesse occitanes ne s'y trompent pas : Pierre II est accueilli comme un sauveur qui les délivrera de la sauvagerie des Français du Nord.

Le roi d'Aragon sous-estime la résolution de Simon de Montfort, qui n'entend pas se démettre. La confrontation armée devient inéluctable. En septembre, devant Muret, les forces languedociennes coalisées sous l'autorité de Pierre II subissent une attaque foudroyante des troupes de la croisade. Le roi est tué. Son armée en fuite repasse les Pyrénées. Le triomphe de Montfort est total. La confrontation tant attendue avec le comte de Toulouse peut avoir lieu. Il n'en sera rien, car l'Eglise s'interpose et décide d'une paix provisoire. Le bouillant Simon, sentant une fois de plus la victoire lui échapper, s'emploie à pacifier ses Etats.

Rome se croit autorisée à intervenir de nouveau dans l'organisation territoriale du Languedoc. Innocent III attribue le marquisat de Provence à Guillaume des Baux, vice-roi du royaume d'Arles, le duché de Narbonne à son légat[1], Arnaud Amaury, et le reste, dont le comté de Toulouse, à Simon de Montfort. Ce dernier a donc gagné sans combattre... Mais Philippe Auguste n'entend pas

---

1. Cette disposition irrite Simon qui, se brouillant avec son ancien allié et chef, ira jusqu'à soumettre par les armes le duché de Narbonne, au risque d'être excommunié !

que l'on dispose ainsi des fiefs de son royaume : il envoie son fils en terre occitane. Et c'est au côté du dauphin Louis que Simon reçoit la soumission de Toulouse. Abandonnée par Raymond, qui s'est exilé, la ville subit le démantèlement de ses fortifications et l'abaissement des tours des hôtels bourgeois.

Un peu plus tard, lors du quatrième concile du Latran, en novembre 1215, l'Eglise rebat les cartes : si elle confirme l'autorité de Montfort sur Toulouse et une grande partie du Languedoc, elle offre une compensation au comte de Toulouse, dont l'héritier, Raymond VII, obtient le marquisat de Provence.

Conforté dans ses droits, même s'ils sont les fruits de rapines et de massacres, Simon retourne dans son Ile-de-France, qu'il a quittée sept ans plus tôt. Il veut surtout recevoir l'investiture de Philippe Auguste afin d'être reconnu comte de Toulouse. Partout où il passe, dans cette France capétienne, il est fêté en héros et le roi, très amical, ne se refuse pas à le confirmer dans ses droits acquis sur les ennemis de l'Eglise de Jésus-Christ. Le modeste hobereau de Montfort-l'Amaury est maintenant l'un des plus puissants barons du royaume.

Simon de Montfort ne jouit pas longtemps de ses lauriers de conquérant. L'hérésie, malgré les bûchers, couve toujours dans le secret des paysages d'Occitanie. Le concile du Latran avait cru asseoir la paix, il a au contraire déchaîné la guerre ! Dès le début du printemps 1216, le vieux duc de Toulouse et son fils reviennent d'exil et débarquent à Marseille. Ils entrent dans Beaucaire au mois de mai et sont acclamés par la foule. Les cœurs des Occitans battent toujours pour leur ancien chef.

Dès qu'il apprend ce retour, Simon repart vers le sud à bride abattue. Au début du mois de juin, il assiège la cité de Beaucaire. Par deux fois, son assaut est repoussé. Une troisième tentative en août se solde par un nouveau fiasco : la population de la ville a pris fait et cause pour les deux chefs rebelles. Simon doit abandonner le terrain.

Cette défaite est lourde de conséquences. Dès qu'elle est connue, l'agitation resurgit dans tout le Languedoc, qui brûle de se libérer de l'oppresseur du Nord : la preuve est faite que le bourreau honni des cathares n'est pas invincible !

Alarmé, Montfort rejoint la capitale de ses Etats à marche forcée. Mais Toulouse est déjà gagnée par la révolte. La chevalerie, inévitablement suivie par des gens de sac et de corde, doit se battre rue après rue contre les bourgeois. La répression est à la mesure de la rébellion. La ville est saignée, ses chefs sont humiliés, frappés, chassés, leurs maisons détruites. Impitoyable, Simon exige un énorme tribut de trente mille marcs d'argent.

Il quitte une ville apparemment soumise mais qui lui voue désormais une haine féroce. Tandis que l'incendie de la sédition progresse à la vitesse du vent dans toute l'Occitanie, Montfort essaie de renforcer son pouvoir en nouant une alliance matrimoniale entre sa maison et celle de Bigorre.

Pétronille de Comminges est déjà mariée. Qu'importe ! Elle est arrachée à son mari et donnée au jeune frère de Simon, Guy de Montfort, qui devient le nouveau maître de la Bigorre.

Simon reçoit quelques renforts de croisés venus du nord, auxquels l'Eglise a promis des indulgences semblables à celles que reçoivent ceux qui partent en Terre sainte. Fort de ces nouvelles troupes, il retourne en Provence avec l'espoir de venger l'humiliation de Beaucaire. Il s'empare de quelques localités mais, en septembre 1217, il est bien vite rappelé à Toulouse, où Raymond VII et son père viennent de faire une entrée triomphale après avoir bousculé la garnison. Les authentiques comtes de Toulouse s'empressent de relever les défenses de la ville. Mais, déjà, Montfort arrive.

Il commande un premier assaut, qui échoue. Puis il investit le faubourg Saint-Cyprien, clef du ravitaillement de la ville. Cependant, renforcés par des contingents aragonais et catalans, les insurgés repoussent les croisés. Un long siège commence. De part et d'autre, on s'organise et on construit des machines de guerre. L'hiver se passe dans une relative tranquillité. A Pâques, les Toulousains tentent une sortie. La bataille est sanglante, aucun camp ne l'emporte.

En mai, Montfort reçoit le soutien de troupes anglaises et artésiennes. Il croit pouvoir à nouveau s'emparer de Saint-Cyprien et donc affamer la ville. Un violent orage ayant emporté les barricades que les habitants ont dressées, il fait construire une tour en bois qui doit lui permettre de pénétrer dans la cité. Le 25 juin, les Toulousains se précipitent hors des murailles afin de la détruire. On se bat au corps à corps. Dans la mêlée, Simon voit son frère Guy tomber sous son cheval. Alors qu'il se précipite à son secours, il est atteint à la tête par le tir d'un mangonneau[1] toulousain, servi, dit-on, par des dames et demoiselles. Malgré son heaume, il meurt sur le coup, le crâne fracassé. Une immense exclamation de joie monte derrière les murs des défenseurs.

Le fils aîné de Simon, Amaury, succède sur-le-champ à son père. Mais la mort du chef de la croisade a démoralisé la troupe. Le siège est levé. Peu à peu, les Montfort perdront les domaines conquis par le bourreau des cathares, qui fut un soldat aussi grand que cruel. Cependant, les vrais responsables de ses crimes ne sont-ils pas ceux qui avaient armé son bras au nom du Christ ?

1. Sorte de grande catapulte à contrepoids.

## *Les Ceausescu*

## *Le cordonnier et la mégère*

Ce fut un procès surréaliste. Les images télévisées en restent inoubliables : un couple de vieillards comparaît devant des magistrats quasi invisibles. Pendant une petite heure de débats, il se défend bec et ongles, puis la sentence tombe, brutale : la mort... Et le dénouement envahit l'écran : deux corps écroulés le long d'un mur. Justice a été faite. Les sinistres époux Ceausescu ont payé. Pourtant, il est difficile de se départir d'un sentiment de malaise devant le spectacle de ce procès bâclé, arrangé... Quels qu'aient été les crimes des coupables.

Pour comprendre, il faut remonter près d'un demi-siècle plus tôt, en septembre 1940. Les armées du IIIe Reich progressent un peu partout en Europe. En Roumanie, un militaire, le maréchal Antonescu, s'empare du pouvoir. Il s'appuie sur la Garde de fer du mouvement légionnaire, une organisation fasciste très populaire en Roumanie, soutenue par quelques grands intellectuels, dont Mircea Eliade et Emil Cioran. Le bilan de sa dictature est effroyable : des centaines de milliers de Juifs sont livrés aux nazis et une impitoyable répression s'abat sur le pays. Lorsque la Seconde Guerre mondiale se termine, après une brève parenthèse monarchiste, la Roumanie tombe dans les griffes de Staline.

Nicolae Ceausescu, un ancien apprenti cordonnier, est alors un jeune et fervent militant communiste qui a été emprisonné sous la dictature. Chevelure abondante aux ondulations soignées, visage régulier, lisse et rassurant, il semble promis à une belle carrière d'apparatchik. Ministre de l'Agriculture dès 1947, il devient ministre délégué aux Forces armées, et, à ce titre, il est pleinement associé à la politique répressive du pouvoir.

Les dirigeants communistes roumains, étroitement cornaqués par leurs camarades soviétiques, gouvernent le pays d'une main de fer : on estime que sous le règne du numéro un du PC roumain, Gheorghiu-Dej, un million de citoyens sont détenus dans les geôles du régime, sur les seize millions que compte alors la Roumanie. Intellectuels et étudiants sont envoyés dans des goulags à la roumaine ou sur le chantier géant du canal Danube-mer Noire, où beaucoup trouveront la mort. Les communistes roumains sont aussi des pionniers en matière de torture. Dans la prison de Pitesti, au nord de Bucarest, une méthode de rééducation originale vise à transformer les victimes en bourreaux, les détenus devant torturer d'autres détenus. Ce système pervers et redoutablement efficace a été « inventé » par un prisonnier, un ancien légionnaire de la Garde de fer, qui a battu à mort et exécuté plusieurs de ses compagnons de détention. « La méthode Pitesti » fera école : les parachutistes français ou les tortionnaires sud-américains s'en inspireront.

Ces exactions sont encouragées par une nouvelle entité créée aussitôt après la Seconde Guerre mondiale, la trop célèbre Securitate, une police politique qui est aussi un service de renseignements intérieur et extérieur.

Au fil des années d'après-guerre, le régime de Gheorghiu-Dej ne cesse de se durcir. Les Juifs, là encore, en font les frais. Ainsi une éminente dirigeante du PC roumain, Anna Pauker[1], est-elle écartée.

Le dictateur communiste meurt en 1965. Nicolae Ceausescu est appelé par ses pairs à lui succéder. Un choix qui ne doit rien au hasard : les hommes forts du régime, ceux qui occupaient les meilleures places sous Gheorghiu-Dej, pensent que Ceausescu est un faible sans véritable envergure, dont on pourra aisément se débarrasser s'il devient gênant. Grossière erreur ! « Le cordonnier », comme on l'appelle non sans mépris, a toujours su donner le change.

Bien que Ceausescu ait été un proche de

1. La « Staline roumaine », comme on l'a appelée, s'était elle-même montrée impitoyable pendant les premières années du régime communiste. Elle avait approuvé l'action de la Securitate et donc le système mis en place à Pitesti.

Gheorghiu-Dej, les Roumains se prennent à espérer. D'autant que le nouveau maître du pays montre d'emblée qu'il veut rompre avec le système d'oppression de son prédécesseur. Il ordonne la libération de prisonniers politiques et conduit une politique économique efficace : la Roumanie connaît alors le plus fort taux de croissance en Europe. Parallèlement, cet homme que ses camarades croient insignifiant tisse patiemment sa toile. Il élimine progressivement ses rivaux potentiels et s'assure du contrôle de la Securitate.

Nicolae est secondé par une épouse omniprésente, Elena Petrescu, une fille de paysans qui compense son maigre bagage culturel par une ambition forcenée. Elle entend ne rien abdiquer des prérogatives dues, pense-t-elle, à son rang de femme du numéro un et ne manque jamais de le manifester.

Non sans habileté, Ceausescu semble prendre ses distances avec le bloc soviétique. Ainsi, au moment de la répression du printemps de Prague, non seulement il refuse d'envoyer des chars en Tchécoslovaquie aux côtés des autres contingents des forces du pacte de Varsovie mais il condamne publiquement l'invasion soviétique. Ce qui lui vaut d'être qualifié de « de Gaulle de l'Est », par certains de ses thuriféraires occidentaux, qui louent son indépendance vis-à-vis de Moscou.

Est-elle réelle ? Elle est sans doute moins importante qu'on ne le pense à l'Ouest, mais elle fait illusion. Quand Nicolae Ceausescu se rend en France, il reçoit la grand-croix de la Légion d'honneur et les magazines conservateurs lui tressent des lauriers. Autre manifestation d'indépendance, le numéro un roumain entame un flirt avec Pékin alors que l'URSS a divorcé d'avec la Chine maoïste depuis une décennie. Cependant, malgré l'épisode de Prague et les œillades chinoises, Ceausescu ne songe pas à quitter le pacte de Varsovie ou le Comecon, le traité économique qui lie entre eux les satellites de Moscou.

Le voyage officiel en Chine, au début des années 1970, dans un pays bouleversé par la Révolution culturelle, n'en a pas moins des conséquences importantes, pour ne pas dire catastrophiques. Au prétexte que le centre historique de Bucarest symbolise l'oppression du prolétariat par la bourgeoisie, la capitale roumaine est détruite au profit de barres de béton. De même, des centaines de maisons de villages sont démolies et remplacées par des immeubles collectifs, dont la construction trop rapide accumule les malfaçons. Derrière ces entreprises autoritaires, il y a la volonté de Ceausescu de créer un homme nouveau, ni rural ni urbain, tout entier attaché au développement d'une société socialiste et n'existant que par elle. Plus prosaïquement, ces immeubles modernes permettent au régime d'accroître la surveillance sur sa population.

La politique de terreur des années staliniennes, telle qu'elle a été autrefois pratiquée par Gheorghiu-Dej, laisse ainsi la place à un contrôle permanent et omniprésent. La Securitate dispose d'une nuée de mouchards infiltrés dans toutes les strates de la société : un Roumain sur quinze travaille pour la Securitate ou la renseigne ! Une véritable toile d'araignée qui permet à Ceausescu d'exercer un pouvoir absolu. Corollaire de cette mainmise totale sur la société roumaine, la presse est soumise, tandis qu'à l'intérieur du Parti Ceausescu, grâce à une série de purges, règne en maître incontesté.

Pour autant, la répression ne faiblit pas. Une distribution de tracts hostiles au tyran vaut à son auteur une lourde condamnation pour « complot contre la sécurité de l'Etat ». Un médecin refusant de délivrer un certificat de décès mensonger pour un prisonnier mort sous la torture est aussitôt envoyé en prison. Et lorsque, au mitan des années 1970, à la suite de la détérioration de la situation économique, la puissante caste des mineurs se met en grève, le conflit social est réglé au moyen de déplacements forcés, assignations à résidence, passages à tabac, détentions en camp, internements psychiatriques, voire d'assassinats purs et simples.

Par-dessus tout, c'est la politique démographique qui illustre le mieux la dérive vers l'absurde du système. En 1966, alarmé par la diminution de la natalité et sous l'influence de son épouse, Ceausescu lance un plan nataliste contraignant : contraception, avortements et divorces sont soumis à de sévères restrictions. Les médecins font l'objet d'enquêtes serrées en cas de mort d'un fœtus ou d'un enfant de moins de trois ans – ils risquent, pour sabotage de la politique du Parti, la prison ou l'envoi dans un camp. Cette politique ne tarde pas à produire des effets : le nombre de naissances augmente... et celui des abandons explose. Des milliers de bébés sont envoyés dans des orphelinats d'Etat bientôt débordés où, la plupart du temps, ils végètent derrière les barreaux de leurs lits quand ils ne meurent pas prématurément à cause de la pénurie alimentaire, du manque de médicaments ou d'épidémies provoquées par les mauvaises pratiques sanitaires[1].

Plus banal en pays totalitaire, le culte de la personnalité atteint des sommets dans la Roumanie des années 1980. Nicolae Ceausescu est désormais reconnu comme le « Conducator », un titre dont d'autres dictateurs roumains d'extrême droite, tel le maréchal Antonescu, s'étaient affublés avant-guerre. C'est trop peu : dans la presse et dans les publications du Parti, il devient bientôt « le Danube de la pensée » ou encore « le Génie des Carpates ».

Corollaire de cette dévotion quasi religieuse, la pratique d'un népotisme éhonté : le Conducator offre prébendes et responsabilités à la plupart des membres de sa famille. A commencer par son épouse Elena, dont il a fait son vice-Premier

1. Le régime, qui proclame que la Roumanie est exempte de toutes les tares des pays capitalistes, refuse de reconnaître l'existence de malades contaminés par le virus du sida. Sans tests de dépistage lors des collectes de sang, les transfusions propagent l'épidémie, notamment dans les orphelinats.

ministre. Autoritaire et vaniteuse, cette femme, qui n'a fréquenté l'école que deux toutes petites années, s'autodésigne académicienne et se décerne un titre de docteur en chimie. Un titre qui l'autorise à signer des livres scientifiques écrits par d'autres et à glaner, lors de ses visites à l'étranger, de prestigieuses distinctions honorifiques.

Les Roumains, eux, ne sont pas dupes. Ils rient, mais sous cape. Car ils ont peur. Le clan Ceausescu peut tout se permettre. Le plus jeune fils du couple, Nico, par ailleurs premier secrétaire des jeunesses communistes, n'a-t-il pas imposé une relation sexuelle durable à la délicate et triple championne olympique de gymnastique, Nadia Comaneci[1] ?

Pourtant, Ceausescu, qui a été longtemps populaire, en particulier à cause de sa politique de non-alignement vis-à-vis de Moscou, perd peu à peu de son aura. D'autant que la vie quotidienne des Roumains devient de plus en plus difficile. La collectivisation à outrance a ruiné l'agriculture. D'autre part, toujours dans un souci d'indépendance, Ceausescu s'est mis en devoir de rembourser à tout prix la dette extérieure considérable de la Roumanie. Les biens produits par le pays sont en priorité exportés et la recherche forcenée de devises étrangères se traduit par un appauvrissement du pays. Les restrictions sont de plus en

1. Les deux autres enfants du couple Ceausescu, Zoia et Valentin, se sont tenus volontairement à l'écart des affaires publiques.

plus nombreuses. Ainsi, dans un pays aux hivers rigoureux, la température maximale des appartements est-elle fixée autoritairement à quatorze degrés.

Le mécontentement grandit. Mais comment l'exprimer quand la délation est généralisée ? Les rares dissidents, souvent des intellectuels, doivent choisir entre l'exil ou la prison. Ainsi l'écrivain Paul Goma. A l'instar du Tchécoslovaque Vaclav Havel et de sa « Charte 77 », il a initié le lancement d'une pétition demandant la libéralisation du régime. Mais la crainte inspirée par la Securitate est telle que peu de gens se sont risqués à la signer. Victime de menaces, Goma se résout à s'exiler à Paris. Ceausescu ne l'en oublie pas pour autant. Des agents roumains sollicitent le groupe terroriste de Carlos : il faut liquider Goma ! Heureusement, « le Chacal », fort occupé ailleurs, ne donne pas suite.

Au fil des années 1980, la situation des Roumains devient de plus en plus précaire. La pénurie croissant, le pouvoir met au point un programme d'alimentation, prétendument diététique, qui n'a pour objet que de masquer les difficultés de production et d'approvisionnement. Pourtant, la dictature éprouve de plus en plus de difficultés à écraser les forces du changement. Les intellectuels déjouent la censure en passant par les radios occidentales pour diffuser leurs critiques du régime. Le clergé orthodoxe proteste ouvertement contre les démolitions d'églises tandis que les ouvriers multiplient les manifestations revendicatives et que des graffitis anti-Ceausescu apparaissent sur les murs de Bucarest.

En 1987, Mikhaïl Gorbatchev effectue une visite officielle en Roumanie. L'homme de la perestroïka et Ceausescu se regardent en chiens de faïence, surtout quand le « grand frère » soviétique plaide pour une libéralisation du régime roumain. Le Conducator n'est pas du tout disposé à appliquer glasnost et perestroïka chez lui. Il le fait savoir fermement à Gorby ! Ce n'est pas pour autant la rupture. Ceausescu, même s'il le regrette, ne peut couper ses relations avec l'URSS, dont l'économie roumaine dépend étroitement.

A la fin de cette même année 1987, à la suite de l'annonce gouvernementale de nouvelles restrictions sur la distribution du charbon et d'une diminution des salaires, la révolte éclate à Brasov, une grosse ville industrielle située au nord de Bucarest. Des portraits du dictateur sont brûlés par les émeutiers, qui pillent quelques édifices publics et blessent mortellement deux policiers.

Ceausescu envoie l'armée. Plusieurs manifestants sont tués. L'émeute semble matée, mais elle laisse une profonde cicatrice, véritable point de rupture entre la dictature communiste et la classe ouvrière censée être le fer de lance de la révolution sociale : pour la première fois, des citoyens roumains ont osé massivement affronter dans la rue le régime et son chef. On s'en souviendra... !

A la suite des émeutes de Brasov, un certain Silviu Brucan transmet un texte très critique pour Ceausescu à une agence de presse américaine.

L'homme n'est pas un inconnu : rédacteur en chef du journal du Parti à la Libération, il a occupé plusieurs hauts postes, dont celui d'ambassadeur à Washington entre 1959 et 1962, avant de réduire ses activités à des fonctions universitaires.

Curieusement, la réaction du pouvoir est très modérée : le coupable est simplement placé en résidence surveillée – tout autre Roumain coupable d'avoir critiqué Ceausescu dans un organe de presse occidental aurait été immédiatement arrêté. Prudent et avisé, Brucan a pris en fait un risque très calculé. Il dispose en effet d'un puissant talisman : chaque semaine, il reçoit la visite du correspondant permanent de l'agence Tass à Bucarest, qui est en réalité un agent du KGB… Une façon pour Moscou de faire savoir au pouvoir roumain que Brucan est un protégé auquel on ne saurait toucher.

Mieux, en 1988, son assignation à résidence est levée et il est autorisé à voyager à l'étranger. L'ancien diplomate se rend à Washington puis à Londres. Dans ces capitales, il noue des contacts au plus haut niveau et livre à chaque occasion son diagnostic : en Roumanie, la coupure est telle entre le peuple et le Conducator que la chute du régime est inéluctable.

Brucan est si bien écouté que, bientôt, la Commission des droits de l'homme de l'ONU met en accusation le dictateur roumain pour ses pratiques inquisitoriales. Le représentant de l'URSS, qui ne s'est même pas donné la peine de protester, se contente de s'abstenir lors du vote.

Pour tous les observateurs, la conclusion est évidente : Gorbatchev a décidé d'en finir avec Ceausescu.

Dès la fin de l'hiver 1988-1989, Brucan, toujours lui, allume la mèche. Il est à peine revenu en Roumanie que la presse occidentale fait état d'une mystérieuse lettre violemment critique envoyée à Ceausescu par six vétérans du Parti, dont Brucan lui-même.

Face à cette attaque sans précédent, Nicolae Ceausescu donne l'impression de faire le gros dos. Il n'ignore pas qu'il est menacé. A l'automne 1989, il dispose même d'informations précises des services de renseignements yougoslaves, qui prévoient une agitation prochaine en Roumanie : des groupes turbulents seraient déjà à l'œuvre et commenceraient à rallier la population. Mais le Conducator, qui croit tenir encore fermement le Parti et son bras armé, la Securitate, se juge capable de venir à bout de ces menées séditieuses. D'ailleurs, à la fin novembre, Nicolae Ceausescu, lors du congrès du Parti, est réélu à l'unanimité secrétaire général et président de la République. Est-il rassuré ? On le dirait. Pourtant, il est le premier à savoir que, dans ces grand-messes, tout est écrit à l'avance – au point que les délégués parlent parfois en play-back, leurs discours, visés par la censure, ayant été préalablement enregistrés. Il ne faut donc en attendre aucune surprise, bonne ou mauvaise. Ceausescu sait aussi que, dans son environnement proche, les régimes communistes se désagrègent les uns après les autres depuis la chute du mur de Berlin. Des mouvements initiés par son meilleur adversaire, Gorbatchev, et qui l'isolent au sein de cette Europe de l'Est autrefois muselée par le Kremlin.

La Roumanie semble donc immobile alors que tout bouge autour d'elle. L'étincelle qui va déclencher la déflagration puis la réaction en chaîne fuse dans une ville proche de la frontière hongroise, Timişoara. Le pouvoir communiste a entrepris d'en chasser un pasteur d'origine hongroise. Le 17 décembre, face aux manifestants qui s'opposent à cette mesure d'expulsion, les forces armées ouvrent le feu. Quelques contestataires tombent.

Les médias étant sous contrôle, les seules sources d'information sont les télévisions et les agences de presse des pays voisins, Hongrie et Yougoslavie, relayées par la Voix de l'Amérique ou Radio Free Europe. Or, très vite, ces organes de presse ont évoqué une répression féroce, des morts par milliers... Il n'en est rien. On apprendra plus tard qu'il s'est agi d'une authentique manœuvre de désinformation, le clou du montage étant la découverte d'un prétendu charnier à Timişoara, dont les cadavres venaient en fait d'un cimetière voisin[1].

Espérant reprendre la main, Ceausescu annonce

1. Des observateurs sérieux n'auraient pas manqué d'observer que ces dépouilles ne portaient aucune trace de balles et que ces malheureux étaient morts depuis plusieurs jours.

une manifestation de masse censée exprimer le soutien du peuple à ses dirigeants. Mais ce 21 décembre, le rassemblement tourne à la confusion. Le nom du Conducator est conspué. Le dictateur doit abandonner le micro au bout de seulement quelques minutes. Le lendemain, des manifestants envahissent le pharaonique palais du pouvoir et le couple Ceausescu s'enfuit à bord d'un hélicoptère.

L'enchaînement de ces événements n'a jamais vraiment été éclairci. Il laisse penser – notamment l'échec de la manifestation et l'épisode du carburant (une panne a obligé l'hélicoptère dans lequel les Ceausescu avaient pris la fuite à se poser en catastrophe) – que Ceausescu est tombé dans un piège tendu par ceux-là même, membres de la Securitate ou de l'armée, qui vont le juger et l'exécuter, avant de lui succéder au pouvoir.

Le 25 décembre, Nicolae et Elena comparaissent devant un tribunal improvisé et secret réuni sur une base militaire de Targoviste, à cinquante kilomètres de Bucarest. L'épilogue de la pièce, comme les actes précédents, est déjà écrit : le cordonnier et sa mégère avaient été condamnés avant même d'être capturés.

## *Qin Shi Huang*

### *Le premier empereur*

C'est au terme de son œuvre unificatrice, au IIIe siècle avant notre ère, que son nom devint Shi Huangdi, c'est-à-dire « premier auguste souverain ». L'usage parlé supprima peu à peu le dernier sinogramme, « di », souverain, tandis qu'on ajoutait au titre celui de son royaume d'origine, Qin. Le prestige et l'importance du personnage étaient tels que la renommée de ce « Qin », qui n'était à l'origine qu'un des sept « royaumes combattants » du futur empire, parvint jusqu'en Occident où, déformé par les langues européennes, il donna naissance au vocable « Chine ».

Au-delà de cette incontestable légitimité historique, Qin Shi Huang se distingue aussi par la démesure dont il fit preuve dans tous les domaines, y compris la mort, comme en témoigne l'extravagance de son immense tombeau.

Au commencement, rien ne destinait Zheng (son véritable patronyme) à devenir le puissant souverain de ce gigantesque territoire que l'on appellerait un jour « l'Empire du Milieu ». Son

Etat, Qin, avait été fondé au VIII^e siècle avant J.-C. dans la vallée de la Wei, aux confins occidentaux de la Chine actuelle. Quasi barbare – la population, semi-nomade, était connue surtout pour ses élevages de chevaux –, Qin n'était alors qu'un de ces royaumes qui ne cessaient de guerroyer entre eux, à la fois pour s'agrandir et pour accroître leur contingent de captifs. Il en alla ainsi pendant des siècles. Jusqu'à ce que, sous l'autorité du père de Zheng, Qin impose peu à peu son ascendant sur ses rivaux. Grâce à sa prospérité, d'abord. Disposant de terres fertiles intelligemment irriguées grâce à un système sophistiqué de canaux, l'Etat pouvait en effet consacrer une bonne part de sa richesse à former des combattants expérimentés. Très militarisée, la société exaltait au plus haut point les vertus guerrières, et le culte de la force reléguait au rang de futilité la pratique des arts et des sciences. Les souverains voisins méprisaient ces mœurs jugées primitives. A Qin, on n'en avait cure. Si l'on voulait gagner la faveur du roi, il fallait se montrer héroïque sur le champ de bataille et revenir de la guerre avec quelques têtes d'ennemis attachées à son palefroi ; les grades et les honneurs étaient proportionnels à la quantité de ces trophées.

Cette fascination pour la puissance avait été conceptualisée tout au long du premier millénaire avant notre ère par un groupe de penseurs, les légistes, qui influencèrent durablement les maîtres de Qin. Pour ces philosophes, la loi, dans toute sa rigueur, était l'instrument de la cohésion sociale : foin des conceptions humanistes et morales des confucéens, c'était la force qui devait s'imposer et légitimait le pouvoir de celui qui l'exerçait. L'Etat de Qin était déjà passé à la pratique : les opposants y étaient menacés d'être coupés en deux.

Armé d'une pensée totalitaire favorisée par son père, doté d'une armée de premier plan et pourvu d'une volonté farouche, le jeune Zheng pouvait espérer réaliser son ambition : la conquête et, à terme, l'unification de tous les territoires qui formeraient plus tard la Chine sous son autorité.

En – 246, le roi de Qin trépasse. Zheng a treize ans. Il est flanqué d'un vieux fonctionnaire royal, Lü Buwei, qui gouverne en son nom tandis qu'il se prépare à régner. Son éducation est avant tout pratique : s'il apprend à lire et à écrire, il se consacre en priorité à l'étude de l'art de la guerre, se frotte à l'exercice des disciplines martiales, dont le tir à l'arc, et s'initie aux subtilités des rouages administratifs. Brûlant d'impatience, il doit pourtant attendre d'avoir vingt et un ans pour accéder au pouvoir. Il démet aussitôt Lü, son mentor, et s'entoure de nouveaux conseillers, dont un certain Li Si, un adepte du légisme qui devient son maître à penser.

Le jeune roi ne tarde pas à passer à l'action. Son armée, qui ne compte pas moins d'un million d'hommes, franchit les frontières et sème la terreur. L'un après l'autre, les royaumes voisins passent sous la coupe du « Tigre de Qin ». Le premier, le roi des Zhou, doit abandonner son trône. Puis, en 230, le souverain de Han s'incline. Il est suivi par le maître de Zhao et celui de Wei. En 223, le pays de Chu se soumet. Et, un an plus tard, le royaume de Yan connaît le même sort. Enfin, en 221, le dernier Etat encore indépendant, Qi, se rend sans même combattre. Un lettré écrit alors que cette irrésistible conquête s'apparente au grignotement de la feuille de mûrier par le ver à soie.

Les succès du roi de Qin, qui s'est octroyé, on l'a dit, le titre de « premier empereur souverain » (Qin Shi Huangdi), s'expliquent par la volonté de fer du conquérant, mais aussi par la grande technicité de ses troupes, la discipline qui y régnait (tout manquement était puni de mort) et la qualité de son armement[1]. A ses cavaliers et fantassins, ce stratège a ajouté un redoutable corps d'arbalétriers qui tiennent à distance les guerriers ennemis seulement équipés de lances et d'épées : leurs carreaux pouvaient transpercer une cuirasse à plus de deux cents mètres ! En outre, Zheng a doté ses combattants de nouveaux équipements de protection, substituant aux vieilles cuirasses en peau de requin des dispositifs constitués de plaques métalliques articulées. Enfin, ce roi-soldat a rompu avec la tradition qui veut que le commandement soit réservé aux membres de la noblesse : il leur a préféré des guerriers qui

1. On a trouvé dans la tombe de Qin Shi Huang une épée de bronze dont le fil, deux mille ans après sa fabrication, était encore redoutablement tranchant.

avaient l'expérience du combat, qu'ils soient ou non issus du peuple.

Qin Shi Huang était le maître de toute la Chine. Ce qui signifiait, puisque l'empire n'avait pas encore de contacts avec d'autres civilisations, qu'il était aussi aux yeux de ses sujets le maître du monde.

Son premier soin fut de doter ses nouvelles conquêtes, de mœurs et de dialectes disparates, d'une solide administration impériale et d'institutions judiciaires aussi impitoyables qu'efficaces. Il unifia le système des poids et mesures, introduisit une nouvelle monnaie de cuivre, la sapèque, qui aurait cours jusqu'au XX^e siècle, et poussa le souci d'intégration jusqu'à imposer aux chars une dimension unique d'essieux, afin qu'ils puissent circuler indifféremment sur toutes les routes de l'empire.

Mais il restait difficile de contrôler les franges de son immense pays. Les Barbares du Nord et de l'Ouest étaient susceptibles de tenter des incursions, ne serait-ce que pour trouver de nouvelles pâtures. L'empereur décida de construire un mur afin de protéger ses Etats de ces envahisseurs nomades. L'entreprise était démesurée : pour édifier sur des centaines de kilomètres un rempart de terre et de jonc protégé par des briques d'argile cuite, il lui fallut mobiliser une immense armée d'ouvriers. Autant de travailleurs forcés : paysans arrachés à leurs villages, prisonniers soumis à une surveillance impitoyable, ils furent des centaines de milliers à être envoyés aux confins de l'empire pour construire la Grande Muraille. Travaillant jusqu'à l'épuisement, ils mouraient par milliers sur les chantiers. Leurs cadavres étaient alors enterrés dans le matériau même de ces formidables fortifications qui les avaient tués. Les soldats qui gardaient ces esclaves n'étaient pas mieux traités. Après avoir marché des centaines de kilomètres pour gagner leur poste, ils étaient punis de mort s'ils arrivaient en retard. Le rythme de la construction ne devait jamais ralentir, peu importait le prix à payer en vies humaines : la sécurité de l'empire était un objectif prioritaire. Trois mille kilomètres de murailles furent ainsi élevés en un temps record.

Qin Shi Huang avait réalisé son ambition à la force de l'épée. Mais il devait aussi s'assurer de l'obéissance absolue de ses millions de sujets. Inspiré par son âme damnée, Li Si, il imagina d'édifier une société neuve, débarrassée du poids des traditions et entièrement vouée au culte de son empereur. Bref, bien avant Eugène Pottier, Qin Shi Huang voulait faire du passé table rase. Mais il n'était pas question d'émancipation de la classe ouvrière. Bien au contraire, Li Si et l'empereur entendaient confiner leurs administrés dans l'ignorance pour garantir leur soumission totale, réservant le savoir aux détenteurs du pouvoir. Bientôt, il fut interdit aux Chinois du peuple de posséder des livres sous peine de condamnation aux travaux forcés. En application de la nouvelle loi, Qin Shi Huang ordonna de gigantesques autodafés de rouleaux d'ouvrages de littérature ou de philosophie[1].

De telles destructions soulevèrent de vigoureuses protestations parmi les lettrés. Malheur à eux : accusés d'« utiliser le passé pour discréditer le présent », quatre cents d'entre eux furent immédiatement mis à mort. Qin Shi Huang en profita pour se débarrasser des confucéens, qui persistaient à vénérer contre toute raison les cinq « qualités royales », la piété, la générosité, la vertu, la loyauté et le savoir. Convaincus de conspiration, ces adversaires du progrès selon l'empereur furent enterrés vivants et leurs écrits brûlés.

Les courtisans et les membres de la famille impériale n'étaient pas épargnés. Le fils aîné de Qin Shi Huang, qui avait eu l'imprudence de plaider en faveur des lettrés, paya son audace d'une mesure d'exil. On comprend que, si l'impopularité de l'empereur était avérée, bien peu se risquaient à l'exprimer ouvertement... Et encore moins nombreux furent ceux qui passèrent à l'action. L'un d'eux, envoyé par le prince héritier de l'Etat du Yan, faillit pourtant réussir. Sous prétexte d'offrir à l'empereur la tête d'un général

1. Ces événements inspirèrent, deux millénaires plus tard, Mao Zedong lors de la Révolution culturelle quand il lança le slogan : « Brûlons les livres et enterrons les lettrés ! » Observons d'ailleurs au passage que « le Grand Timonier » aimait à être considéré comme un nouveau « premier empereur ».

ennemi, il parvint à obtenir une audience. Tandis que Qin Shi Huang ouvrait la boîte contenant la macabre offrande, il sortit d'une manche de sa robe un poignard empoisonné et se jeta sur le souverain. Celui-ci put prévenir le geste meurtrier, bondit en arrière et se réfugia derrière une colonne. Mais tandis qu'il s'évertuait à tirer sa longue épée de son fourreau, l'assaillant renouvela son geste. A mains nues, l'empereur écarta la lame. Il n'aurait pu en réchapper, cependant, si son médecin particulier, présent à l'audience, n'avait réussi à lancer le sac contenant ses instruments sur l'assassin. Qin Shi Huang en profita pour prendre son épée et frapper ce dernier, qui fut ensuite massacré par les gardes du palais enfin arrivés sur place.

L'attentat avait inspiré à l'empereur une telle frayeur qu'il décida d'accroître encore la terreur ; tout ennemi potentiel devait être exterminé. Vivant dans une inquiétude perpétuelle, il faisait en sorte que ses déplacements soient tenus secrets et que nul ne puisse savoir à l'avance dans lequel de ses luxueux palais il choisirait de passer la nuit. Malgré ces précautions maniaques, Qin Shi Huang fut victime d'autres tentatives d'assassinat. En 219, par exemple, un musicien aveugle l'agressa, armé d'une cithare emplie de plomb.

Sa peur de la mort devint obsessionnelle au point qu'il imagina d'acquérir l'immortalité. Des magiciens issus des provinces les plus reculées de l'empire furent consultés. Le superstitieux Qin

Shi Huang était persuadé qu'une potion magique pourrait lui conférer cette vie éternelle à laquelle il aspirait. Le paradoxe fut qu'il en mourut. Un charlatan lui avait en effet prescrit de porter un collier dont chacune des perles rouges, composées de cinabre, était censée lui apporter six années de vie supplémentaire. Mais ce minerai, en fait du sulfure de mercure, l'empoisonna peu à peu...

Dans le même temps, sa quête désespérée de l'immortalité le persuadait qu'il était sinon l'égal des dieux du moins leur représentant sur terre. Aussi ajouta-t-il à son titre d'empereur celui de « Fils du ciel », réclamant qu'on lui rende un culte digne de cette autodivinisation.

Doutant malgré tout de l'efficacité des élixirs, Qin Shi Huang se résolut enfin à préparer du mieux qu'il le pouvait sa future existence dans l'au-delà. Les Chinois croyaient qu'un passage réussi dans le royaume des morts exigeait de minutieux apprêts. Dans leur dernière demeure, ils devaient disposer de vivres, de vêtements, de meubles ou encore de chars pour se déplacer. Pour les plus riches, il convenait aussi d'y être accompagné par leurs serviteurs. La coutume, encore en vigueur au temps de Qin Shi Huang, voulait donc qu'à la mort de leur maître ceux-ci soient sacrifiés et inhumés dans son tombeau.

Le mausolée d'un empereur quasi divin devait être à la mesure de sa magnificence passée. Qin Shi Huang choisit de l'ériger sur une colline sise près de l'actuelle ville de Xi'an, qui s'étendait sur cinquante-six kilomètres carrés[1].

Mobilisant encore une fois des dizaines de milliers de travailleurs réduits en esclavage, et sans doute enchaînés[2], Qin Shi Huang fit creuser sur le sommet d'immenses fosses à quelque distance de son mausolée funéraire[3]. Sur le sol pavé de briques, des centaines de colonnes furent érigées pour soutenir des toits de bois recouverts de nattes et d'argile. Dans ces gigantesques caves, on logea une véritable armée en ordre de bataille, substitut des sacrifices humains qui prévalaient jusqu'alors : sept mille statues de soldats et de chevaux en grandeur réelle, peintes et modelées avec un extraordinaire souci du détail. Non seulement les traits de chacun de ces guerriers étaient uniques, mais leurs différentes caractéristiques morphologiques montraient que l'empereur avait voulu que tous les types ethniques de l'empire fussent représentés. A cette armée figée pour l'éternité, il ne manquait même pas les officiers, montés sur des chars pour commander ces silencieux fantassins de l'ombre.

Le monarque mégalomane pensait-il être ainsi

---

1. Le mausolée ne fut découvert, un peu par hasard, qu'en 1974.

2. Les archéologues ont en effet exhumé sur le site des restes de fers. On peut en déduire que les chevilles des forçats étaient entravées afin d'éviter toute velléité de fuite.

3. Plusieurs kilomètres séparent certaines fosses du mausolée, lequel, enfoui sous un tumulus de plus de cent mètres de haut, reste à fouiller.

protégé au-delà du trépas par son armée de terre ? Espérait-il que quelque divinité insufflerait la vie à ces guerriers si son tombeau venait à être menacé ? Ou craignait-il à ce point les mânes des milliers d'hommes que sa soif de pouvoir avait sacrifiés ?

Qin Shi Huang est mort en – 210. Sa dynastie ne lui survécut pas longtemps. Mais il laissait un pays uni et des institutions qui allaient régir l'empire chinois pendant deux millénaires.

## *Vlad l'Empaleur*

C'était au début de ce siècle. Une nuit, dans le cimetière du village roumain d'Amarasti, des hommes venus du village voisin, Celaru, ont déterré le cadavre d'un vieil homme. Ils ont extrait son cœur, l'ont brûlé, ont confectionné une boisson avec les cendres puis l'ont bue. La dépouille était censée être celle d'un *moroï*, un vampire venu hanter et harceler les vivants.

L'affaire, dès qu'elle est arrivée aux oreilles des autorités, a provoqué une vive réaction. Dans la Roumanie moderne, membre de l'Union européenne, pas question d'autoriser des pratiques aussi médiévales. Les profanateurs ont été condamnés à des peines de prison et à une forte amende. Toutefois, la rigueur de la justice n'a pas dissuadé les habitants de se protéger des *moroï* : dans ce même cimetière d'Amarasti, on trouve encore une vieille femme qui prétend se charger de planter un pieu à la pointe durcie au feu dans le cœur des trépassés, un procédé éprouvé qui permet à tout coup d'empêcher les morts de devenir des vampires.

Si de telles mœurs survivent en Roumanie au XXIe siècle, comment s'en étonner, puisque ce pays est la patrie du vampire le plus célèbre au monde, Dracula ? Même si son existence, avant tout littéraire, doit autant à l'imagination d'un écrivain irlandais de la fin du XIXe siècle, Bram Stoker, qu'aux traditions locales, il reste que la légende « draculienne » a été nourrie par une réalité historique, la vie d'un souverain local authentique, qui a terrifié ses contemporains et gagné le monstrueux surnom de Tepes, c'est-à-dire « l'Empaleur », Kaziglu en turc.

Le nom même de sa famille avait de quoi aggraver sa réputation. Son père, Vlad II, voïvode (prince) de Valachie, avait été reçu dans l'ordre du Dragon[1]. Ayant choisi d'ajouter ce titre à son patronyme, il se faisait appeler Vlad le Dragon, Dracul en roumain, un terme qui désigne tout autant la bête fantastique que le Diable. Son héritier, également prénommé Vlad, était naturellement devenu à son tour Vlad Draculea.

Vlad III est né en 1431 à Sighisoara, dans la principauté de Transylvanie. L'Europe orientale est alors bouleversée par l'irrésistible montée en puissance des Ottomans. Le Saint Empire germanique est menacé sur toutes ses frontières. Déjà, la Bulgarie, la Serbie et la Thessalie sont passées sous leur coupe. Bientôt, Constantinople est assié-

1. Ordre chrétien de chevalerie créé en 1408 par le roi de Hongrie, Sigismond de Luxembourg, afin de combattre l'expansion ottomane.

gée. En 1453, malgré une résistance héroïque, les Byzantins doivent se rendre tandis que les forces de Mahomet II finissent de soumettre la plus grande partie des Balkans.

Les deux principautés roumanophones de Transylvanie et de Valachie se trouvent par conséquent au cœur même des conflits qui opposent les sultans turcs aux royaumes chrétiens. Trois ans avant la naissance de Vlad III, une paix fragile est signée. De fait, la Valachie doit accepter la suzeraineté ottomane. Le trône valaque est alors disputé par deux dynasties rivales et cousines, les Danesti et les Draculesti, elles-mêmes soumises en permanence à la pression des seigneurs locaux, les boyards.

Le futur Vlad Tepes vit ses premières années à la cour de son père, établie à Targoviste. Mais, alors qu'il est âgé d'à peine neuf ans, lui et son frère Radu sont réclamés comme otages par le sultan Mourad II. Leur père ne peut que s'incliner. Le prince ne quittera la Turquie qu'à l'âge de dix-sept ans, en 1448, après que Vlad II aura conclu une nouvelle paix avec les Ottomans. Cette longue captivité a certainement joué un rôle essentiel dans la formation du jeune homme : il y a acquis une grande force de caractère, une solide intransigeance et une connaissance intime du sultanat et de ses mœurs.

A quoi ressemble-t-il ? Les chroniqueurs de l'époque décrivent un jeune homme à la taille courte mais au torse puissant. Si le visage est mince et de complexion rougeaude, il est planté sur un cou de taureau. Au-dessus d'une moustache droite et bien fournie qui mange les joues, le nez aux narines dilatées est droit, les yeux grands, verts, bien fendus et surmontés par des sourcils sombres et broussailleux. Enfin, ses cheveux, bouclés et noirs, tombent en cascade sur ses larges épaules.

Vlad revient en Valachie pour apprendre la mort de son père, tué à la guerre et dépossédé de sa voïvodie. Les rivaux Danesti, accusant Vlad II de complaisance avec les Ottomans, en ont appelé aux Hongrois sous prétexte de mieux combattre le musulman. Leur chef de guerre, Jean Hunyade, a non seulement vaincu Vlad le Dragon grâce à la défection des boyards, mais il s'est institué voïvode de Valachie, en attendant de remettre les clefs de la principauté à un Danesti, Vladislav II.

Vlad III, qu'on n'appelle pas encore l'Empaleur, brûle de reprendre le trône de son père. Il s'assure du soutien d'un contingent de troupes « prêtées » par ses anciens geôliers et, profitant de l'absence de Jean Hunyade et de son protégé, partis se battre contre les Serbes au Kosovo, il s'empare de Târgoviste. Mais en octobre 1448, lorsque Vladislav II revient, Vlad est chassé de la capitale valaque et doit se réfugier chez le voisin moldave.

Ce n'est que partie remise. En ces temps où les alliances étaient aussi incertaines qu'improbables, Vlad reconquiert les faveurs des Hongrois. Hunyade, occupé à défendre Belgrade, lui confie en 1456 le commandement d'une armée chargée de défendre la Transylvanie contre les ambitions ottomanes. L'occasion faisant le larron, Vlad, acoquiné à quelques boyards orientaux, profite de sa nouvelle dignité et de la force qu'il dirige pour tuer Vladislav II et récupérer le trône de Valachie.

C'est le commencement d'un règne de six ans, bref autant que sanguinaire, qui va permettre à l'Empaleur d'entrer dans l'Histoire et à ses détracteurs de forger sa sinistre légende.

Vlad décide d'asseoir au plus vite son autorité sur ses sujets. Hissé au sommet par la force des armes, il est bien placé pour savoir qu'il va devoir affronter de nombreuses convoitises. Il lui faut neutraliser sans pitié les ferments d'opposition et susciter la peur chez tous ceux qui aspireraient à contester son pouvoir, quitte à entretenir lui-même des rumeurs sur la cruauté de ses méthodes de gouvernement. Ainsi, vrai ou faux, Vlad fait-il décapiter, bouillir, aveugler, brûler ou encore étrangler ses ennemis. Il aime aussi à couper les nez, oreilles ou organes génitaux de ses victimes, quand il n'ordonne pas de les enterrer vivantes. Sa punition favorite, à laquelle il doit sa célébrité, reste cependant l'empalement, qu'il a sans doute découvert lors de son séjour en Turquie. Un pieu de bois à la pointe effilée sur lequel les suppliciés sont embrochés, par l'anus chez les hommes, le vagin chez les femmes. Puis le pal est disposé verticalement. Par le seul effet du poids du corps, le pieu s'enfonce de plus en plus profondément dans l'organisme, ce qui est la garantie d'une agonie aussi lente que douloureuse. Sa pointe ressort par l'une des aisselles ou, mieux encore, par la bouche, raffinement ultime.

Vlad Tepes ne dédaigne pas d'utiliser la ruse pour s'emparer de ceux qui seraient tentés de lui manquer. Depuis son accession au trône de Valachie, il se méfie des boyards. Souvent d'origine saxonne, toujours prompts à grogner et à batailler, ils ont, ce qu'il n'oublie pas, participé à la destitution de son père. Le jour de Pâques 1459, il les convie, eux et leurs familles, à un fastueux banquet. Les agapes à peine terminées, tous, hommes, femmes et enfants, sont enchaînés. Les plus âgés sont aussitôt juchés sur des pals tandis que les autres entament sous bonne garde une longue et épuisante marche jusqu'à un nid d'aigle situé au cœur des forêts escarpées de Transylvanie, où, sur les ruines d'un ancien bastion, ils sont astreints à édifier une forteresse[1]. Beaucoup d'entre eux, accablés par le froid et le dur labeur qui leur est imposé, meurent avant la fin de la construction.

Débarrassé de ses boyards, Vlad crée de toutes pièces une nouvelle caste nobiliaire, dévouée à sa personne, en promouvant quelques paysans. Il doit ensuite réduire la sédition des commerçants de Transylvanie, qui non seulement refusent d'obéir à ses lois mais lui ont de plus choisi un

1. Les guides touristiques présentent abusivement le château de Bran comme « le château de l'Empaleur ». En réalité, Vlad n'y a jamais résidé. Il est plus vraisemblable que le nid d'aigle en question soit la citadelle de Poenari.

successeur, un membre de la dynastie honnie des Danesti, Dan III Danicul, le frère du défunt Vladislav II. C'en est trop pour Vlad. A la tête de ses troupes, il franchit en 1460 les Carpates, fond sur la Transylvanie. De village en village, il brûle, détruit, empale. Le carnage est tel que le nouveau roi de Hongrie, Matthias Corvin[1], dont Vlad le chrétien est en principe le vassal, se croit fondé à intervenir. Il prêche la négociation. Mais Dan III a déjà choisi de passer en Valachie. La réaction de l'Empaleur est foudroyante : il repasse les Carpates, marche sur l'armée de son rival, la vainc et capture son chef. Dan est immédiatement exécuté. Suivent d'autres sanglantes représailles contre les rebelles transylvaniens.

La terreur aidant, Vlad Tepes se sent plus fort que jamais. L'ordre règne dans sa principauté. Il ose même tester l'honnêteté de ses sujets en exposant une coupe en or près d'une fontaine, au beau milieu d'une place de sa capitale, Târgoviste. Le précieux objet est à la disposition de tous ceux, habitants ou voyageurs, qui veulent se désaltérer. Mais personne ne tente de la voler, tant la peur du voïvode est forte.

En 1462, c'est un prince puissant et sûr de lui que le roi de Hongrie sollicite. Matthias Corvin lui demande d'entrer en campagne contre le Turc. Oubliant l'ancienne allégeance de sa dynastie envers les Ottomans, Vlad accepte aussitôt, tant

1. Fils de Jean Hunyade, il s'est emparé du trône de Hongrie en 1458.

il rêve de gloires et de conquêtes. Sur les rives du Danube, il anéantit une armée turque, massacre ou capture trente mille guerriers. La colère de Mehmed II, fils du sultan Mourad, est à la hauteur du carnage.

Afin d'humilier le voïvode, il lui envoie d'abord des émissaires chargés de lui réclamer le paiement du tribut traditionnellement versé par la Valachie à son suzerain ottoman. Vlad Tepes refuse tout net d'acquitter la somme demandée et exige que les ambassadeurs du sultan se découvrent devant lui. Comme ceux-ci renâclent, le voïvode les fait saisir et commande que leurs turbans soient cloués sur leurs crânes.

A Istanbul, apprenant quel sort funeste son vassal a réservé à ses émissaires, Mehmed redouble de fureur et décide de punir l'impudent. Mobilisant une armée trois fois plus importante que celle de l'Empaleur, il décide d'envahir la Valachie. Vlad doit battre en retraite devant cette force considérable. Ce faisant, il brûle villages et récoltes, empoisonne puits et sources afin d'affamer les troupes turques. Et quand, enfin, le sultan se présente en vue des murailles de Târgoviste, c'est une vision d'horreur qui s'offre à lui : sur une forêt de pals ont été suppliciés les soldats ottomans capturés lors de l'expédition danubienne[1].

---

1. Victor Hugo a ainsi relaté cet épisode dans sa *Légende des siècles*, en prenant toutefois quelques libertés avec l'Histoire : « Vlad, boyard de Tarvis, appelé Belzébuth, / Refuse de payer au sultan le tribut, / Prend l'ambassade turque et

Mehmed, ébranlé par ce terrible spectacle, affamé et assoiffé, abandonne le champ de bataille à son ennemi. Mais il ne renonce pas à se venger. Le procédé est perfide : le sultan fait appel au propre frère de Vlad, Radu cel Frumos (Radu le Beau), le soudoie et le place à la tête de son armée, à charge pour lui de supplanter Vlad en lui arrachant son trône. Radu, qui a toujours jalousé son frère aîné, n'hésite guère. Avec le soutien de quelques victimes de sa tyrannie, il se lance à la poursuite de l'Empaleur.

Le fugitif a trouvé refuge dans la citadelle de Poenari, une bourgade située sur la route de la Transylvanie, à mi-chemin entre les Carpates et la plaine du Danube. Accroché à un piton rocheux qui culmine à huit cents mètres d'altitude, le château est moins inexpugnable qu'il ne le semble. Lorsque Radu en commence le siège, Vlad, après quelque résistance, se décide prudemment à fuir en empruntant un passage secret qui le conduit dans la montagne. Son épouse, peut-être par crainte de tomber entre

---

la fait périr toute / Sur trente pals, plantés aux deux bords d'une route ; / Mourad accourt, brûlant moissons, granges, greniers, / Bat le boyard, lui fait vingt mille prisonniers / Puis, autour de l'immense et noir champ de bataille, / Bâtit un large mur tout en pierre de taille. / Et fait dans les créneaux, pleins d'affreux cris plaintifs, / Maçonner et murer les vingt mille captifs, / Laissant des trous par où l'on voit leurs yeux dans l'ombre. / Et part, après avoir écrit sur le mur sombre : / "Mourad, tailleur de pierre, à Vlad, planteur de pieux." »

les mains des Turcs, se jette dans le vide depuis les remparts.

Vlad est libre, mais Radu lui a ravi sa voïvodie et s'installe le 15 août 1462 sur son trône de Târgoviste. Seul le Hongrois, pense le vaincu, pourra lui rendre justice. N'est-il pas l'adversaire le plus résolu du Turc ? Apprenant que Matthias Corvin a décidé de se rendre en Transylvanie, il tente de marcher au-devant de son équipage. Arrivé à Brasov en novembre, il doit pourtant déchanter : les notables locaux, qui n'ont pas oublié les exactions de l'Empaleur, ont déjà reconnu Radu comme suzerain. Vlad est arrêté. Matthias viendra-t-il à son secours ? Sans doute ce dernier y a-t-il songé. Mais, constatant que population et autorités sont unanimement hostiles au prisonnier, le roi de Hongrie fait volte-face : il consent à approuver la détention de Vlad et propose même de devenir son geôlier. Dans le même temps, afin de masquer sa volte-face, Matthias contribue à noircir le portrait de l'Empaleur en l'accusant d'innombrables cruautés.

Le voïvode déchu est conduit à Buda, capitale du royaume hongrois. Il y demeurera prisonnier douze ans. Lorsqu'il est libéré, en 1476, après avoir abjuré sa foi orthodoxe au profit du catholicisme en vigueur en Hongrie, il n'a rien perdu de sa soif de pouvoir. Installé à Bucarest, qui n'est alors qu'une modeste bourgade, il travaille à reconquérir son trône. Radu, atteint de syphilis, est mort deux ans plus tôt. Un cousin, Basarab III, lui a succédé. Ce protégé des Turcs est démis sans coup férir par Vlad. L'Empaleur règne à nouveau. Las, deux mois plus tard, en décembre, il est assassiné à la suite d'un complot.

Pour convaincre le sultan qu'il est bien mort, on le décapite et on envoie sa tête à Istanbul où, fichée sur un pieu, elle est exposée à la vue de tous. Quant à son corps, il aurait été enterré dans le monastère de Snagov, sis sur une île proche de Bucarest. Malgré de nombreuses recherches, il n'a jamais été retrouvé. Une raison supplémentaire pour penser que Vlad est devenu un *moroï* qui n'en finit pas de terroriser les habitants des sombres forêts de Transylvanie sous son nom littéraire : le comte Dracula.

# *Pol Pot*

## *Le maître de l'horreur*

C'est un des plus grands mystères du XX$^{e}$ siècle. Pourquoi le paisible Cambodge, un pays à la civilisation millénaire, peuplé d'habitants généralement affables, est-il devenu soudain un gigantesque camp de travail forcé où les exécutions et la famine ont conduit à la disparition d'un cinquième de la population, soit près de deux millions de personnes ? La personnalité du bourreau n'est pas la moindre des énigmes. Un homme instruit, courtois, au sourire enjôleur et communicatif... qui orchestre une extermination sans précédent et le retour de son pays aux âges barbares.

Les monstres aussi pourraient-ils être aimables ?

Pol Pot[1] est né Saloth Sar en 1925 ou 1928 dans une famille de paysans enrichis qui entretient des liens étroits avec la dynastie royale : un

---

1. Ce nom, qu'il s'est choisi très tardivement, pourrait faire référence aux « Pols », anciens esclaves royaux. Mais selon d'autres sources il s'agit d'un surnom donné par ses camarades à partir de « *Political Potential* ».

de ses frères devient officier du palais ; une de ses cousines et sa sœur aînée sont des concubines du roi Sisowath Monivong, qui a régné de 1927 à 1941. Le Cambodge est alors un protectorat français depuis 1863. Majoritairement bouddhiste, la population reste imprégnée de croyances magiques et rend un culte quasi superstitieux à son souverain.

Benjamin d'une nombreuse fratrie, Saloth Sar est envoyé très tôt à Phnom Penh, dans un monastère-école proche du palais royal. La discipline y est rigoureuse et la vie collective imposée à tous, moines ou novices. Le garçonnet semble avoir apprécié ce séjour. Puis, hébergé chez son frère aîné, Suong, il rejoint une école dirigée par des prêtres catholiques français, où l'on dispense un enseignement réservé aux Cambodgiens privilégiés. L'enfant est un élève médiocre, qui redouble à deux reprises avant d'obtenir son certificat d'études primaires. Il échoue au concours d'entrée au lycée et doit poursuivre ses études dans un collège éloigné, où il est admis comme pensionnaire. Saloth Sar n'y brille guère et, à la différence de nombre de ses condisciples, paraît même indifférent aux événements qui secouent son pays – la Seconde Guerre mondiale, l'occupation japonaise, la montée d'un nationalisme dirigé à la fois contre la France et contre le Vietnam, l'ennemi héréditaire.

Enfin (s'est-il ressaisi ?), après avoir obtenu un brevet d'études techniques, il se voit attribuer une bourse pour aller étudier avec quatre autres camarades en France métropolitaine.

Arrivé à Paris en octobre 1949, Saloth Sar est pris en charge simultanément par le ministère français de l'Education nationale et par l'association des étudiants khmers, l'AEK. Il reçoit aussi l'aide financière d'un prince, fils du nouveau roi, Norodom Sihanouk qui, bientôt, arrachera l'indépendance de son pays. Inscrit à l'Ecole française de radioélectricité, le jeune homme se révèle un étudiant sérieux. En même temps, sous l'influence de ses camarades de l'AEK, il commence à s'intéresser à la situation politique de son pays. Dans un article écrit sous pseudonyme, il ne craint pas de critiquer le roi, qui vient d'écarter du pouvoir un parti vainqueur dans les urnes. Son plaidoyer pour la démocratie, « aussi précieuse qu'un diamant », est vibrant. Cependant, peu à peu, cet ardent démocrate se rapproche de l'idéologie communiste. Il participe aux réunions des cercles animés par le PCF, ce qui lui permet de rencontrer Jacques Vergès, bouillant militant anticolonialiste. Autre apprentissage fondateur, Saloth Sar s'engage pendant les vacances universitaires dans une brigade de volontaires internationaux envoyés en Yougoslavie afin d'aider à la reconstruction de ce pays socialiste.

Au début 1953, sans même attendre d'avoir obtenu son diplôme de fin d'études, le jeune homme prend la décision de revenir chez lui. Dans sa famille, il ne fait pas mystère de son admiration pour le camp communiste. Et, joignant le geste à la parole, il prend des contacts avec les maquisards du Vietminh qui combattent les troupes françaises. En 1954, après la défaite de Paris, Saloth Sar est de retour au Cambodge. Membre discret du Parti révolutionnaire du peuple khmer, un groupuscule d'obédience communiste, il est aussi professeur de littérature française et d'histoire dans deux établissements privés réputés de Phnom Penh. Les témoignages de ses anciens élèves le présentent unanimement comme un enseignant populaire et respecté, qui parle doucement, évoque avec éloquence les poètes français du XIX$^{e}$ siècle et exalte le combat indépendantiste du roi Sihanouk.

C'est le même homme qui, dans la clandestinité, intègre en 1960 le comité central du Parti ouvrier du Kampuchéa[1], nouveau nom du Parti révolutionnaire. Soutenu par ses amis rencontrés à Paris (dont Ieng Sary), Saloth Sar s'impose progressivement à la tête de cette organisation. Une ascension que la disparition mystérieuse, en 1962, du numéro un du parti Tou Samouth[2], dont il était le secrétaire, va favoriser. Un an plus tard, un congrès secret lui confie le poste de secrétaire général.

Encore quelques jours et, à la suite d'émeutes étudiantes, le palais publie une liste de trente-quatre noms d'éléments subversifs, parmi lesquels figurent ceux de Saloth Sar et de Ieng Sary. En

---

1. Traduction en khmer du mot « Cambodge ».

2. Tou Samouth, qui se dissimulait sous les apparences d'un ouvrier agricole, a-t-il été arrêté et tué par la police ? Ou bien a-t-il été éliminé par ses propres amis, dont le futur Pol Pot ?

conséquence, les chefs du Parti ouvrier basculent dans la clandestinité. Quittant le pays en toute hâte, ils se placent sous la protection de la guérilla vietnamienne implantée au sud-est du Cambodge. Le paisible professeur de Phnom Penh est devenu un maquisard.

Cependant, le combat de Saloth Sar et de ses amis se complique : Norodom Sihanouk, prompt au changement de cap, a rompu avec les Américains et opéré un rapprochement spectaculaire avec Pékin et Hanoï, à qui il permet de faire transiter sur son propre territoire des matériels destinés aux maquis sud-vietnamiens. La situation est embarrassante : le futur Pol Pot se voit sommé par ses protecteurs de mettre en sommeil son combat contre Sihanouk, leur nouvel allié, car la préservation de la piste Hô Chi Minh, qui ravitaille au sud le Viêt-cong est une priorité absolue pour Hanoï. Les révolutionnaires cambodgiens doivent se sacrifier, au moins momentanément, au profit des intérêts des Vietnamiens. Même s'il lui est difficile de l'exprimer à voix haute, le futur chef des Khmers rouges en conçoit un ressentiment certain, accentué par l'animosité ancestrale qui oppose les deux peuples en dépit des rapprochements idéologiques.

Pendant la période qui suit, le parcours de Saloth Sar est assez flou. Encore qu'il est possible d'affirmer qu'il s'est rendu avec ses amis au Nord-Vietnam, où il a vraisemblablement rencontré Hô Chi Minh. Peut-être même à plusieurs reprises. Il y a aussi retrouvé des militants révolutionnaires khmers réfugiés, et parfois même intégrés à l'appareil communiste nord-vietnamien, mais qui regrettaient comme lui de ne pouvoir s'engager ouvertement contre le gouvernement de Sihanouk. Autre certitude, et c'est plus important, il a voyagé jusqu'en Chine à une époque où, déjà, les liens de Pékin avec Hanoï s'étaient distendus, en particulier à cause de l'appui apporté par Moscou à l'Etat nord-vietnamien.

Saloth Sar arrive en Chine en 1965, au moment où s'esquisse ce qui deviendra un an plus tard la Révolution culturelle. Le Cambodgien n'a pas pu ne pas être frappé par les préceptes maoïstes du *Petit Livre rouge*, qui allaient bientôt s'imposer à toute la Chine sous la férule impitoyable des Gardes rouges.

En septembre 1966, il est de retour dans les maquis. Le parti change une nouvelle fois de nom : il est désormais le PCK, parti communiste du Kampuchéa. Pour le reste, c'est toujours le *statu quo*. Les camarades de Saloth Sar supportent de plus en plus mal la tutelle vietnamienne, et l'interdiction qui leur est faite de passer à l'action violente contre Norodom Sihanouk s'ils veulent continuer à bénéficier de la protection du « grand frère » de Hanoï. L'agacement est réciproque : la radicalisation idéologique des Cambodgiens du PCK et leur alignement sur la doctrine maoïste inquiètent les dirigeants nord-vietnamiens. D'ailleurs, leur secrétaire général, qu'on n'appelle plus que Pol Pot, est reparti, toujours secrètement, à Pékin, où il va séjourner plusieurs mois.

La Chine est en pleine Révolution culturelle. A l'instigation de Mao Zedong, les Gardes rouges balaient les anciens hiérarques, qui sont molestés, envoyés dans des camps de « rééducation » à la campagne et parfois tués. Ils brûlent les livres, détruisent les symboles du passé, prêchent le retour à la terre. La violence, censée être purificatrice, est sans limites. Nul doute que Pol Pot est impressionné. Il n'oubliera pas cette leçon qui lui est administrée en grandeur réelle.

A Washington, le président Nixon veut en terminer avec cette interminable guerre du Vietnam, de plus en plus impopulaire. Mais il lui faut être en position de force avant d'entamer des négociations. Au Pentagone, on considère que la priorité est la neutralisation de la piste Hô Chi Minh qui, en lisière de la frontière, prospère sur le territoire cambodgien. En toute illégalité, sans consulter le Congrès, Nixon ordonne au début 1970 une campagne de bombardements massifs. Parallèlement, pour prévenir toute protestation des autorités cambodgiennes, la CIA fomente un coup d'Etat à Phnom Penh. Profitant d'un séjour de Sihanouk en France pour des raisons médicales, le maréchal Lon Nol s'empare du pouvoir et démet le roi.

Bientôt, Sihanouk se rend à Pékin, où les dirigeants lui offrent la possibilité de prendre la tête d'un front de résistance avec le soutien du Nord-Vietnam. Le PCK a-t-il été associé à ce sommet ? Plus tard, Pol Pot le prétendra, affirmant même être à l'origine de ce pacte. Ce qui semble douteux.

Quoi qu'il en soit, pour lui, les cartes sont rebattues. Les communistes cambodgiens ont dorénavant les mains libres pour combattre à l'intérieur de leur pays le pouvoir brutal et corrompu de Lon Nol. La coalition se rassemble sous la bannière du GRUNC (Gouvernement royal d'union nationale du Cambodge), formellement installé à Pékin, où le roi prolonge son exil. Les « Khmers rouges », ainsi que les a nommés lui-même Norodom Sihanouk, en sont pleinement partie prenante.

Pol Pot fixe son QG dans la province de Kratié, bordée par le Mékong. La guérilla, qui connaît des succès rapides, harcèle les forces de Lon Nol. Ces victoires sont d'autant plus faciles que la rébellion bénéficie de l'aura de Sihanouk, un souverain qui demeure populaire.

Dans les régions que le PCK contrôle, Pol Pot ébauche le système qu'il entend appliquer à l'ensemble de son pays. Le principe est l'égalitarisme, sans les excès qui seront plus tard la norme du régime. En face, les forces anticommunistes se délitent malgré l'appui logistique important que leur apportent à la fois les Etats-Unis et le gouvernement sud-vietnamien. Dès 1973, l'armée de Lon Nol est tout juste capable de contrôler Phnom Penh, malgré l'intensification croissante des raids aériens états-uniens.

Le 17 avril 1975[1], c'est la stupeur : on voit apparaître, dans la capitale cambodgienne désertée par les autorités, des files de très jeunes hommes

---

1. Saigon tombera moins de deux semaines plus tard.

vêtus de noir, chaussés de sandales fabriquées avec des morceaux de pneu, kalachnikov en bandoulière. Les Khmers rouges sont accueillis comme des libérateurs par la population.

La nouvelle fait aussitôt le tour du monde. En Occident, la presse de gauche applaudit. Mais rapidement, c'est le désenchantement et surtout l'incompréhension. Dès ce premier jour, selon un plan mûrement établi, les déportations commencent, sous prétexte d'une attaque aérienne américaine imminente. Au fil des jours, la presque totalité de la population citadine – Phnom Penh compte alors deux millions d'habitants et de réfugiés – est obligée de partir à pied vers la campagne ou vers des camps de concentration. Ceux qui refusent d'obéir sont arrêtés ou purement et simplement abattus. En même temps, les nouveaux maîtres du pays procèdent à une double épuration, politique (dirigée contre les collaborateurs du régime de Lon Nol) et ethnique (particulièrement à l'encontre de la communauté vietnamienne).

Plus dérisoire, les nouveaux maîtres du pays se livrent à des actions symboliques aussi inutiles qu'absurdes. Sont ainsi jetés dans le Mékong tous les appareils électriques trouvés dans les bureaux, les maisons, les magasins. Les motos du club Harley-Davidson subissent le même sort. La stupidité atteint des sommets quand les porteurs de lunettes, soupçonnés d'être plus éduqués que les autres, sont pourchassés : verres et montures sont brisés et leurs propriétaires menacés de déportation s'ils s'y opposent.

La réalité de ce qui se passe au Cambodge, devenu le Kampuchéa démocratique, restera longtemps ignorée à l'étranger, les Khmers rouges ayant pris la précaution d'en chasser les journalistes et de fermer les frontières. Les seules informations qui filtreront hors du Cambodge seront le fait de réfugiés qui réussissent à fuir vers la Thaïlande. Mais elles paraissent si invraisemblables que l'on doutera durablement de leur authenticité.

Le GRUNC, censé avoir pris les rênes du pouvoir, est devenu une fiction. La seule autorité est celle d'une ténébreuse structure, l'Angkar padevat (littéralement « l'Organisation révolutionnaire »), qui dispose du droit de vie et de mort sur tous les Cambodgiens. Dirigée par les principaux chefs khmers rouges sous les ordres de Pol Pot (« Frère numéro un »), l'Angkar entend construire un nouveau Cambodge.

Et l'année 1975 sera l'année zéro. Exactement comme si l'histoire de la nation cambodgienne commençait avec l'arrivée au pouvoir des Khmers rouges. L'inspiration du mouvement est clairement maoïste : la révolution doit commencer à la campagne. C'est pourquoi les citadins ont dû rejoindre les champs, où ils sont astreints à des travaux forcés : culture dans les rizières ou construction de canaux et de barrages. Les conséquences sont souvent dramatiques : inexpérimentés et souvent sous-alimentés, ces cultivateurs improvisés meurent de fatigue, de maladie ou tout simplement de faim. La doctrine des Khmers rouges emprunte aussi au stalinisme lorsqu'il s'agit d'opérer de gigantesques purges purificatrices[1]. Au total, entre les exécutions, souvent précédées de tortures, et les morts d'épuisement, on estime que deux millions de personnes ont péri durant les quatre ans où Pol Pot et ses camarades ont sévi dans un pays devenu une vaste prison.

Pour assurer l'ordre et la discipline, les Khmers rouges ont créé des milices de village, formées de très jeunes gens et parfois même d'enfants. Ils surveillent, ils espionnent, ils dénoncent. Et parfois, ils tuent. Ces « policiers » de base sont assurés de l'impunité puisque le système judiciaire a été aboli.

L'Angkar ne se satisfait pas de priver de liberté les Cambodgiens. Elle proscrit aussi toute vie intime, régit les mariages et la vie sexuelle. La monnaie est supprimée, ainsi que toute forme d'économie de marché. Le collectivisme est la règle en tout domaine.

Ruiné par ces mesures drastiques, le Cambodge retourne soudain à l'âge de pierre. « Frère numéro un », l'exquis professeur de lettres qui déclamait Victor Hugo ou Verlaine devant ses élèves, a ordonné l'élimination de tous ceux qui ont eu le malheur de recevoir une certaine instruction. En 1975, quatre cents médecins exerçaient dans le pays. Quand la monstrueuse expérience du Kam-

---

1. Voir le chapitre « Beria – Le bourreau de Staline ».

puchéa démocratique prendra fin, il n'en restera plus qu'une quarantaine !

L'emprise de l'Angkar est aussi psychologique. Les Cambodgiens sont soumis à une incessante propagande destinée à obtenir une obéissance aveugle. Dans les camps, dans les champs, ils subissent un véritable bombardement de slogans courts, répétés à longueur de journée, hurlés par des haut-parleurs : « Détruis l'ordre ancien, remplace-le par l'ordre nouveau », « Tu ne dois absolument rien cacher à l'Angkar », « Tu dois te plier aux ordres de l'Angkar », « Ne nourris pas d'idées personnelles », « Il faut détruire l'ennemi visible et aussi celui qui est invisible, l'ennemi dans sa vie mentale », « Celui qui proteste est un ennemi, s'il s'oppose il devient un cadavre », « Il vaut mieux arrêter dix personnes à tort que d'en libérer une par erreur », « Vous devez épier les moindres faits et gestes de chacun d'entre vous », « Les malades sont victimes de leur imagination », « Si vous voulez demeurer en vie, travaillez ! », « Il suffit d'un million de jeunes pour faire le Kampuchéa nouveau », « Vous garder n'est pas un gain, vous détruire n'est pas une perte », « Il n'y a aucun bénéfice à retirer de la sauvegarde des gens pollués par la culture occidentale ou les régimes pourris, on ne perd rien en les éliminant »...

L'objectif est clairement de former un peuple d'esclaves, obéissants parce que terrifiés, soumis parce que lobotomisés par cette interminable propagande.

Dans le processus totalitaire, la personne royale demeurait au mieux un obstacle, au pire une épine plantée au cœur du régime. Difficile d'oublier que Sihanouk a accueilli les Khmers rouges au sein de son gouvernement en exil. Dans un premier temps, prudemment, le roi a décidé de ne pas rentrer dans son pays. Mais Pol Pot a besoin de sa présence, ne serait-ce que pour garder, sur la scène internationale, un semblant de respectabilité. Quelques mois après la prise de Phnom Penh, une délégation de Khmers rouges se rend en Corée du Nord, où réside alors le souverain. Il lui est proposé de devenir chef de l'Etat à vie. Sihanouk est tenté. Sans doute, à cet instant, ignore-t-il la réalité du régime imposé par Pol Pot et ses amis. Aussi finit-il par répondre positivement.

Il revient au Cambodge à la fin de cette terrible année 1975. Quatre mois lui suffisent pour prendre conscience de la nature totalitaire du pouvoir des Khmers rouges. Il démissionne et Khieu Samphan, un fidèle de Pol Pot, lui succède à la tête de l'Etat, mais il n'est pas pour autant autorisé à rejoindre l'étranger. Si les Khmers rouges n'osent pas le mettre à mort, ils exécutent plusieurs membres de sa famille tandis que lui-même est assigné à résidence dans son palais.

Occupant officiellement le poste de Premier ministre, Pol Pot se garde d'apparaître trop souvent en public. Contrairement à ses modèles, Mao Zedong et Staline, il s'abstient de développer le culte de la personnalité. Invisible ou presque, cultivant à dessein le secret[1], « Frère numéro un » échappe pourtant à trois tentatives d'assassinat. Chaque fois s'ensuivent de nouvelles et féroces purges à l'intérieur même du PCK.

Jusqu'où peut aller cette folle et monstrueuse course vers l'abîme ? Le pays est affamé, l'économie ruinée, les Khmers rouges de plus en plus divisés. Pourtant, c'est de l'extérieur que viendra la fin.

Depuis qu'ils ont conquis le pouvoir, les Khmers rouges ont exacerbé l'hostilité traditionnelle entre le Cambodge et le Vietnam. Après avoir pourchassé et persécuté les Vietnamiens présents dans le pays, ils en viennent à provoquer militairement leur voisin. Des troupes cambodgiennes sont massées sur la frontière. Plusieurs incidents se produisent. Les dirigeants prosoviétiques de Hanoï sont d'autant plus préoccupés qu'ils ont le sentiment d'être pris en étau entre deux Etats maoïstes : au nord la Chine, à l'ouest le Cambodge. Il leur faut briser l'encerclement. En harcelant incessamment leurs troupes, les nationalistes cambodgiens leur en fournissent le prétexte.

Pourtant le Cambodge a tout à perdre dans une confrontation : l'armée vietnamienne, qui sort d'une guerre de trente ans, est expérimentée et puissamment équipée.

A la fin de l'année 1978, les Vietnamiens

---

1. Ce n'est qu'en 1977 qu'on apprendra que Pol Pot est le *deus ex machina* de cette entreprise de décervelage.

déclenchent une attaque foudroyante qui se termine par la prise de Phnom Penh. Ils ont agi avec d'autant plus de détermination qu'ils étaient assurés du soutien d'une opinion internationale qui a enfin pris la mesure de la nature psychopathique du régime de Pol Pot. Dès le 11 janvier 1979, un nouveau gouvernement, qui compte nombre d'anciens Khmers rouges ayant fait sécession, est mis en place.

Pol Pot et ses derniers fidèles se sont repliés dans les confins du pays, où ils sont décidés à résister. A l'abri d'une jungle impénétrable, ils poursuivent une lutte de guérilla contre le gouvernement provietnamien, sans cesser pour autant d'exercer la terreur dans les rares régions qu'ils contrôlent encore. Ils ne déposeront officiellement les armes que vingt ans plus tard, en 1999, et certains anciens cadres seront alors récupérés par les nouvelles autorités.

A l'image du secret et de la dissimulation qu'il a cultivés tout au long de sa vie, le destin personnel de Pol Pot demeure flou. Condamné à mort par contumace par la justice cambodgienne, il disparaît. Selon certaines sources, au côté d'une très jeune épouse, il aurait coulé des jours paisibles dans une confortable résidence située en Thaïlande après s'être livré au trafic illégal de bois et de pierres précieuses. Atteint d'une forme de leucémie, il aurait été soigné en Chine. A son retour, affaibli, il est arrêté par ses propres camarades, qui l'accusent d'avoir commandité l'assassinat de l'un de ses rivaux, l'ancien chef de la sécurité du

Kampuchéa démocratique. Jugé par ses pairs, il est condamné à une peine de détention à perpétuité et ne tarde pas à mourir, sans doute en 1998. Sa dépouille est prestement incinérée sur un lit de pneus.

La mort aura donc emporté le mystère de la véritable personnalité de Pol Pot. Mais est-ce vraiment son cadavre qui a été brûlé ? Est-on certain que le bourreau du Cambodge est mort ?

En tout cas, le nouveau Kampuchéa peine à tourner la page de l'horreur. Et tandis que le lieu présumé de l'incinération de Pol Pot est visité par les touristes, les procès des quatre ou cinq dirigeants khmers rouges encore en vie, tous poursuivis pour crimes contre l'humanité, s'éternisent.

Seul le repenti Kang Kek leu, alias Douch, le commandant du centre de tortures et de détention de Phnom Penh (la prison de sécurité S-21, où sont morts au moins vingt mille Cambodgiens), a été condamné à la prison à vie.

## *Wu Zetian*

## *L'insatiable impératrice*

Elle est la seule femme qui y soit parvenue : devenir la maîtresse toute-puissante de la Chine, c'est-à-dire à la fois impératrice et empereur, au mépris des traditions ancestrales de l'Empire du Milieu. C'est aussi l'aboutissement d'une formidable ambition, qui a permis à cette concubine d'origine modeste de triompher de tous les obstacles, usant de séduction ou recourant au meurtre pour asseoir son pouvoir.

Wu Zetian est belle, très belle[1]. C'est pourquoi, à l'âge de douze ou quatorze ans, elle est appelée à rejoindre le harem de l'empereur Taizong, le représentant de la dynastie des Tang.

Elle est née en 624 dans la province de Sichuan. Son père, Wu Shihuo, est un militaire qui s'est si bien distingué au combat que l'empereur l'a marié en secondes noces à Yangda, fille d'un membre

1. Selon son ennemi, le poète Lo Pin-Wang, ses admirables sourcils « étaient arqués comme des antennes de papillon ».

de sa famille. Wu Zetian est un des enfants nés de cette union. L'époque est alors favorable aux femmes. La fillette reçoit une excellente éducation. Elle est initiée aux arts picturaux et poétiques.

Mais, parmi les autres favorites du souverain, elle n'occupe qu'un rang subalterne, car l'ascension sociale de son père est encore trop récente. Néanmoins, son esprit autant que son exceptionnelle joliesse lui permettent de briller. Cela lui vaut d'être remarquée par le prince héritier, Li Zhin, futur empereur Gaozong. Il saura se souvenir d'elle. Peut-être même a-t-il été séduit. Mais, sous peine de commettre un inceste, il lui est interdit de nouer une relation amoureuse avec une concubine de son père.

Taizong meurt en 649. Conformément à la tradition, les concubines du défunt doivent se couper les cheveux et, si elles n'ont pas eu d'enfants, rejoindre un monastère. L'exil de Wu va durer plus de trois ans.

Gaozong règne. Sa première épouse, Wang Huanghou, tarde à lui donner un héritier. Elle a peur d'être répudiée, d'autant que l'influence de la deuxième épouse, Xiaoshu Fei, ne cesse de croître. Elle imagine une manœuvre hardie pour perdre cette dernière dans le cœur du souverain : faire revenir à la cour cette Dame Wu à la beauté proverbiale. Pour son malheur, l'entreprise réussit bien au-delà de ses espérances. Dès que Gaozong revoit la sublime, sa passion se réveille. Non seulement il écarte Xiaoshu Fei, mais il veut la nouvelle venue pour épouse. Ses conseillers ont beau objecter qu'il lui est impossible d'accueillir une concubine de son père dans son gynécée, Gaozong ne veut rien entendre. Il chasse les gêneurs et installe la belle à la plus haute place du harem, sans pour autant se séparer de ses deux autres femmes.

Peu importe, Wu Zetian triomphe. Bientôt, elle a l'espoir de donner à l'empereur cet héritier que sa première épouse a été incapable de concevoir. Las, l'enfant est une fille. Ses rivales, Wang Huanghou et Xiaoshu Fei, viennent visiter la jeune parturiente pour se gausser d'elle. La vengeance de Wu sera monstrueuse. Les deux épouses ont à peine quitté la chambre qu'elle étouffe sa fille dans son berceau. Lorsque, rituellement, l'empereur se présente près de sa couche pour voir son enfant, il découvre un petit cadavre. Wu Zetian feint la surprise, éclate en sanglots. Puis la perfide éplorée laisse entendre que les deux jalouses qui viennent tout juste de sortir de sa chambre ont tué son bébé.

A-t-elle convaincu Gaozong ? Elle a au moins semé le doute dans son esprit et, méthodiquement, elle parfait son ouvrage. Peu après, Wang Huanghou et Xiaoshu Fei sont accusées de sorcellerie. Le superstitieux Fils du ciel est épouvanté. Il abandonne le soin de punir les présumées coupables à sa favorite, qui ordonne que les deux malheureuses épouses aient les bras et les jambes coupés. Elles agonisent pendant trois jours sous l'œil froid de Wu.

La petite concubine est désormais la première épouse, impératrice à trente-deux ans. Mais, en dépit de ce succès, elle n'a pas encore assouvi son ambition. Profitant de la mauvaise santé de Gaozong, elle s'insinue dans les premiers cercles du pouvoir, exige d'être consultée sur les prises de décision politique. L'empereur, toujours follement épris, consent. Il autorise même son épouse à assister aux réunions de son conseil, dissimulée derrière un rideau de gaze.

En 666, Wu franchit une nouvelle étape. Comme tous les ans, l'empereur doit accomplir un sacrifice rituel au ciel et à la terre afin d'attirer la bienveillance céleste sur les futures récoltes. L'impératrice fait alors observer à son époux que, si le ciel est associé au « yang », le principe masculin, la terre, au contraire, est de nature féminine et donc « yin ». Il serait par conséquent dans l'ordre naturel que l'empereur implore le ciel tandis que l'impératrice, elle, sacrifierait à la terre. Aussitôt, les mandarins impériaux s'insurgent : le rituel ne peut être accompli que par le seul Fils du ciel ! Y adjoindre l'impératrice serait une abomination. Mais, encore une fois, le faible Gaozong donne raison à Wu et s'abstient d'honorer la terre, réservant cet hommage à son épouse.

Voici donc l'empereur et l'impératrice appariés publiquement sur un pied d'égalité. Et bientôt, Wu, épouse du Fils du ciel, réclamera d'être nommée « impératrice céleste ».

Cette ascension, qui rompt avec toutes les traditions de l'Empire du Milieu, s'accompagne d'une prise en main de l'appareil d'Etat. Wu Zetian fait et défait les carrières, exile ou condamne à mort les mandarins qui n'ont pas l'heur de lui plaire. Leurs filles, leurs veuves sont contraintes de devenir ses esclaves. Elle met aussi en place un système de délation qui lui permet de surprendre les secrets et les faiblesses de ses sujets afin de mieux les punir ou les soumettre.

Gaozong n'ignore rien des crimes que perpètre son épouse. Mais il n'a ni la force ni le courage de s'opposer à sa volonté. D'autant que la cruelle impératrice se révèle une dirigeante avisée, qui introduit des réformes utiles et justes et conduit une politique de fermeté à l'encontre des « barbares » qui menacent les frontières.

Cependant, la santé de l'empereur ne cesse de se dégrader. En 683, sa tête enfle, il devient aveugle. Un médecin propose de procéder à une ponction du liquide qui comprime son cerveau. Wu se récrie : la face du Fils du ciel est sacrée, on ne peut y porter la main, sous peine de lèse-majesté, un crime qui mérite la mort. Pourtant le médicastre s'obstine, pratique une ponction. Gaozong recouvre la vue. L'impératrice feint d'oublier son courroux. Mais, un mois plus tard, l'empereur semble rechuter et décède sans autre témoin que son épouse. Wu Zetian a-t-elle hâté la mort de l'empereur ? C'est l'avis des chroniqueurs du temps.

Wu a donné quatre fils à son époux. Les deux premiers, reconnus princes héritiers par leur père, sont morts. Tous les deux ont été assassinés, l'un par le poison l'autre par le fer. Wu Zetian, qui n'entend pas partager le pouvoir, a-t-elle donné elle-même l'ordre de supprimer ses propres enfants ?

Le troisième fils, Zhongzong, monte sur le trône à la mort de son père. Mais Wu continue à gouverner. Et quand le nouvel empereur ose contester son autorité, sa mère le démet aussitôt et le remplace par son jeune frère, Ruizong, réputé plus docile, et qui va, sans prendre conscience du danger qui le menace, participer à la quasi-divinisation de sa mère. Sous son règne en effet, à la suite de la prétendue découverte d'une stèle dont les huit caractères signifient « la sage mère est descendue sur la terre », Wu est proclamée « sainte mère et empereur divin ». Et comme cette divinisation de l'impératrice-empereur doit recevoir l'assentiment du ciel, on recense avec dévotion les augures favorables – ainsi, lors de son intronisation, des poules se seraient changées en coqs !

Ivre de puissance, Wu en vient à ne plus supporter la présence à son côté, sur le trône impérial, de Ruizong. En 690, son fils est dégradé, réduit au rang de simple prince héritier, tandis qu'elle-même, s'étant inventé une antique lignée royale, s'autoproclame « empereur de la dynastie Zhou ». Pour sanctifier sa nouvelle élévation, en rupture avec le taoïsme dominant, elle se tourne vers le bouddhisme. Présentée maintenant comme la réincarnation de Maitreya, « le Bouddha-à-venir », elle récompense les dignitaires complaisants en ordonnant la construction d'un monastère, le Nuage supérieur, où Maitreya est représenté à son image. Dans les célèbres grottes de Mogao, à Dunhuang[1], la plus grande statue d'argile de pierre du monde (34,5 mètres) conserve également le souvenir de l'impératrice sous l'aspect de Maitreya.

Wu règne sans partage. Mais les membres de la famille impériale ne l'ont pas acceptée pour autant. La décision de l'impératrice-empereur de restaurer la dynastie Zhou est une usurpation et une offense à leur propre lignée, les Tang. Certains osent même se rebeller. La réaction de l'impératrice est aussi brutale que foudroyante : les princes insurgés sont décapités et, avec eux, leurs familiers et affidés, dont les têtes sont solennellement présentées à Wu Zetian. Pour en finir avec le poison de l'insoumission, elle nomme des inquisiteurs chargés de traquer ses opposants, d'obtenir des renseignements par la torture et d'exécuter les récalcitrants. Puis elle commande l'élimination de ces inquisiteurs, devenus inutiles et nuisibles à sa réputation. D'après les annales de l'époque, trois mille sujets auraient été ainsi mis à mort.

En même temps, en dépit de son âge avancé, Wu laisse libre cours à une sensualité jusque-là refoulée ou, plus vraisemblablement, dissimulée. Un jeune bonze devient son favori. Nommé à la tête du monastère de Luoyang, couvert d'hon-

1. Un site classé aujourd'hui au patrimoine de l'Unesco.

neurs, il a le droit d'entrer dans ses appartements du palais, quelle que soit l'heure du jour ou de la nuit.

Wu Zetian n'en oublie pas pour autant de consolider l'empire. Sous son règne, les quatre garnisons du Tarim, à l'ouest du pays, ont été reprises. En représailles, les Turcs conduisent des razzias meurtrières sur les frontières. Pour les contrer, Wu imagine de se concilier les bonnes grâces de son puissant voisin du Nord, l'empereur turcophone de Mongolie, Bektchor, en lui proposant d'unir sa fille à l'un de ses neveux préférés. Mais le Turc refuse avec hauteur : son enfant ne saurait être mariée qu'à l'empereur légitime, c'est-à-dire Zhongzong. Wu feint d'accepter la restauration de son troisième fils, mais continue d'assumer la réalité du pouvoir.

Cependant (a-t-elle craint de voir les cavaliers mongols déferler sur l'empire ?), l'impératrice décide de faire la paix avec la dynastie de son défunt époux, les Tang. Réunissant les siens, elle leur annonce avec solennité qu'elle reconnaît comme héritier Zhongzong, qui lui succédera donc à sa mort.

Elle a alors soixante-quatorze ans. Sa santé déclinante ne l'empêche pas de se choisir deux nouveaux favoris, les frères Zhang, qui la conseillent et abusent de ses faveurs au risque de provoquer de nouvelles rébellions.

Wu vit ses dernières années. Cette souveraine qui a accumulé tant de crimes semble dorénavant surtout préoccupée de religion, sans pour autant renoncer à une once de pouvoir. L'un de ses protégés, le moine Yi-Tsing, qu'elle a envoyé en Inde vingt-quatre ans plus tôt, en 695, est de retour. L'impératrice se porte au-devant de lui et l'accueille avec faste. Le voyageur rapporte quantité de manuscrits sanskrits à la traduction desquels il décide de consacrer le reste de sa vie, labeur que Wu suit attentivement.

En 704, l'impératrice tombe malade. Elle est empêchée de gouverner. Rassemblant tous ceux qui ont eu à souffrir du despotisme de la souveraine, le Premier ministre organise la sédition. Une nuit de l'an 705, les conjurés armés envahissent le palais, se saisissent de la personne de Zhongzong et l'obligent à se rendre avec eux dans l'appartement de sa mère. Les deux favoris Zhang sont égorgés devant elle, mais l'indomptable Wu fait encore face aux assaillants. Elle enjoint son fils de ne pas obéir aux rebelles, en vain. Le faible Zhongzong est transi de peur. Un poignard sur la gorge, Wu Zetian doit consentir à abdiquer en faveur de son fils.

L'impératrice déchue est reléguée dans un palais éloigné de la capitale. Zhongzong, qui a pourtant tant souffert de la férule humiliante de sa mère, lui décerne à titre de consolation la dignité de « grand et saint empereur Zetian ». Mais, privée du pouvoir qui a été sa raison de vivre, Wu Zetian ne tarde pas à trépasser.

Les mœurs sanglantes de l'impératrice ont, semble-t-il, marqué sa descendance d'une malédiction. Si Zhongzong règne enfin, cet homme paisible ne semble pas autrement intéressé par l'administration de son gouvernement. Il passe le plus clair de son temps auprès du moine Yi-Tsing, qui, inlassablement, continue à traduire ses manuscrits sanskrits. Son épouse, Wei, en profite pour s'ébattre avec un neveu de Wu. Cette liaison provoque la fureur d'un prince du sang, qui poignarde le séducteur. Wei se venge à sa manière, en empoisonnant son époux. A l'image de sa terrible belle-mère, elle s'empare du pouvoir. Mais n'est pas Wu Zetian qui veut : en 710, la scène d'horreur de 705 se reproduit dans le palais. Wei est criblée de flèches par des conjurés qui ont pénétré dans sa chambre. Sa tête, d'abord plantée sur une pique, sera ensuite jetée à la foule.

## *Abdülhamid II*

### *Le Sultan rouge*

Ce sont les chancelleries occidentales qui l'ont baptisé ainsi : « le Sultan rouge ». Rouge comme le sang qu'il a versé tout au long d'un règne qui a duré plus de trente ans, de 1876 à 1909. Abdülhamid II est aussi le sultan du crépuscule ottoman. Après son abdication forcée, l'empire se délitera, sombrera avant de donner naissance, au lendemain de la Seconde Guerre mondiale, à la Turquie moderne sous la férule de Mustafa Kemal, dit Atatürk.

Abdülhamid arrive sur le trône un peu par hasard. Son oncle Abdülaziz a été contraint d'abdiquer par les réformateurs un an plus tôt – et vraisemblablement assassiné quatre jours plus tard. Son neveu, Mourad V, lui succède. Intelligent, cultivé, féru d'idées libérales, il est malheureusement handicapé par un alcoolisme chronique et se révèle bientôt incapable de régner. Il vivra le reste de son existence dans une « cage dorée », sise au sein du palais. C'est donc son frère, Abdülhamid, qui est appelé à monter sur le trône. Agé de trente-quatre ans, il est le fils du sultan Abdülmecid[1] et d'une Arménienne du harem, une danseuse qui meurt lorsque l'enfant a sept ans. Il est ensuite élevé par la sultane validé Pertevniyal, aussi belle qu'érudite, qui lui enseigne entre autres les bonnes manières et l'art de la conversation.

D'aspect plutôt chétif, Abdülhamid II est un homme secret et méfiant, à l'intelligence vive et doté d'une grande puissance de travail. Très pieux, le nouveau souverain est aussi épris de modernité qu'attaché aux valeurs traditionnelles de l'Empire ottoman et du sultanat. Une apparente contradiction qui lui servira souvent à duper amis ou ennemis.

La Turquie est alors « l'homme malade de l'Europe ». Elle doit faire face dans les Balkans à des rébellions nationalistes attisées par la Russie et les empires centraux. Chaque fois, la répression, impitoyable et sanglante, tant en Bosnie-Herzégovine qu'en Bulgarie ou en Serbie, soulève une intense émotion en Europe, où l'opinion publique fustige la brutalité turque et les massacres perpétrés par les irréguliers de l'armée ottomane, les bachi-bouzouks albanais.

Peu à peu dépecé par les grandes puissances, qui lui ont déjà imposé un sévère programme de réformes, l'Empire ottoman vit sous une quasi-tutelle, d'autant que ses caisses sont désespérément vides.

1. Abdülmecid Ier, qui a régné de 1839 à 1861, était le frère d'Abdülaziz, qui lui a succédé.

Lorsque le sultan arrive au pouvoir, en août 1876, les hostilités entre l'empire et les Serbes viennent tout juste de prendre fin, au détriment des seconds. Le grand vizir Midhat pacha, russophile, réformateur et proche du mouvement Jeune-Turc[1], oblige le nouveau sultan à promulguer une Constitution d'inspiration libérale, prévoyant l'élection d'une Assemblée, garantissant l'égalité de tous les sujets quelle que soit leur confession et respectant les libertés individuelles.

Abdülhamid II a dû consentir mais, s'il a l'image d'un souverain réformateur, il est déjà décidé à prendre sa revanche. Dès le mois de février suivant, il chasse son grand vizir et l'exile[2], tandis qu'il dissout le Parlement tout juste élu. Il est évident que le sultan entend concentrer entre ses mains tous les pouvoirs, même s'il accepte l'élection d'une seconde assemblée, moins représentative, qui n'aura guère qu'une fonction de conseil.

Le tsar Alexandre II, invoquant sa mission sacrée de protection des Slaves, profite de cet intermède constitutionnel pour exiger des réformes fondamentales dans les Balkans. Et, sans attendre, la Russie entre en guerre contre la Sublime Porte. En réalité, Moscou a déjà passé un accord secret

1. Mouvement à la fois nationaliste et moderniste, très influent dans l'armée, qui prendra son essor à l'orée du XXe siècle.

2. Midhat pacha sera assassiné en 1884, sans doute sur ordre d'Abdülhamid II.

avec Vienne, aux termes duquel les deux empires se partageront les Balkans.

La guerre dure dix mois. Les Ottomans opposent aux Russes une résistance opiniâtre, mais, lorsque l'armée tsariste investit les faubourgs d'Istanbul, ils doivent demander un armistice. Les conséquences de la défaite sont cuisantes. Selon le traité de San Stefano, passé en mars 1878, Abdülhamid II est contraint d'abandonner la presque totalité de ses possessions des Balkans : la Bulgarie devient une principauté autonome, tout comme la Bosnie-Herzégovine ; la Serbie, le Monténégro et la Roumanie y gagnent leur totale indépendance. L'Empire ottoman est non seulement vaincu mais humilié.

Toutefois, les autres grandes puissances, garantes de l'équilibre européen, jugent trop dures les conditions imposées à la Turquie. Lors du Congrès international de Berlin, en juillet, certaines clauses du traité de San Stefano sont révisées. Si la Russie se taille toujours la part du lion, l'Angleterre a obtenu une diminution des indemnités de guerre en échange de l'île de Chypre. Elle doit accepter, en compensation, que la France pousse son avantage en Tunisie. Enfin, le congrès prescrit des réformes dans les provinces habitées par les Arméniens, visant à protéger ces derniers.

Abdülhamid II, condamné à une quasi-impuissance, remâche sa colère. L'empire dont il a hérité à peine deux ans plus tôt est rabaissé, dépecé, dévasté par la guerre. Des dizaines de milliers de ses sujets ne sont plus que des réfugiés. Bientôt, les institutions financières de son pays ruiné seront placées sous tutelle étrangère.

Le sultan se replie sur lui-même. Symboliquement, il abandonne le luxe rococo et écrasant du palais de Dolmabahçe pour rejoindre Yildiz, un ensemble de pavillons plus rustique. Ceinturée par de solides murailles, protégée par une garde imposante, cette nouvelle résidence au charme oriental lui offre la sécurité et la tranquillité. Il y mène une vie simple qui tranche avec les fastes de ses prédécesseurs. S'il apparaît rarement en public, il surveille attentivement les affaires de son pays. Marqué par les épreuves qu'il vient de subir, il a déjà décidé de restaurer l'autorité d'un sultanat où tout doit procéder de la seule volonté du souverain. Informé par un solide réseau d'espions, entouré d'hommes de confiance aussi fidèles qu'efficaces, Abdülhamid met en place un pouvoir absolutiste et policier qui rompt avec les velléités démocratiques du passé.

Dans le même temps, paradoxalement, si la censure frappe lourdement les écrivains et journalistes épris de liberté, le sultan renforce ses liens avec l'Europe. L'armée est entraînée par des officiers allemands, les écoles chrétiennes prospèrent, la réforme de la bureaucratie s'inspire des exemples étrangers, la construction du chemin de fer est offerte à des compagnies internationales et le français demeure la langue de la diplomatie et de l'élite turques.

Autre contradiction, Abdülhamid se veut le chantre du panislamisme face à l'occidentalisation croissante de la société. Son calcul est plus politique que religieux : religion officielle de l'Etat, l'islam est le creuset de la nation, le garant de son unité, l'essence même de l'ottomanisme. Pour atteindre ses objectifs, le sultan auréolé par sa qualité de khalife s'affirme comme le protecteur des musulmans, qu'ils soient turcs ou arabes. Il multiplie les actions de bienfaisance dans le monde islamique, parfois en puisant dans ses propres caisses, par l'intermédiaire de la fondation pieuse qu'il a créée. Distribuant des privilèges aux institutions musulmanes pour ancrer ce réarmement moral et religieux, il fonde aussi, afin de fidéliser les Kurdes, toujours prompts à se révolter, des unités de cavalerie (hamidiyye) chargées en principe de la surveillance des frontières mais qui formeront surtout sa garde personnelle. Autant de miliciens kurdes qui vont jouer un rôle effroyable dans les futurs massacres d'Arméniens.

L'islamisation prônée par Abdülhamid ne peut satisfaire la communauté arménienne présente en Turquie[1], qui reste attachée à ses racines chrétiennes. Au contraire, les Arméniens, installés principalement à Istanbul, en Cilicie et surtout en Anatolie, aspirent à l'occidentalisation de la Turquie, une orientation qui leur garantirait plus de libertés. Pourtant, bien qu'ils soient considérés, à

1. Le territoire de l'Arménie historique est alors partagé entre les deux empires, russe et ottoman. Le chef religieux des Arméniens est installé à Etchmiadzin, du côté russe.

l'égal des Juifs et des Grecs, comme des citoyens de second ordre, leur communauté connaît une évolution culturelle et sociale plus rapide que celle de leurs concitoyens ottomans, une marche vers le progrès qui suscite des jalousies et même un sentiment d'infériorité chez les Turcs. C'est d'autant plus vrai qu'on les sait protégés, en tant que chrétiens, par l'Angleterre et par la Russie. Il existe en outre, dans la population ottomane, un ressentiment à leur encontre, exacerbé par la récente guerre turco-russe. Le traité de San Stefano a en effet prévu une amnistie pour les Arméniens qui auraient collaboré avec les troupes russes d'occupation. La communauté dans son ensemble s'en trouve soupçonnée de déloyauté.

Parallèlement, on assiste à une radicalisation des cercles intellectuels arméniens. En 1887, le premier parti politique (Hentchak) est créé à Genève et, trois ans plus tard, la Fédération révolutionnaire arménienne voit le jour, toujours à l'étranger. Elle suscite aussitôt la formation de comités révolutionnaires secrets, prêts à passer à l'action armée en Anatolie orientale, afin de protéger les paysans arméniens soumis aux vexations et aux exactions des bandes kurdes.

Ces initiatives clandestines ne peuvent longtemps échapper aux espions du sultan. Celui-ci, oublieux de son ascendance maternelle, en vient à considérer que l'Arménien est un ennemi intérieur qui met en danger la cohésion de l'empire et menace le berceau même de la nation ottomane, l'Anatolie.

Dès la fin 1893, les premières violences éclatent à Sassoun, une zone montagneuse située dans le *vilayet* de Diyarbakir. Les paysans arméniens se rebellent contre les rançons que leur imposent leurs voisins kurdes. Quelque temps plus tard, l'armée turque et les hamidiyye commandés par Zeki Pacha interviennent pour mater la révolte. Plusieurs villages sont brûlés et des milliers d'habitants périssent ou s'enfuient.

L'opinion européenne s'indigne. A l'instigation de l'Angleterre, une commission d'enquête internationale se déplace en Arménie et confirme les terribles informations parvenues en Occident. Les grandes puissances présentes lors du Congrès de Berlin délibèrent. Mais leurs intérêts sont maintenant divergents. L'Allemagne, en particulier, veut préserver son influence en Turquie. On se contente donc d'envoyer à Istanbul un mémorandum qui reproduit les recommandations prescrites quinze ans plus tôt à Berlin. Abdülhamid II accuse réception, promet, gagne du temps, mais s'abstient d'agir en faveur des Arméniens.

Est-il alors assuré que son empire ne subira pas de nouvelles mutilations territoriales ? En tout cas, revendiquant la pleine souveraineté de son pays, le sultan autorise ses zélés hamidiyye à perpétrer de nouveaux massacres de masse parmi la population arménienne. Agissant selon un plan concerté, de septembre à décembre 1895, les assassins sévissent un peu partout dans le pays : villages rasés, églises brûlées avec leurs fidèles, viols, tueries collectives, c'est un vaste programme d'extermination qui est mis en œuvre. Comme le ministre russe des Affaires étrangères le notera cyniquement, pour Abdülhamid la résolution de la question arménienne passe par une Arménie sans Arméniens...

Devant ces événements sans précédent, le parti Hentchak organise à Istanbul une grande manifestation pacifique. Elle est réprimée avec une extrême sauvagerie et déclenche d'autres massacres. Les ambassadeurs européens, qui assistent parfois, impuissants, à ces drames, remettent à la Sublime Porte une note de protestation qualifiée d'« énergique ». Elle n'infléchit pas la volonté du sultan, qui rejette toute la responsabilité des exactions sur les groupes révolutionnaires arméniens agissant en concertation avec une grande puissance étrangère. Celle-ci n'est pas désignée mais il est clair que l'Angleterre est visée – l'Angleterre, qui a donc remplacé la Russie en tant qu'ennemi principal de l'empire.

Fort de l'impunité que lui confère la passivité des gouvernements européens, Abdülhamid poursuit la politique d'extermination qui lui vaudra son sobriquet de « Sultan rouge ». Il y est encouragé par une action d'éclat entreprise par les militants révolutionnaires arméniens en août 1896.

Un commando armé a investi le siège de la Banque ottomane à Istanbul. Les employés sont pris en otages. Les révolutionnaires menacent de détruire le bâtiment et de mourir dans ses ruines avec le personnel. Ils entendent ainsi alerter l'opinion occidentale sur la question arménienne et diffusent un message destiné aux diplomates présents dans la capitale, dans lequel ils déclarent : « C'est l'indifférence criminelle de l'humanité qui nous a poussés à agir ainsi. » Le directeur adjoint de la Banque, un Français, épaulé par des représentants diplomatiques russes, conduit les négociations. Une amnistie, garantie par les puissances européennes, est promise aux révolutionnaires. Ils se rendent et sont immédiatement conduits sur le yacht de l'ambassadeur d'Angleterre[1].

Cette opération spectaculaire a un retentissement considérable. En ce sens, les militants arméniens ont gagné. Mais les conséquences de leur acte sont surtout dramatiques : à peine ont-ils quitté le siège de la Banque ottomane qu'une véritable chasse aux Arméniens commence dans les rues d'Istanbul. Trois jours durant, une population musulmane fanatisée, encouragée par le pouvoir et encadrée par les forces de l'ordre, égorge, pille et brûle. Des milliers d'Arméniens tombent sous les coups des tueurs. Au total, depuis le début de ces pogroms en 1894, au moins cent cinquante mille personnes, femmes, hommes et enfants, ont été assassinées – certains historiens donnent le chiffre de trois cent mille. Il faut ajouter à ce terrible bilan les conversions forcées et les enlèvements au profit des harems, qui se comptent en dizaines de milliers.

1. Ils seront acheminés jusqu'en France d'où, après un court emprisonnement, ils pourront gagner l'Amérique du Sud.

Après les tueries d'Istanbul, les ambassadeurs européens protestent une nouvelle fois et s'abstiennent de paraître aux festivités célébrant l'anniversaire du sultan. Sans plus. Une page sanglante se tourne. Le livre du génocide arménien se rouvrira vingt ans plus tard, en 1915, sous le règne d'un autre sultan, dépassé par le mouvement Jeune-Turc. Les événements de 1894-1896 n'auront été en somme qu'une sorte de répétition grandeur nature.

Abdülhamid II a donné la preuve de sa férocité et il a incontestablement gagné. Dans sa « paternelle douceur », il conclut ces épisodes sanglants en ordonnant une amnistie générale. Il absout d'un seul coup, en les mêlant, les milliers d'assassins qu'il a sinon commandés du moins inspirés et les quelques « bandits » arméniens qui ont osé défier son autorité.

La question arménienne ayant été provisoirement réglée à ses yeux, le sultan poursuit sa politique d'islamisation. Khalife, il se sent autorisé à prêcher la bonne parole auprès de communautés jugées hérétiques, telles les Yézidis d'Irak, des sujets pacifiques qui assortissent leur foi musulmane de croyances païennes. Pour Istanbul, ils sont surtout coupables de refuser le service militaire. Il convient donc de les châtier. La répression prend une telle ampleur que même le vali (gouverneur) de Mossoul s'émeut. Les alevis kurdes, les zaydites du Yémen et les chiites d'Irak font l'objet d'attentions « civilisatrices » semblables. Derrière le missionnaire islamique, le janissaire ne tarde jamais à apparaître.

Abdülhamid II doit aussi faire face à un réveil des revendications nationalistes dans les territoires balkaniques qui demeurent sous la coupe de l'Empire ottoman. Mais c'est surtout la situation en Crète qui le préoccupe. Dans l'île, le conflit est permanent (et souvent sanglant) entre Turcs et Grecs. En 1896, une petite armée commandée par le fils du roi de Grèce y débarque. C'est le début d'une nouvelle guerre. Des troupes irrégulières grecques envahissent l'Epire. Istanbul riposte. Son armée, formée par des officiers allemands et dotée de matériels modernes, balaie les insurgés et s'empare de Larissa, en Thessalie. Athènes est maintenant menacée. Les grandes puissances s'interposent. La Grèce est sauvée et la Crète, demeurant théoriquement vassale de l'Empire ottoman, est placée sous statut international.

C'est en Macédoine que se produiront les craquements suivants. Dans cette province, majoritairement slave mais toujours soumise à Istanbul, coexistent Turcs, Grecs, Serbes, Albanais et Bulgares – une mosaïque des plus explosives. Athènes et Belgrade, pour des raisons opposées, attisent les tensions, n'ayant en commun que d'y voir une occasion de chasser définitivement les Ottomans des Balkans.

Abdülhamid se décide à intervenir au début du XXe siècle. Exploitant cyniquement les haines religieuses, il lance les bachi-bouzouks albanais contre les populations chrétiennes de Macédoine. Ces cavaliers mercenaires sèment la terreur. Comme trente ans plus tôt en Bulgarie, ils détruisent des villages entiers et provoquent un exode massif d'habitants terrifiés. En 1902, soixante-dix mille réfugiés se pressent à la frontière bulgare. Abdülhamid II mérite plus que jamais d'être appelé « le Sultan rouge » !

Selon un schéma éprouvé, l'Europe gronde. Abdülhamid feint d'obtempérer, nomme un haut fonctionnaire chargé de réformer l'administration des trois *vilayets* de Macédoine mais continue d'entretenir les hostilités entre musulmans et chrétiens. Cette fois, excédées, les grandes puissances, à l'exception de l'Allemagne, envoient une escadre commune au large des côtes grecques. Cette politique de la canonnière contraint le sultan à se retenir de souffler sur les braises macédoniennes. Il a d'ailleurs fort à faire à l'intérieur de l'empire.

En dépit du système policier (ou, plus sûrement, à cause de ce système) les idées des Jeunes-Turcs progressent, essentiellement au sein des élites et d'une armée humiliée. De plus en plus ouvertement, ces opposants, qui sont aussi de farouches nationalistes, réclament la libéralisation du régime et la restauration d'un authentique parlementarisme.

En 1908, des officiers de la III^e^ Armée se soulèvent et assassinent quelques-uns de leurs supérieurs. Abdülhamid II, fidèle à ses convictions autocratiques, décide d'envoyer la troupe mater la rébellion. Mais les soldats fraternisent avec les insurgés. Le sultan comprend qu'il a perdu la partie. Dans un ultime sursaut, il accepte de revenir à la Constitution avortée de 1876. Il est trop tard. Soupçonné d'intriguer avec les éléments les plus conservateurs de l'empire, il est déposé en 1909. Son frère, le très effacé Reçat, lui succède sous le nom de Mehmed V. D'ores et déjà, le sultanat est condamné[1].

Placé en résidence surveillée loin d'Istanbul, le Sultan rouge reviendra en 1912 dans son ancienne capitale où, confiné dans le palais de Beylerbey, il rédigera ses Mémoires, avant de mourir en 1918.

---

1. Il sera aboli en 1922.

## *Idi Amin Dada*

### *Le chancre de l'Afrique*

Il a fait rire autant qu'il a fait peur. Idi Amin Dada fut un personnage assurément grotesque. Mais, il est facile de l'oublier, ce pantin tragique était aussi un pur produit de la colonisation : président de l'Ouganda pendant huit longues années, criminel multirécidiviste, ce militaire a été formé par le colonisateur anglais et ce sont Israël et la Grande-Bretagne qui l'ont mis en selle.

L'Ouganda était un protectorat britannique depuis 1893. Winston Churchill, colonisateur convaincu, l'appelait « la perle de l'Afrique ». Ce territoire de l'Est africain aux paysages variés produisait à foison du café, du tabac, du coton. Un vrai pays de Cocagne au sein d'un vaste empire colonial qui s'étendait de l'Egypte à l'Afrique du Sud. Il avait été soumis par la force, grâce à une unité militaire commandée par des officiers britanniques mais composée de mercenaires d'origine pluriethnique, le King's African Rifles.

En Ouganda, Londres s'est d'abord appuyée sur les populations du Sud et du Centre, estimées plus éduquées et plus accessibles à la christianisation. Ces ethnies, bénéficiant de l'attention toute particulière des autorités britanniques, ont connu une relative prospérité. Cependant, craignant que leur influence ne devienne excessive, le colonisateur a jugé bon de les encadrer par des soldats issus du Nord, moins instruits et même souvent analphabètes, mais excellents hommes de troupe. Censés obéir avant de réfléchir, ces hommes viennent renforcer les rangs du King's African Rifles. Sous l'autorité de sous-officiers et d'officiers exclusivement blancs, ils devront réprimer les éruptions nationalistes et les conflits ethniques.

Idi Amin Dada est un de ces soldats originaires du Nord. Comme d'autres, il est venu à l'armée un peu par hasard. Il est né entre 1925 et 1928 – la date de sa naissance est inconnue –, dans une région proche de l'ancien Zaïre et du Soudan, une terre aride et désolée. Pour les Ougandais, c'est un « Nubien », une appellation impropre qui désigne de manière péjorative les individus d'origine nilotique, à la peau très noire, généralement convertis à l'islam. Son père est un Kakwa et sa mère une Lugbara, deux tribus qui vivent sur la rive ouest du Nil. Ses parents se séparent alors qu'Idi Amin n'a que sept ans. L'enfant demeure avec sa mère. Fille d'un chef tribal, elle vend des plantes médicinales. En raison de ses pratiques chamaniques, elle a une réputation de sorcière qui la fait craindre. Le garçon est élevé dans une atmosphère de magie et de mystère. Il en restera marqué tout au long de sa vie.

Après la séparation, mère et fils – les deux autres enfants de la famille sont morts – rejoignent le clan maternel. Privé d'école à cause de la discrimination qui frappe les « Nubiens », le garçonnet garde des chèvres. Mais un peu plus tard, installé chez un cheikh, il reçoit des rudiments d'enseignement coranique. Il travaille ensuite dans les champs d'un riche propriétaire indien avant de gagner Jinja, une ville de garnison. Il y trouve à s'engager comme aide-cuisinier dans un régiment du King's African Rifles. Il a alors une vingtaine d'années et découvre un monde étranger, où règnent l'ordre et la discipline.

Grand (plus d'un mètre quatre-vingt-dix), costaud (cent kilos), il est vite remarqué. Il quitte les fourneaux pour suivre une formation militaire. Bien nourri, bien vêtu, il marche au pas avec enthousiasme. Bien que maîtrisant mal l'anglais, il est une recrue zélée, toujours prête à se porter volontaire. A la fin des années 1940, il participe en Somalie à la lutte contre les voleurs de bétail. En 1950, il s'entraîne avec la fanfare écossaise du régiment avant de partir au Kenya, où il est engagé lors de la féroce répression coloniale contre les Mau-Mau révoltés. Il fait état d'une telle bonne volonté dans cette chasse aux rebelles que ses supérieurs le distinguent : Idi Amin est nommé caporal, puis sergent.

Ensuite, toujours au Kenya, il est chargé de désarmer les Karamojong, un peuple de pasteurs qui vit près de la frontière nord. Sa méthode d'interrogatoire est rudimentaire mais efficace :

ces hommes qui vivent nus sont contraints de poser leur sexe sur le bord d'une table. Idi Amin, armé d'une machette, menace de les châtrer s'ils ne révèlent pas leurs caches d'armes – et sans doute passe-t-il à l'acte quand le besoin s'en fait sentir. Sa brutalité ne lui vaut aucune sanction : en 1954, ce « *splendid chap* », ainsi que le qualifie un de ses supérieurs tout en émettant des réserves condescendantes sur ses aptitudes intellectuelles, est même choisi pour conduire la parade devant la reine Elisabeth en visite au Kenya. Un peu plus tard, il commande la garde d'honneur qui accueille le roi du Buganda, Mutesa II, de retour d'exil.

En même temps, le soudard mène une vie sexuelle hyperactive, qui lui vaut son surnom, « Dada ». Ayant l'habitude d'inviter régulièrement deux filles sous sa tente en dépit du règlement militaire qui n'autorise la présence que d'une seule, il répond chaque fois à l'officier qui inspecte le campement que l'une d'elles est sa *dada* (« sœur » en swahili). Bientôt il sera père de deux enfants, de deux femmes différentes.

Malgré ces accrocs à la discipline, Idi Amin Dada est un soldat populaire. Mêlant bouffonnerie et dévouement, ce géant débonnaire qui excelle en boxe et en rugby[1] emporte la sympathie de ses chefs. Dès 1958, il est nommé chef

1. Il a été plusieurs fois champion de boxe de l'Afrique de l'Est, catégorie poids lourds. En rugby, il est le seul joueur noir du Rugby Club du Nil. Mais il doit rester à la

de peloton avant d'accéder au grade d'effendi (équivalent de lieutenant), le plus haut qu'un Noir puisse espérer dans l'armée coloniale britannique. Promis à la stagnation, il nourrit une vive amertume envers un système qui lui interdit toute ambition. D'autant qu'il a conscience d'avoir toutes les qualités requises pour progresser encore. En juillet 1960, un officier britannique ayant été tué au cours d'un engagement contre les Turkana, Idi Amin Dada est envoyé pour rétablir l'ordre. A sa manière, féroce et sanguinaire. A son retour, il est félicité pour avoir rétabli la loi dans la région.

Deux ans plus tard, il est à nouveau père. A la tête d'un escadron, il retourne dans le Karamoja, où les nomades Turkana menacent derechef l'ordre. Sous ses directives, les soldats commettent des massacres. Une enquête britannique établit que plusieurs nomades ont été torturés, tués et même, pour certains, brûlés vifs. Autant de crimes qui ressortent de la cour martiale. Mais l'indépendance est proche. Les autorités militaires n'osent pas sanctionner Idi Amin Dada, dont la responsabilité est pourtant écrasante. Une attitude parfaitement cynique : en prévision de la décolonisation, le haut commandement préfère assurer la promotion de soldats indigènes peu instruits sur lesquels, pense-t-il, il sera plus aisé de garder de l'influence.

---

porte du bar quand commence la « troisième mi-temps » : une humiliation qui le marquera durablement.

Quand vient l'indépendance, en octobre 1962, Idi Amin Dada est l'un des deux seuls officiers noirs de la jeune armée ougandaise. Les Britanniques, avant de laisser les indigènes voler de leurs propres ailes, leur ont laissé une étrange Constitution. Théoriquement, le pays est fédéral. Les différents Etats ont des statuts disparates, et le plus riche, dominé par l'ethnie Buganda, est en principe dirigé par le roi Mutesa II, qui est aussi le président de la Fédération, même si la réalité du pouvoir appartient au Premier ministre, Milton Obote. Ce dernier, un instituteur originaire du Nord, fondateur de l'UPC, l'Union du peuple ougandais, tourne vite au dictateur. Idi Amin Dada lui apporte d'emblée son soutien et donc celui de l'armée. Reconnaissant, Obote le promeut. Nommé major, Dada devient bientôt colonel et obtient d'accomplir un stage de parachutisme en Israël, Etat alors très actif en Afrique de l'Est.

Lorsque les militaires ougandais demandent une augmentation des soldes sous peine de révolte, Idi Amin Dada s'interpose et obtient de son ami et complice Obote que satisfaction soit donnée à ses camarades. C'est le début d'une inquiétante évolution. L'armée devient de plus en plus exigeante au fur et à mesure qu'Idi Amin Dada gagne en influence. Ses effectifs ne cessent de grossir. Le recrutement s'effectue en priorité dans les ethnies du Nord, au détriment de celles du Sud et du Centre.

En 1965, Milton Obote et Idi Amin Dada sont

soupçonnés par le roi Mutesa II de se livrer à un trafic d'or, de café et d'ivoire. L'affaire est assez grave pour que les deux hommes cherchent à se débarrasser de leur accusateur. Ils fomentent un coup d'Etat, qui se réalisera en 1966. Chassé, le roi s'envole pour Londres, où il mourra, trois ans plus tard. Obote s'octroie aussitôt le titre de président. Mais la population du Buganda, mécontente d'avoir perdu son souverain, se soulève. Il s'ensuit une violente répression à laquelle Amin Dada prend une part active. L'armée, essentiellement nordiste, reproduit ainsi le rôle qui lui était autrefois assigné par le pouvoir colonial. Des centaines de manifestants sont tués – le gouvernement ne reconnaîtra que quarante-huit morts. De nombreux Ougandais éduqués, terrorisés, choisissent l'exil.

Elevé au grade de général, Idi Amin Dada est maintenant un personnage puissant. Patron de l'armée, il continue à la truffer de recrues nordistes qui lui sont d'abord personnellement fidèles avant d'obéir au gouvernement de Milton Obote. C'est le début d'une dégradation progressive des rapports entre les deux hommes.

La dérive autocratique d'Obote et l'évolution tiers-mondiste de sa politique – il semble même vouloir se rapprocher du camp soviétique en adoptant des réformes d'inspiration socialiste – inquiètent le camp occidental et d'abord l'ancien colonisateur. L'Ouganda occupe en effet une position stratégique en Afrique. Aux sources du Nil et au sud du Soudan, le pays est à la frontière de deux mondes : l'islam au nord, le christianisme au sud. D'autre part, l'Ouganda voisine avec le richissime Congo, dont le sous-sol excite de nombreuses convoitises.

Les Israéliens ne sont pas les derniers à nourrir des craintes, les pays islamiques africains, Egypte et Soudan, étant susceptibles de nuire à leurs intérêts. C'est pourquoi, après avoir opéré une percée à la fois diplomatique et économique en Ouganda, ils ont offert à des militaires, tel Idi Amin Dada, la possibilité d'aller s'entraîner en Israël. Bien que musulman, celui-ci pourrait avantageusement remplacer Milton Obote, pensent les dirigeants de l'Etat hébreu, à l'unisson de leurs homologues occidentaux. Ils sont décidés à le soutenir au cas où une occasion favorable se présenterait.

En 1969, le président ougandais échappe à une tentative d'assassinat. Idi Amin Dada en était-il le commanditaire ? En tout cas, il se comporte comme s'il était coupable. Dès qu'il apprend que Milton Obote est sain et sauf, il se cache – comme s'il s'attendait à être arrêté. Mais, affirmera-t-il plus tard, c'est qu'il craignait lui-même d'être tué. Une version qui ne convainc guère. Et surtout pas son adjoint, numéro deux de l'armée, Pierino Okoya, qui ose l'accuser d'avoir été l'âme du complot. Mal lui en prend : quelques jours plus tard, en janvier 1970, il est assassiné à son domicile.

Obote n'est pas dupe. S'il n'ose pas s'attaquer frontalement au chef de son armée, il est résolu à réduire ses pouvoirs pour procéder à son arrestation dès qu'il le pourra. De son côté, Idi Amin Dada a compris. Il lui faut agir. Milton Obote échappe à une deuxième tentative d'assassinat, en septembre 1970. Mais alors qu'il peaufine son dossier d'accusation, le président commet une erreur fatale : il se rend à Singapour pour participer à une conférence du Commonwealth. Idi Amin Dada profite de son absence et, début 1971, assuré de l'appui occulte des Etats-Unis et d'Israël, il s'empare du pouvoir.

Tant en Ouganda, où la population supportait de plus en plus mal la dictature d'Obote, qu'en Occident, la nouvelle suscite l'approbation. D'ailleurs, les premières mesures prises par le nouveau dirigeant sont rassurantes : il ordonne la libération des prisonniers politiques et, comme tant de putschistes, promet la tenue prochaine d'élections. « Big Daddy », comme on le surnomme dans la presse anglo-saxonne, bénéficie donc d'un préjugé favorable. Mais le vernis ne tarde pas à s'écailler.

On découvre d'abord un chef d'Etat qui n'est pas moins vaniteux que l'homme qu'il a chassé. Au fil des ans, il s'autopromeut maréchal, président à vie, et commence à se décerner des médailles pour des victoires militaires fictives. Plus inquiétant, il ordonne l'assassinat des officiers et des hommes politiques qui étaient proches de Milton Obote ou qui appartiennent à des ethnies hostiles. Certains sont décapités, d'autres sont massacrés à la dynamite dans leurs cellules.

Pourtant, ces éliminations ne provoquent guère

d'émotion à l'étranger. Hypocritement, les diplomates présents en Ouganda estiment que, bien que regrettables, elles sont inévitables dans le cadre du changement de régime. Même l'assassinat, en juillet 1971, de journalistes américains qui enquêtaient sur des rumeurs de tuerie collective dans une caserne ne suscite pas de protestations très énergiques. Si les puissances occidentales refusent de s'alarmer, c'est aussi parce que Idi Amin Dada, dès son accession au pouvoir, est allé au-devant de leurs désirs. Il a d'abord affirmé sa volonté de rompre avec la politique socialisante de son prédécesseur. Il s'est ensuite rendu très vite en visite officielle en Israël, où il a promis d'ouvrir une ambassade. Puis il a fait le tour des capitales occidentales et a même annoncé sa volonté de dialoguer avec la très raciste Afrique du Sud.

Il faudra attendre le renversement radical de sa politique étrangère pour qu'Idi Amin Dada cesse d'être présenté comme le bon élève de l'Occident et de la démocratie.

En réalité, on va le découvrir, le président ougandais est ami avec qui lui donne des subsides ou lui procure des armes à bon compte. Il en est ainsi d'Israël. Dès que l'Etat hébreu fait mine de resserrer les cordons de sa bourse, Idi Amin Dada s'en va frapper à la porte du colonel Kadhafi. Invité à Tripoli, il y est reçu comme un héros, avec la promesse d'une aide substantielle. Aussitôt, Amin Dada oublie son alliance et chasse tous les Israéliens présents en Ouganda !

Ce brutal changement s'accompagne de déclarations incendiaires contre le sionisme. Idi Amin Dada est maintenant farouchement pro-arabe. Il promet par exemple aux Syriens de les aider à chasser Tsahal du Golan et organise des manœuvres militaires censées annoncer la reconquête du plateau par l'armée ougandaise.

Se joue-t-il de ses nouveaux partenaires ? Ou est-il la première victime de sa paranoïa ? Les Ougandais, eux, n'osent pas rire. Ils éprouvent une terreur quasi magique envers leur président-maréchal, qui se montre volontiers en compagnie de ses chers crocodiles, des animaux trop bien nourris auxquels, prétend-on, il donne ceux qui ont eu le malheur de lui déplaire. Ne dit-on pas, lorsque Kampala est privée d'électricité, que la panne a été provoquée par les cadavres d'opposants qui, jetés dans le Nil, obstruent les turbines hydroélectriques parce que les crocodiles, gavés, n'ont pas daigné y toucher ? La rumeur pourrait être mise en doute... mais la découverte de la dépouille démembrée de l'une des épouses du tyran, coupable de l'avoir trompé, suffit à lui donner quelque réalité.

Dans une société de plus en plus militarisée, soumise à la toute-puissance répressive des organes de sécurité (State Research Bureau et Public Safety Unit), personne n'est à l'abri. Des médecins, des professeurs, des hommes d'Eglise, des hauts fonctionnaires sont éliminés par les escadrons de la mort issus de ces polices. Hors de la capitale, des villages sont rasés et leurs habitants précipités dans le Nil.

La volte-face d'Idi Amin Dada en politique étrangère s'accompagne de la mise en place de ce qu'il appelle lui-même « la guerre économique ». Il commence par expulser la population indienne installée dans le pays lors de la période coloniale, sur laquelle repose 90 % du commerce ougandais. Cette décision, qui, affirme-t-il, lui aurait été inspirée par Dieu, est aussi funeste qu'expéditive. Elle provoque la ruine de l'économie ougandaise. Mais elle enrichit quelques privilégiés, dont Idi Amin Dada lui-même, qui se sont approprié les biens des expulsés. En outre, elle permet au dictateur de conforter son image de dirigeant anti-impérialiste, puisque la plupart de ces Indiens restaient sujets britanniques.

Etrangement, les foucades et les crimes d'Idi Amin Dada[1] ne lui attirent pour l'heure aucune condamnation internationale. Les Occidentaux demeurent passifs tandis que les pays arabes, ravis de le voir adopter une politique pro-islamique de plus en plus affirmée, l'abreuvent de subsides. Quant à l'URSS, elle s'offre à lui apporter une aide militaire directe.

Les autres chefs d'Etat africains ne trouvent pas plus à y redire. Ils acceptent même que se tienne

1. Une ONG, la Commission internationale des juristes, estime, au mitan des années 1970 dans un rapport transmis à l'ONU, que depuis le coup d'Etat de 1971 entre vingt-cinq mille et deux cent cinquante mille personnes ont déjà été assassinées en Ouganda.

à Kampala, en juillet 1975, la conférence annuelle de l'OUA, l'Organisation de l'Unité africaine – deux d'entre eux seulement refusent de venir : le Tanzanien Nyerere, qui traite l'Ougandais de « fasciste noir » et accueille ses opposants, et le Zambien Kaunda, qui doute de sa santé mentale. Fort de cette consécration, Idi Amin Dada accède à la présidence de l'OUA. A l'occasion des réjouissances, il se met en scène dans un rallye automobile, au volant d'une Citroën SM. Et épouse en cinquièmes noces, devant ses pairs, une jeune danseuse dont le mari a mystérieusement disparu.

En 1976, son étoile commence à pâlir. Cette année-là, à la fin du mois de juin, un avion d'Air France reliant Tel-Aviv à Paris est détourné par un commando pro-palestinien. Idi Amin Dada accepte que l'avion se pose sur l'aérodrome d'Entebbe, au bord du lac Victoria, et traite les ravisseurs en héros. Avec son consentement, ceux-ci procèdent à un tri entre les passagers juifs et les autres, ces derniers étant aussitôt libérés. Mais un commando israélien, au terme d'une intervention aérienne et terrestre audacieuse, tue tous les terroristes, libère les otages, et reprend l'air non sans avoir détruit auparavant une partie de l'aviation militaire ougandaise[1]. Pour le dictateur, l'humiliation est considérable. Il se venge en faisant assassiner une passagère juive qui avait été

1. L'un des chefs du commando, Jonathan Netanyahou, frère du Premier ministre actuel d'Israël, est le seul Israélien tué.

conduite à l'hôpital. Mais son prestige international est durablement atteint. Pour une partie de l'opinion publique, c'est désormais un pestiféré qui préside aux destinées de l'Ouganda, un pays affaibli et quasiment ruiné.

Cet échec ne le dissuade nullement de mettre un terme à sa politique répressive. Bien au contraire. Après le raid d'Entebbe, il ordonne l'exécution de deux cents militaires et hauts fonctionnaires jugés incompétents. Il expulse les derniers étrangers qui séjournaient encore dans le pays. Puis, en 1977, il accuse publiquement l'archevêque anglican de comploter contre lui en liaison avec une puissance étrangère : le lendemain, Mgr Luwum est assassiné.

Peu après, la Grande-Bretagne rompt ses relations diplomatiques avec l'Ouganda. Se proclamant « roi d'Ecosse » et exhibant de mirifiques médailles comme la Victoria Cross, Idi Amin Dada affirme alors avoir vaincu l'empire britannique. Mais c'est de l'intérieur du pays que monte le danger. En 1978, des mutineries éclatent dans le Sud-Ouest. Certains militaires passent même chez « l'ennemi » tanzanien. Le régime est visiblement aux abois. Pour donner du grain à moudre à une armée qui grogne de plus en plus, il lance ses soldats contre la Tanzanie, dont il voudrait annexer une province contiguë à l'Ouganda. Mais le président Nyerere contre-attaque vigoureusement. Ses troupes, qui reçoivent le soutien d'Ougandais exilés, se lancent à l'assaut. L'armée ougandaise est balayée, le pays envahi. En avril 1979, Idi

Amin Dada doit fuir. Il trouve d'abord refuge chez son ami Kadhafi, puis en Arabie saoudite, où la monarchie, généreuse, lui permettra de résider douillettement jusqu'à la fin de sa vie en 2003. Il n'aura donc jamais rendu le moindre compte pour les quelque trois cent mille crimes qu'il a perpétrés.

Etait-il fou ? Avait-il contracté une neurosyphilis, comme d'aucuns l'ont avancé ? Le personnage n'en appelait pas moins la caricature. Ce qui fut d'autant plus dommageable que son image de bouffon doublé d'un ogre armé d'une machette permettait l'expression d'un racisme diffus qui touchait tous les dirigeants africains.

Reste que si, à l'Ouest, Idi Amin Dada était considéré comme un monstre, il a aussi incarné, à sa manière, la fierté africaine et la revanche du colonisé sur le colonisateur – par exemple en organisant dans son pays une quête destinée à venir en aide aux Britanniques frappés par la crise, ou bien encore en se promenant dans une chaise à porteurs soutenue par quatre diplomates blancs.

## *Gengis Khan*

### *L'empereur des steppes*

On l'a appelé « le conquérant du monde ». Gengis Khan, c'est-à-dire, littéralement, « souverain universel » ! A son apogée, en 1251, sous le règne de son petit-fils, Toloui, le territoire mongol comptera environ trente millions de kilomètres carrés, formant le plus grand empire d'un seul tenant jamais édifié au monde. Le frère de Toloui, Kubilay, saura quant à lui réunifier la Chine et fondera la dynastie Yuan.

Un triomphe posthume pour « l'empereur des steppes », un chef de guerre qui a porté le fer et le feu dans une grande partie de l'Asie et jusqu'aux confins de l'Europe, semant la terreur sur son passage en massacrant des populations entières. Mais aussi un stratège génial, un grand législateur et, paradoxalement, un innovateur, par exemple en imposant à ses tribus et aux peuples conquis le respect inédit du droit des femmes.

Rien ne destinait ce rejeton d'un chef nomade à devenir le maître d'un aussi vaste empire. Quand Temüdjin – son véritable nom – naît, sans doute en l'an 1155 de notre ère, les Mongols sont des pasteurs à demi barbares qui transhument avec leurs troupeaux sur des territoires déshérités, soumis à un climat tour à tour torride et glacial. Toutefois, ces rustres batailleurs, lointains descendants des Huns, possèdent de sérieux atouts : ce sont des cavaliers incomparables et des archers infaillibles qui, sans descendre de selle, sont capables de tirer dans toutes les directions.

Temüdjin est le fils de Yesügei, un chef de clan de la tribu Bordjigin. Sa mère, Hö'elün, est une Merkit qui a été enlevée par son futur époux. Comme la naissance d'un personnage qui deviendra aussi considérable ne saurait être exempte de merveilleux, la légende veut que, parmi les ancêtres de sa lignée, il y ait eu un loup gris-bleu et une biche fauve. On y trouverait également une femme, Alan Qo'a (Garance la Belle), fécondée par un rayon de soleil[1]. Enfin, un autre mythe veut que l'enfant Temüdjin soit né en tenant dans son poing un caillot de sang, un signe qui, d'après la tradition mongole, indique que le nouveau-né est promis à devenir un grand guerrier. Sans doute est-ce pour cette raison qu'on lui donne le nom de Temüdjin, « forgeron », c'est-à-dire celui qui maîtrise le fer et le feu.

Son clan (les Mongols sont divisés en tribus, elles-mêmes subdivisées en clans) nomadise au

---

1. On trouve cette relation dans l'*Histoire secrète des Mongols*, premier ouvrage littéraire de la culture mongole écrit au XIIIe siècle pour les descendants de Gengis Khan.

nord du désert de Gobi, dans les steppes qui bordent la rivière Onon, un affluent du fleuve sibérien Amour. Dans cette immense région vit alors une mosaïque de peuples turco-mongols querelleurs, Tatars, Ouïgours, Keraït, Naïman ou Toungouses. Certains sont musulmans, bouddhistes, et même chrétiens d'obédience nestorienne. Mais la plupart n'ont pas rompu avec leurs traditions chamaniques et vénèrent toujours Tengri, le Dieu-Ciel.

A l'âge de neuf ans, le garçon est fiancé avec Börte, la fille du chef d'un puissant clan, les Onggirats. Selon la coutume, Temüdjin doit partir vivre dans sa belle-famille pour « acheter » sa future femme par son travail.

Yesügei, son père, meurt peu après, vraisemblablement empoisonné par des Tatars désireux de vider une ancienne querelle. Temüdjin n'est pas encore assez âgé pour prendre la tête des siens. Un clan rival, les Taïdjioutes, en profite pour s'imposer. Hö'elün, la veuve de Yesügei, et ses quatre enfants sont chassés, suivis par le chaman Mönglik.

Temüdjin a rejoint sa mère. Tous vivent de façon précaire dans la steppe, où ils errent pendant plusieurs années. Confronté à un environnement hostile, l'adolescent devient naturellement le protecteur de sa famille, et fait la preuve de sa détermination à survivre. Violent et vindicatif, il subit les remontrances de sa mère pour avoir tué l'un de ses demi-frères, qui lui a ravi un gibier.

Pendant une de ses errances solitaires, le garçon est capturé par une bande de ces Taïdjioutes qui lui ont dérobé l'héritage clanique de son père. Mis à la cangue, il parvient à soudoyer l'un de ses ravisseurs et s'échappe. Un autre épisode de sa jeunesse le montre pourchassant et massacrant des voleurs qui ont enlevé les chevaux de la famille.

Devenu adulte, vers 1181, il retourne chez les Onggirats et fait valoir ses droits sur la jeune fille qui lui a été autrefois promise. La parole donnée est respectée : il peut enfin épouser Börte. Mais les noces sont à peine célébrées que des cavaliers Merkit s'emparent de l'épousée. Ils entendent ainsi venger le lointain enlèvement d'Hö'elün par le père de Temüdjin, Yesügei.

Temüdjin brûle de reconquérir Börte. Cependant, il doit auparavant s'assurer de puissantes alliances. Le clan de sa belle-famille lui est acquis. Il s'allie aussi avec Djamuqa, chef des Djadjirat, qui devient son frère de sang, son *anda*[1], et avec Toghril, chef des Kereyit, qui fut l'*anda* de son père.

Après s'être recueilli sur le Burqan Qaidun, la montagne sacrée des Mongols, là où auraient vécu le loup bleu et la biche fauve, il rassemble

---

1. « Frère juré ». Il s'agit d'un pacte d'amitié noué par un serment et un échange de présents et parfois même de sang. Les *anda* se jurent un soutien qui doit durer toute le vie et se prolonge, au-delà de la mort, chez leurs descendants.

ses alliés et attaque les Merkit. Il remporte sa première victoire, mais son épouse, disparue depuis plus de neuf mois, est grosse. La paternité de Temüdjin sur l'enfant qui naît, Djötchi, est par conséquent douteuse. Cependant, il accepte l'enfant – sans pour autant en faire son héritier, lui préférant les trois autres fils que lui donnera Börte.

Dès lors, Temüdjin s'attache à rassembler les tribus mongoles. Il s'entoure de guerriers fidèles issus des divers clans, tels ceux qu'il appellera ses « quatre chiens féroces », Sübötei, Qubilai, Djelme et Djebe, autant de vaillants généraux. Cette patiente unification, émaillée de coups de main destinés à juguler les oppositions, lui vaut d'être élu « khan » par l'aristocratie des chefs mongols au cours d'une assemblée (qouriltaï), vers 1195. C'est alors qu'il prend le nom de Gengis Khan. Pour asseoir son autorité, il promulgue un code de lois politiques et morales (Yasaq), qui servira de référence à ses successeurs au khanat, et instaure, pour la première fois de leur histoire, une discipline rigoureuse dans les relations entre les différentes tribus. C'est dans ce corpus que l'on trouve, en particulier, des règles favorables au genre féminin, telles l'interdiction de la pratique du rapt et l'égalité entre les enfants issus d'un même homme quel que soit leur sexe.

Toutefois, l'accession de Temüdjin à la plus haute fonction le brouille avec son *anda*. Djamuqa rompt son serment et devient dès lors son meilleur ennemi. Une première bataille les oppose. Impitoyable, elle n'est pas décisive. La chronique du temps prétend que des vaincus, vassaux de Gengis Khan, sont mis à bouillir dans de grandes marmites et mangés par leurs adversaires.

En 1201, Djamuqa, qui est parvenu à se faire nommer Gur Khan (Khan universel) par une nouvelle qouriltaï, affronte à nouveau Gengis Khan. Celui-ci, bien que blessé au cou, l'emporte, tandis que Djamuqa parvient à s'enfuir.

Le temps est venu des grandes conquêtes. Gengis Khan commence par réduire la rébellion des Djürkin, qui ont refusé de participer à ses campagnes – leurs deux chefs sont décapités de la main même de leur vainqueur. Puis, grâce à sa cavalerie d'archers aussi mobile que redoutable, en 1202, il écrase les Tatars, dont les guerriers sont intégrés à l'armée mongole. Ayant remarqué une jolie Tatare, il fait trancher la tête de son mari et l'épouse, ainsi que sa sœur.

Il est en route pour défaire les Naïman lorsque Djamuqa resurgit. Par un surprenant changement d'alliance, l'ex-frère de sang est dorénavant soutenu par Toghril, le chef des Kereyit. Gengis Khan feint de se replier à l'est pour mieux contre-attaquer. Une nouvelle fois, il triomphe. Le vieux Toghril est tué, mais Djamuqa réussit une fois de plus à fuir. Pour célébrer sa victoire, Gengis Khan se choisit une épouse Kereyit, Ibaqa, la propre nièce de Toghril, et en donne une à l'un des fils, Tolui.

Un an plus tard, en 1204, il s'assure définitivement de l'obéissance des Naïman, de leurs vassaux Ouïgours et des Merkit et s'accorde deux nouvelles épouses, dont une reine Merkit – après que sa virginité eut été vérifiée.

Enfin, en 1205, Djamuqa, à bout de résistance, se livre à Gengis Khan. Celui-ci ordonne qu'il soit tué par étouffement afin que le sang de son ancien *anda* ne soit pas versé.

Gengis Khan a alors cinquante ans. Il a réussi l'exploit de rassembler sous son seul commandement l'ensemble des tribus mongoles. Et, grâce à son alliance avec les Ouïgours, il contrôle la route de la soie. Mais c'est encore trop peu pour rassasier son ambition. Gengis Khan ne le dissimule pas, c'est le monde qu'il veut conquérir !

Après avoir reçu l'hommage de ses pairs réunis en qouriltaï sur les bords de l'Onon, il récompense les plus braves de ses fidèles et lance une troupe confiée à son fils Djötchi à la conquête du sud de la Sibérie. Kirghizes ou autres Tümet sont vaincus. Mais déjà Gengis Khan pense à envahir la Chine. Toutefois, avant de conduire son armée en direction de la Grande Muraille, il montre de façon spectaculaire que le pouvoir ne se partage pas : il punit le fils du chaman Mönglik, qui avait autrefois accompagné sa famille dans son errance. Kökötchü, coupable de s'être ingéré dans la conduite des affaires politiques de l'empire, est exécuté.

Gengis Khan s'attaque d'abord au royaume des Tangoutes (ou Xia), un peuple sinisé originaire du Tibet qui s'est rendu maître du nord de la Chine[1]. La campagne est longue. En 1209, le chef mongol est reconnu suzerain du royaume. La guerre se poursuit. Une autre dynastie, celle des Jin, refuse de plier. Les armées mongoles demeurent deux ans devant la Grande Muraille sans pouvoir la franchir. Gengis Khan décide de contourner ces bastions impossibles à prendre par son armée d'archers. Il envoie une partie de ses troupes, sous le commandement de ses fils, à la conquête de la Mandchourie.

Les combats contre les armées Jin sont acharnés. Gengis Khan, qui doit reconnaître la vaillance de ses adversaires, n'en est pas moins décidé à les exterminer. Les campagnes sont saccagées, les villes et villages pillés et dévastés, leurs habitants occis. Neuf ans plus tard, des voyageurs témoigneront que des montagnes d'ossements jonchent encore les routes du pays.

Une trêve intervient en 1214. Le souverain Jin, que l'on appelle « le roi d'or », essaie d'acheter la paix en couvrant Gengis Khan de cadeaux : des soieries, des chevaux, de l'or et un tribut de cinq cents garçons et autant de jeunes filles, dont une nouvelle épouse pour l'ogre mongol. Mais la guerre recommence en 1215. Gengis Khan arrive aux portes de Pékin. Il n'y entre pas, mais laisse ses guerriers incendier la cité et massacrer la population.

Le voilà de retour sur les terres de ses tribus, après avoir laissé un de ses braves administrer

1. L'actuel Xinjiang.

les territoires conquis en Chine. Il songe déjà à de nouvelles aventures. Ce sont maintenant les riches royaumes de l'Ouest qu'il convoite. Il a aussi tiré les leçons de ses échecs devant la Grande Muraille. Ses troupes seront dorénavant accompagnées par un corps d'artilleurs, initiés par les Chinois à l'usage de la poudre à canon.

Avant de partir, abandonnant le gouvernement de son empire à Temüge, son plus jeune frère, il écrit son testament : son successeur sera son fils, Ögödei – et non l'aîné, Djötchi.

En 1218, Il déclare la guerre à Muhammad Chah, souverain du Kharezm, un royaume marchand qui englobe l'Iran, la Transoxiane et l'Afghanistan, au prétexte qu'il aurait fait exécuter des émissaires mongols.

Boukhara est bientôt prise et pillée. Puis c'est le tour de la riche et prestigieuse Samarkand. Les guerriers turcs qui s'offrent à rallier l'armée mongole sont exécutés : pour Gengis Khan, ils ne sont que des déserteurs !

Muhammad Chah a fui. Le Mongol envoie ses « chiens féroces » Sübötei et Djebe à ses trousses. Leur proie est déjà morte quand ils la retrouvent, dans une île de la mer Caspienne, mais les hommes de Gengis Khan poursuivent leur marche vers l'ouest.

Gengis Khan conquiert Balkh, l'ancienne Bactres, et la détruit. Puis le Khorasan tout entier tombe entre ses mains. Il arrive enfin sur les rives de l'Indus, où un autre célèbre conquérant, Alexandre le Grand, s'était autrefois arrêté.

Derrière lui, les cadavres des guerriers défaits sont décapités et leurs têtes érigées en pyramides témoignent de la puissance terrible du souverain mongol. Cependant, le sanguinaire Gengis Khan est aussi un monarque avisé. Au fur et à mesure de son avancée victorieuse en Iran oriental et en Afghanistan, conseillé par des lettrés, il nomme des préfets (darugatchi) afin d'administrer ces nouveaux territoires.

La chevauchée de Söbötei et Djebe est tout aussi triomphale. Ils traversent l'Azerbaïdjan et la Géorgie, franchissent le Caucase et affrontent avec succès les Russes dans les plaines ukrainiennes. Le prince de Kiev, capturé, meurt étouffé dans un tapis. L'asservissement de la Russie commence. Il durera deux siècles et demi.

Gengis Khan prend le chemin du retour, après cinq longues années d'absence. Il est temps. En Chine, les Tangoutes, alliés aux Jin, entendent briser le carcan mongol. En 1226, l'empereur réunit une formidable armée de plusieurs dizaines de milliers de combattants afin de conduire une offensive de grande ampleur contre les rebelles.

Les villes tangoutes tombent les unes après les autres. L'avancée des Mongols est irrésistible. Gengis Khan parvient jusqu'aux rives du fleuve Jaune, derrière lequel les vestiges de l'armée ennemie se sont repliés. Les Mongols le traversent, anéantissent leurs adversaires. Dans quelques autres préfectures, des guerriers tangoutes résistent encore, sous les ordres du général Ma Jianlong. Ce dernier finit par être tué. La campagne des

Mongols se termine en 1227 autour de la capitale. Après un long siège de six mois, le dernier empereur Xia se rend. Il est tué, et avec lui tous les membres de sa famille.

La même année, Gengis Khan fait une mauvaise chute de cheval lors d'une partie de chasse. Souffrant de la chaleur estivale, il se réfugie au nord de la Chine dans la fraîcheur des monts Liupan. Il y meurt peu après. Avant d'expirer, il donne à son fils Tolui des instructions afin d'exterminer les Jin, coupables d'avoir comploté avec les Tangoutes.

Sa dépouille est ramenée en Mongolie. Elle aurait été inhumée au pied d'un arbre, près du mont sacré des siens, Burqan Qaidun, mais sa tombe est demeurée à ce jour introuvable. On dit que les participants aux funérailles auraient été exterminés pour que reste à jamais secret l'emplacement de son tombeau.

## *Les Borgia*

## *Les diaboliques ?*

Aucun patronyme n'évoque à ce point le crime politique et autres turpitudes humaines. Borgia ! Assassinats, incestes, luxure, félonie, rapacité... L'Histoire a généreusement (trop ?) chargé la mémoire de cette lignée d'origine espagnole qui a donné deux papes à l'Eglise catholique. La littérature n'est pas en reste, de Machiavel à Victor Hugo, de Voltaire à Alexandre Dumas, et jusqu'au cinéma hier et à la télévision aujourd'hui, qui ont pris le relais pour livrer une vision feuilletonesque de ces destinées hors norme.

Les historiens modernes, sans aller jusqu'à réhabiliter les Borgia, ont fait la juste part entre calomnies, affabulations et vérités, en tenant aussi compte des usages et de la violence du temps. Il n'en est pas moins vrai que la saga de cette famille est une exceptionnelle suite d'intrigues criminelles.

Le cardinal Alonso de Borgia (Borja en espagnol) est élu au Siège apostolique en 1455. Calixte III, le nom sous lequel il régnera, a alors soixante-dix-sept ans. Dès la première année de son pontificat, il donne un audacieux exemple de népotisme : son neveu Rodrigo est élevé à la dignité d'archevêque de Valence, une fonction assortie de dix-huit mille ducats de revenus, et du titre de vice-chancelier de l'Eglise.

Le jeune homme, vingt-quatre ans seulement, est le fils de sa sœur Isabella. Qu'est-ce qui pouvait bien légitimer ces honneurs, sinon l'affection de son oncle ? Selon certains, il aurait été juriste, d'autres prétendent qu'il avait choisi le métier des armes. Quoi qu'il en soit, la protection de son puissant parent le propulse soudain dans la carrière ecclésiastique. Dès 1456, il reçoit son chapeau de cardinal.

Trois ans seulement après son accession au Saint-Siège, Calixte III, bientôt octogénaire, tombe malade et trépasse. Dans une Rome en proie aux multiples rivalités des féodalités italiennes, le moment est particulièrement dangereux. Les protégés du défunt souverain pontife sont exposés à subir la vengeance de tous ceux qui ont été écartés ou n'ont pas bénéficié de la manne papale[1].

Rodrigo est un homme habile. Il évite les pièges qui pourraient lui être tendus. Mieux, il choisit de jouer un rôle actif lors de l'élection du nouveau pape, Pie II. Celui-ci lui en est reconnaissant. Il

1. Le capitaine de l'Eglise, Don Pedro Luis, bien qu'il ait renoncé de lui-même à sa fonction dès la mort du pape, meurt mystérieusement, sans doute assassiné.

sait qu'il peut s'appuyer sur ce jeune prélat entreprenant qui se distingue au sein du Sacré Collège par sa prestance et sa beauté mais aussi par sa vive intelligence. Au reste, les deux hommes partagent de nombreux goûts, à commencer par celui du sexe féminin, à une époque où le célibat des ecclésiastiques est encore très relatif. Les dignitaires de l'Eglise, pour la plupart, vivent en concubinage. Il en va de même dans l'aristocratie : les bâtards peuplent les palais de la Ville éternelle et dix mille prostituées hantent ses places et venelles, abondant le trésor pontifical en taxes diverses. Rodrigo, s'il n'affiche pas ses bonnes fortunes avec ostentation, ne les dissimule pas pour autant, surtout quand elles se concrétisent par la naissance d'enfants naturels. Quand Pie II décède, Borgia exerce à nouveau son influence pour favoriser l'élection de Paul II. Puis celles de Sixte IV et d'Innocent VIII. Entre-temps, sacrifice indispensable pour cet ambitieux, il se résout à être ordonné prêtre et donc à faire publiquement profession de chasteté. Cela au moment même où, menant un train de vie fastueux, il s'engage dans une longue aventure avec Vannozza Cattanei, une jeune et riche aubergiste, propriétaire à Rome de plusieurs établissements.

De cette liaison naissent cinq enfants naturels, dont César, Juan et Lucrèce, auxquels le père illégitime vouera une constante affection et qu'il comblera de faveurs et de titres. Pour sauvegarder un tant soit peu les apparences, le cardinal donne à sa maîtresse un mari âgé, dont la fonction d'officier de l'Eglise attaché à son service personnel justifie que Vannozza le suive lors de ses déplacements.

Lorsqu'en 1492 Innocent VIII meurt, Rodrigo Borgia est certainement le prélat le plus à même de monter sur le trône pontifical. Non seulement il connaît de façon intime les secrets de ses confrères du Sacré Collège, mais il dispose d'une bourse bien remplie. Contre monnaie sonnante et trébuchante, il peut s'assurer du vote des cardinaux qui ne seraient pas spontanément acquis à sa cause. En quelque sorte, il achète la tiare. Et si l'on en juge par les quatre mules chargées d'argent offertes au seul cardinal Sforza, elle a coûté fort cher. Borgia n'en a cure : bientôt, il pourra puiser à foison dans les caisses de l'Eglise, quitte à imaginer de nouvelles ressources, comme la vente en une seule fois de quinze mille grâces expectatives[1].

Le 11 août, les jeux sont faits : Rodrigo Borgia devient Alexandre VI, deux cent douzième pape de l'Eglise catholique. A peine élu, le nouveau souverain pontife couvre ses obligés, et d'abord les cardinaux qui ont voté pour lui, de cadeaux et d'honneurs. Cependant, il n'oublie pas les pauvres, sur lesquels il répand ses largesses. Cela lui est d'autant plus aisé qu'avec une rare rapidité il s'octroie le bénéfice des offrandes du grand jubilé et s'empare des successions de plusieurs

---

1. Promesses du pape d'accorder des bénéfices ecclésiastiques.

cardinaux en dépit de leurs dispositions testamentaires.

Mais c'est surtout aux siens qu'il entend, dès son élection, distribuer ses faveurs. Très vite, son fils César, dix-sept ans, est nommé archevêque de Valence. N'ayant aucun goût pour les dignités ecclésiastiques, ce jeune homme qui a l'allure et les manières d'un condottiere ne peut pour autant mépriser le revenu de seize mille ducats qui accompagne son élévation. Mais son naturel fougueux le pousse à se nourrir de mets encore plus roboratifs. Dès cette époque, il songe, au nom de son père et dans son intérêt propre, à agrandir les territoires pontificaux pour s'assurer la possession d'un fief. Déjà, à côté des prélats qui constituent sa suite, ce personnage aussi retors qu'avenant s'entoure d'individus inquiétants, tel Miguel Corella, dit Michelotto, qui devient son âme damnée et son homme de main.

Juan, autre fils d'Alexandre VI, reçoit l'apanage familial de Gandie, dont il devient le duc. Quant à Lucrèce, l'enfant chérie du pape, elle doit contracter un prestigieux mariage qui servira au passage à conforter la position politique de son père. Le prétendant choisi est Giovanni, un rejeton de la puissante famille Sforza, qui règne sur le duché de Milan. Dans une Italie morcelée en plusieurs Etats batailleurs dont les alliances sont incertaines, Alexandre VI veut réduire les ambitions des principales lignées et imposer sa propre dynastie. Ses enfants naturels seront aussi des instruments de sa politique.

Lucrèce a treize ans lorsqu'elle épouse Giovanni Sforza. Celui-ci a perdu une première femme, morte en couches. Les noces, en juin 1493, donnent lieu à des réjouissances fastueuses qui sont autant d'écrins destinés à célébrer aux yeux des Romains l'incomparable beauté de l'adolescente.

Pour conforter son pouvoir sur les institutions du Vatican, Borgia, si peu attaché qu'il soit à ses devoirs religieux, crée de nouveaux cardinaux, destinés à isoler ceux qui lui sont hostiles. César est fait à l'occasion cardinal-diacre de Santa Maria Nuova.

Alexandre VI doit aussi manœuvrer avec habileté pour tenir une balance égale entre le royaume de Naples dévolu aux Aragon (mais convoité de longue date par la France) et le duché de Milan. Vient le moment où il doit choisir. Ludovic Sforza, dit le More, étant sur le point de passer un traité avec Ferrare et Venise, il songe à une alliance avec la dynastie espagnole. Pour favoriser cet accord, il charge César d'aller négocier le mariage de l'un de ses jeunes frères, Gioffré, avec Sancia, la petite-fille du redoutable Ferrante d'Aragon, roi de Naples. Ce dernier a-t-il reconnu en cet émissaire un de ses semblables, aussi rusé et cruel que lui sous l'habit d'homme de cour ? En tout cas, les deux hommes font affaire : le mariage est conclu.

L'annonce de cette nouvelle alliance provoque la fureur du roi de France. Charles VIII n'a jamais renoncé à récupérer Naples, qui a longtemps appartenu à la maison d'Anjou-Sicile. Il menace d'envoyer des troupes dans la Botte.

Alexandre VI ne mésestime pas le danger. Mais il goûte sa nouvelle vie de pontife. Protecteur des arts, il ordonne de grandioses transformations architecturales et picturales au Vatican et fait réaménager ses appartements. Il y vit paisiblement avec sa famille, les femmes qui l'aiment et sa nouvelle maîtresse, Julie Farnèse, dont il a éloigné le mari, Orso Orsini. Au cours de l'hiver 1493, celle-ci donne naissance à une fille, Laura. Pour les familiers de la cour vaticane, la paternité du pape ne fait aucun doute. Sa jalousie non plus. Quand Julie reçoit l'ordre d'Orsini de le rejoindre, Alexandre VI brandit la menace d'une excommunication si elle obéit à cette injonction.

A la fin du mois d'août 1494, Charles VIII traverse les Alpes à la tête d'une formidable armée. Son projet est clair : avec l'aide de son allié milanais, il veut reconquérir le royaume de Naples. Mieux, il compte prendre ensuite la mer pour aller châtier les Ottomans qui occupent Constantinople depuis un demi-siècle. Le roi français a un plan. A Rome vit un frère cadet du sultan Bajazet, Djem, livré au pape par le grand-maître de Rhodes. Le sultan, qui n'a guère envie de voir revenir un possible compétiteur, paie annuellement un important tribut au Vatican afin que Djem reste à Rome[1]. Charles VIII a imaginé

1. La révélation de la correspondance du pape avec le chef des Infidèles provoquera un vrai scandale.

d'enlever cet Ottoman et de l'emmener jusqu'à Constantinople, où il serait reconnu comme nouveau sultan.

L'avancée des troupes françaises est irrésistible. Les fiefs pontificaux tombent les uns après les autres, sans même combattre. Charles VIII est aux portes de Rome. Alexandre VI, retranché dans le château Saint-Ange, est résolu à se défendre. Mais quand il découvre que les Romains ouvrent les portes aux Français, il doit capituler. Humilié, il lui faut négocier avec le roi de France. D'autant que le souverain a été rejoint par le puissant cardinal della Rovere (le futur Jules II) qui, évoquant les turpitudes du pape, réclame à cor et à cri la réunion d'un concile qui le déposerait.

Alexandre VI capitule. Il accepte même que son fils tant aimé, César, soit livré comme otage. Charles VIII quitte Rome avec son captif et Djem pour se diriger vers le sud. Mais à peine l'armée royale est-elle sortie de la Ville éternelle que César Borgia échappe à ses gardiens. Avide de revanche, il n'est sans doute pas étranger au massacre d'une soixantaine de Suisses de l'armée française qui se sont arrêtés à Rome avant de regagner leur pays. Et quand Djem mourra subitement pendant le voyage vers Naples, on y verra encore la main criminelle du Borgia. Ainsi naît la rumeur qui attribue au clan familial d'Alexandre VI une particulière dextérité dans l'usage des poisons.

Sans Djem, l'ambition turque de Charles VIII perd de sa force. Le roi, qui s'est installé sans coup férir à Naples et jouit imprudemment de la beauté de ses femmes[1], pense à repartir en laissant sur place une partie de son armée. Mais son retour sera malaisé. A l'instigation du pape, les cartes ont été rebattues. Ludovic le More, qui estime ne pas avoir suffisamment bénéficié de son alliance avec la France, a tourné casaque, et Charles VIII doit affronter une ligue qui regroupe les principaux Etats italiens. L'armée française est accrochée près de Parme. La bataille est indécise. Le roi de France, qui a perdu ses précieux bagages dans l'affaire, se hâte de repasser les Alpes un an après les avoir franchies dans l'autre sens.

Quelques mois plus tôt vaincu et isolé, Alexandre VI est maintenant plus puissant que jamais. Et décidé à se venger de ceux qui lui ont manqué. Il veut punir ces feudataires romains qui se dressent trop souvent contre le Saint-Siège. Tous sont frappés, dépouillés de leurs biens, déchus de leurs droits et privilèges.

Le pape a gagné, mais le héros de la famille est César, auréolé par son audacieuse évasion. Autant admiré que craint, ce nouveau « roi » de Rome impose sa volonté au point d'oser ravir à son jeune frère Gioffré sa jeune et ardente épouse Sancia, dont il fait sa maîtresse dans les appartements même du Vatican. Alexandre VI ne semble pas s'en offusquer. Pourrait-il adresser des reproches à ce fils considéré comme le

---

1. De nombreux membres de l'expédition française vont être contaminés par le « mal napolitain » (que les autochtones vont appeler « mal français »), c'est-à-dire la syphilis.

bras armé de son pouvoir ? A-t-il pris la mesure du dangereux sentiment de toute-puissance qui s'est emparé de son fils ?

Afin de continuer à réduire barons et représentants des grandes familles, on mobilise l'armée pontificale. César ne doute pas que le commandement lui en sera confié. Mais, à son grand désappointement, le pape choisit son frère Juan, duc de Gandie et déjà nommé gonfalonier de l'Eglise. L'avanie est insupportable. D'autant que la campagne conduite par Juan est peu probante, le timoré commandant préférant conclure des accords plutôt que porter le fer contre les adversaires de son père. César se voit infliger un autre camouflet quand Sancia entend lui interdire sa couche. En cherchant une explication, il découvre que l'inconstante accueille Juan dans son lit. Quelques jours plus tard, en juin 1497, le corps du gonfalonier est retrouvé dans le Tibre. Il a été victime d'un guet-apens : ses mains sont liées et neuf coups de dague lui ont été portés.

Alexandre VI ne doute pas un instant du fratricide. Ecrasé de chagrin, il se retire dans ses appartements du Vatican. Quand, après plusieurs jours, il réapparaît publiquement, c'est un homme vieilli qui manifeste une vraie contrition et promet de réformer l'Eglise et les mœurs de ses serviteurs. Mais il feint d'ignorer que César est le commanditaire de l'assassinat de son frère. Tout en oubliant ses projets vertueux, il cesse bientôt de battre froid à son fils aîné. Mieux, il lui transmet les charges qui étaient celles de feu son frère.

Pourtant, en privé, on l'a entendu dire : « Je sais bien qui l'a tué ! »

Est-ce une conséquence de la mort tragique de Juan ? César ne tarde pas à renoncer à la pourpre cardinalice, tout en jurant que son bras restera au service de l'Eglise. En réalité, le Borgia entend signifier qu'il sera plus que jamais l'indispensable et exigeant second de son père. Avec lui, il prépare l'invalidation du mariage de sa sœur Lucrèce. Alexandre VI a en effet décidé de conclure une nouvelle alliance matrimoniale avec Naples. Quelle plus belle preuve d'amitié que d'offrir sa propre fille en mariage au fils du roi, Alphonse d'Aragon ! Mais Lucrèce est mariée. Qu'importe, il faut dénouer les liens de son mariage avec Giovanni Sforza ! Le pape le peut. Il lui suffit de prétendre que l'union n'a jamais été consommée en raison de l'impuissance de son époux.

L'argument est mensonger puisque la première femme de Giovanni est morte en couches. Alexandre VI n'en tient pas compte. Le mariage est invalidé. Le mari bafoué se venge, non sans avoir préalablement pris la précaution de s'éloigner de Rome, en affirmant publiquement que le pape couche avec sa fille !

Tandis que César en personne s'entremet à Naples pour négocier le remariage de sa sœur, celle-ci profite de sa nouvelle et provisoire liberté pour coqueliquer avec un jeune camérier espagnol, Perroto. Las, quand l'aîné des Borgia s'en revient de sa mission, il découvre que Lucrèce est enceinte. Furieux, épée à la main, il poursuit le séducteur sous les yeux même du pape, qui essaie de protéger le malheureux[1]. Perroto est sauvagement blessé. Jeté dans un cachot, il est étrangement retrouvé dans les eaux du Tibre au côté d'un autre cadavre, celui d'une suivante de Lucrèce, complice des amours coupables de sa maîtresse.

La fille du pape accouche secrètement d'un enfant qui n'est pas censé exister. Trois ans plus tard, « l'infant romain » prénommé Jean donnera lieu à la fulmination d'une bulle qui le reconnaîtra comme un enfant de César et d'une femme inconnue. Une deuxième bulle, demeurée secrète, en fera un fils naturel du pape.

Lucrèce, quant à elle, déclarée *virgo intacta*, peut épouser son promis. La mésaventure n'a pas durablement altéré les rapports entre le frère et la sœur, dont l'exceptionnelle entente nourrira d'autres rumeurs d'inceste.

En 1499, Alexandre VI est bientôt sollicité pour prononcer une autre annulation de mariage. Le demandeur n'est autre que l'ennemi d'hier, le roi de France. Le fils du défunt Charles VIII, Louis XII, désire épouser Anne de Bretagne afin d'unir son duché au royaume. Pour ce faire, il doit d'abord répudier Jeanne de France, son épouse depuis plus de vingt ans. Le pape est réticent : l'agrandissement de la France révulse l'Espagnol qu'il est resté. César le convainc de négocier un

1. Selon l'ambassadeur de Venise, Alexandre VI aurait même été aspergé du sang de Perroto.

accord favorable aux intérêts du Saint-Siège. Il part en ambassade pour Chinon, où le roi réside.

Si Louis XII l'accueille en ami, le marchandage est serré. En échange d'une dispense autorisant le divorce contre toute vraisemblance – le roi doit jurer qu'il n'a jamais connu charnellement sa femme –, une alliance militaire est conclue entre les deux partis. César lui-même se voit offrir le duché de Valentinois et proposer une union avec une princesse de France. Il lui est même abandonné la liberté de la choisir. Le nouveau duc élit Charlotte d'Albret, sœur du roi de Navarre. Le mariage est aussitôt célébré et le bruit court que durant la nuit de noces le Borgia aurait rompu huit lances. Mais selon d'autres chroniques, l'apothicaire de César aurait confondu pilules aphrodisiaques et laxatives, ce qui aurait conduit le marié à fréquenter plus assidûment les latrines que le lit de son épouse.

Après avoir longtemps mignardé avec sa jeune épouse en son château d'Issoudun, le Valentinois, comme on le nomme désormais, doit rejoindre l'Italie, où l'appellent le service de son père et celui de Louis XII, qui lui a demandé de préparer sa future campagne italienne.

Lorsque le roi de France entre dans Gênes, César caracole fièrement à ses côtés. Il est encore là lorsque Milan se rend à son tour. Mais le gonfalonier de l'Eglise doit aussi se placer à la tête des troupes pontificales. Alexandre VI, assuré de l'alliance française, a en effet décidé d'étendre son pouvoir sur la Romagne, fief traditionnel du

Vatican qui, pour lui avoir été disputé au cours des siècles, se trouve morcelé en petites seigneuries indépendantes.

Au mois de décembre 1499, le Valentinois marche sur le duché de Ferrare. Louis XII lui a prêté quelques-uns de ses redoutables canons, orgueil de l'armée royale. Il lui a aussi adjoint trois cents lances françaises qui complètent sa troupe de quatre mille fantassins, tant suisses que gascons. César s'empare d'abord d'Imola puis de Forli où, depuis les remparts de la citadelle, l'indomptable Caterina Sforza en armure, l'épée à la main, lui oppose une courageuse résistance. Les murailles sont battues en brèche. Quatre cents assiégés sont exterminés et Caterina elle-même, capturée, est violée par le fils du pape.

César fait étape à Rome avant de reprendre sa sanglante campagne. Son père lui remet la plus haute décoration pontificale, la rose d'or, symbolisant l'Eglise militante et triomphante.

En cette année 1500 déclarée sainte, les pèlerins affluent dans la Ville éternelle et, avec eux, nombre de dons qui emplissent les caisses du Vatican et permettent à César de doter généreusement ses mercenaires.

Sitôt de retour à la tête de ses troupes, le Valentinois vole de victoire en victoire : Rimini, Pesaro, fief de son ex-beau-frère Giovanni Sforza, puis Faenza tombent les unes après les autres. Cette dernière cité est dirigée par les deux jeunes frères Manfredi. Ils sont faits prisonniers, enfermés dans un cachot du château Saint-Ange. Un an plus tard, leurs cadavres seront repêchés dans le Tibre.

Cette même année 1500 est pour Alexandre VI le temps des alarmes : il est victime de syncopes, puis d'un malencontreux accident. Pendant un orage, le plafond de la salle d'audiences s'est effondré, en partie au-dessus du trône pontifical. Le pape, légèrement blessé, est sauf, mais beaucoup voient dans l'incident un sinistre présage. César a eu très peur, conscient de tenir sa bonne fortune que de la seule autorité de son père. Il pense dès lors à protéger ses biens et ses conquêtes au cas où Alexandre VI viendrait à mourir. Assuré de la bienveillance de Louis XII et de la mansuétude de Venise, il craint néanmoins que la menace française sur Naples n'entraîne les Aragon, et donc l'Espagne, à se retourner contre Rome. Or, il existe au sein même du Vatican un champion du camp adverse, Alphonse d'Aragon, duc de Bisceglie, l'époux de Lucrèce. Un rival à éliminer ?

Le 15 juillet, alors qu'il traverse la place Saint-Pierre, escorté par deux écuyers, Alphonse est soudainement attaqué par une bande de spadassins. Il s'écroule. Le croyant mort, les sicaires fuient. Grièvement blessé, le duc est transporté auprès de Lucrèce qui, un mois durant, soigne tendrement ce mari dont elle est amoureuse, et obtient de son père qu'une garde armée d'une quinzaine d'hommes veille à la porte de ses appartements sis dans la tour Borgia.

Comme les Romains, Lucrèce est persuadée

de la culpabilité de son cher frère, d'autant plus qu'elle sait que les deux hommes se sont pris récemment de querelle. Peu à peu, Alphonse revient à la vie. A la mi-août, César lui rend une visite de courtoisie. D'après l'ambassadeur de Venise, il lui murmure à l'oreille : « Ce qui ne s'est pas fait au déjeuner se fera au souper. »

Cette phrase étrange est rapportée au pape, qui refuse d'y voir une menace et feint d'ignorer que son fils a commandité la tentative d'assassinat contre son beau-frère.

Le 18 août, comme, selon les mots de Johann Burchard[1], « don Alphonse refusait de mourir de ses blessures », le Valentinois décide de passer personnellement à l'action. En fin d'après-midi, il écarte la garde et surgit dans la chambre du blessé en compagnie de son homme des basses œuvres, Michelotto. Il chasse tous les présents, y compris sa sœur Lucrèce, et ordonne à son exécuteur d'étrangler Alphonse. Auprès de son père, il se justifiera en prétendant que son beau-frère le voulait occire.

La fille du pape est éplorée. Après les obsèques, protégée par six cents cavaliers, elle quitte Rome pour aller cacher son chagrin dans les montagnes aux alentours de Nepi.

César ne tarde pas à se remettre en campagne. Il prend Capoue. Quatre mille personnes – femmes,

1. Cet Alsacien, maître des cérémonies au Vatican de 1483 à 1506, a laissé une chronique très documentée de son ministère.

hommes, vieillards, enfants – sont massacrées et les plus jolies femmes enlevées. En dépit d'un abcès douloureux, sans doute d'origine syphilitique, le Valentinois savoure son triomphe et arrondit encore sa bourse déjà abondamment garnie. Ivre de puissance, en février 1501, il s'empare de l'appétissante épouse d'un capitaine vénitien, Dorotea Caracciolo, et la tient enfermée une année entière dans la forteresse de Forli afin de jouir plus librement de ses charmes.

Le luxe et la luxure... César est le digne fils de son père. Johann Burchard, déjà cité, fait état d'une scène qui s'est déroulée le 31 octobre 1501. Ce soir-là, le Valentinois a convié à banqueter dans ses appartements du Vatican son père et Lucrèce, revenue de ses montagnes et de son chagrin. Cinquante des courtisanes romaines les plus renommées ont été invitées. Après le souper, elles se dévêtent. L'orgie commence, mêlant maîtres, serviteurs et putains. On procède à des concours de virilité, on récompense les meilleurs étalons. Le pape, en raison de son âge, a sans doute quitté la soirée avant son terme. Mais le lendemain, jour de la Toussaint, il ne célèbre pas la messe solennelle. Officiellement, il a pris froid et gardera plusieurs jours le lit.

Lucrèce est donc à nouveau en mal d'époux. A vingt et un ans, elle est toujours aussi belle. Son père et son frère veulent, en la mariant, conclure une alliance profitable à leurs intérêts. C'est César qui choisit le futur conjoint : le prince héritier du duché de Ferrare, Alphonse. Dans la famille d'Este, où l'on estime que les Borgia ne sont que des parvenus, on fait la fine bouche. Mais il est difficile de résister aux deux cent mille ducats promis par Alexandre VI et à l'élévation du cardinal Hippolyte d'Este à la dignité d'archiprêtre de Saint-Pierre de Rome. Le contrat est signé le 26 août et Lucrèce, parée d'une robe resplendissante, se marie en décembre.

Fait duc de Romagne par son père, César retourne à ses conquêtes. Il convoite la Toscane. Mais il doit faire face à une rébellion dans son fief même de Romagne, où le nom des Borgia est de plus en plus abhorré. La révolte est d'autant plus inquiétante qu'elle a reçu le soutien de plusieurs condottieres secrètement stipendiés par Venise. Le Valentinois réagit avec promptitude, se saisit de plusieurs chefs de la rébellion et les fait instantanément exécuter ou étrangler par le sinistre Michelotto. Il en sera de même avec la puissante famille Orsini, qui sera quasiment exterminée.

Délivré de la menace qui pesait sur ses Etats, César imagine de conclure son œuvre unificatrice en boutant les Espagnols hors d'Italie. Justement, dans le royaume de Naples, les Français en difficulté réclament le soutien de leur allié romain.

Alexandre VI doit remplir ses caisses pour payer les troupes de la future expédition militaire de son fils. Opportunément, le cardinal vénitien Michieli décède après seulement deux jours de maladie[1]. Le pape fait aussitôt saisir sa fortune. Puis il crée en mai 1503 neuf nouveaux cardinaux qui « achètent » leur chapeau au moins cent mille ducats chacun. César est maintenant en mesure de rassembler une troupe. Habillée à ses couleurs, elle défile fièrement sous les fenêtres d'Alexandre VI.

Au début août, le Valentinois est prêt à entrer en campagne. Mais est-il vraiment décidé ? Selon certaines indiscrétions, constatant que les Français perdaient pied dans le Sud, César aurait entamé des tractations secrètes avec le roi de Naples. Révolté par cette perfidie qu'il aurait surprise, le secrétaire particulier du pape, Francesco Troche, s'enfuit avec l'intention d'en informer le roi de France. Mais il est rattrapé. Reconduit à Rome, il est interrogé par César et étranglé peu après.

Faisant fi de ce qui n'est pour lui qu'une rumeur, Alexandre VI annonce avec solennité que l'armée du Valentinois partira pour Naples le 6 août 1503. La veille, le pape et son fils répondent à l'invitation de l'un des nouveaux cardinaux, Adrien Castellesi de Corneto, qui leur offre de souper à la fraîche dans sa vigne. Le lendemain, tous deux sont souffrants. César remet son départ tandis que l'état du souverain pontife s'aggrave. Pris d'une violente fièvre, il vomit de la bile. On le saigne d'abon-

1. En 1504, le secrétaire du cardinal avouera avoir empoisonné son maître sur ordre du pape Alexandre VI. Mais cet aveu a peut-être été extorqué sous la torture.

dance. Rien n'y fait. Le 18, Alexandre VI reçoit l'extrême-onction et trépasse à l'heure des vêpres.

Le pape a vraisemblablement été terrassé par la malaria, qui sévit à Rome à l'état endémique et a déjà frappé plusieurs de ses proches. Mais, le nom de Borgia oblige, on évoquera un empoisonnement. Une hypothèse douteuse mais alimentée par la dégradation rapide de la dépouille du défunt. Quoi qu'il en soit, dès que César, toujours alité, apprend la mort de son père, il charge le terrible Michelotto d'obliger le camerlingue, y compris par la force, à lui remettre les clés du trésor pontifical. Pense-t-il encore « faire » l'élection d'un nouveau pape qui lui soit favorable en achetant le vote des cardinaux ? En tout cas, il échoue, car après avoir élu un pape qui ne régnera que vingt-sept jours (Pie III) le Sacré Collège porte sur le trône pontifical l'ennemi le plus résolu des Borgia, Julien della Rovere.

A peine élu, Jules II exige du Valentinois qu'il livre ses forteresses. Comme César refuse, il est arrêté, emprisonné. Mais il parvient à s'évader et gagne Naples. Reconnu, il est à nouveau appréhendé et envoyé sous bonne garde en Espagne. Il y connaît deux prisons successives. Ce diable d'homme réussit encore à s'échapper en 1506, au péril de sa vie : son évasion ayant été signalée, ses geôliers coupent la corde le long de laquelle il descend. Sérieusement blessé, César est récupéré par des complices. Quelques jours plus tard, il franchit les Pyrénées et demande asile à son beau-frère, le roi de Navarre.

César a trente ans. Il a tout perdu. En dernier ressort, il offre de mettre son épée au service de son hôte. Il périt cinq mois après lors du siège de Viana, au cours d'un engagement à vingt contre un : sa magnifique armure a attiré la convoitise du parti adverse.

Loin de ce tumulte, Lucrèce vit paisiblement à Ferrare auprès de son époux, à qui elle donne de nombreux enfants. Confite en dévotion mais digne fille de Borgia, elle lui sert aussi de conseiller politique. Elle apprend en 1518 la disparition de sa mère, Vannozza, morte pieusement et honorée par le pape Léon X, qui lui a réservé des obsèques destinées ordinairement aux cardinaux. Mais Lucrèce ne peut se rendre à Rome. A nouveau grosse, elle est souffrante. Au début de l'été suivant, elle donne naissance à une petite fille malingre, qui ne survit pas. Lucrèce elle-même meurt dix jours plus tard des suites de l'accouchement, victime d'une fière puerpérale. Les témoins de son agonie s'accorderont à dire qu'elle n'avait rien perdu de sa beauté.

## *Kony*

## *Le prophète de la guerre magique*

Il l'a appelée l'Armée de résistance du Seigneur (Lord Resistance Army, en anglais)... Une troupe de gueux dont les soldats, pour la plupart des enfants terrorisés et fanatisés, ont fait des dizaines de milliers de morts en Afrique de l'Est et sévissent toujours. Lui se nomme Joseph Kony, un illuminé, un inquisiteur qui, au nom de son ou de ses dieux, torture, viole et massacre depuis plus de vingt ans. Après avoir semé la terreur au nord de l'Ouganda, le chef de la LRA, actuellement recherché par la Cour pénale internationale pour crimes contre l'humanité, évolue aux confins du Sud-Soudan, du Congo et de la Centrafrique, en jouant des alliances locales pour se procurer armes et vivres.

L'origine de la sanglante épopée de la LRA est à chercher dans l'Ouganda de la fin des années 1970. Le pays, à peine sorti de la période cauchemardesque du règne d'Idi Amin Dada[1], sombre

1. Voir le chapitre « Idi Amin Dada – Le chancre de l'Afrique ».

dans une terrible guerre civile et ethnique. Au milieu de ce chaos, un homme du Sud s'impose : Yoweri Museveni. Un dirigeant qui, à peine sorti des maquis où il combattait, instaure un régime fort et pourtant incapable d'éradiquer les mouvements de guérillas. Dans le nord du pays, la rébellion est incarnée par une femme, Alice Auma, qui se fait appeler Lakwena, c'est-à-dire, dans la langue des ethnies du Nord, « le messager », ou encore « l'esprit saint ». En 1986, cette prophétesse chrétienne imprégnée de croyances animistes crée une organisation, le Mouvement de l'Esprit saint, qui entreprend une croisade armée contre le Mal, représenté par le nouveau pouvoir installé à Kampala.

Chef de troupe mystique, Lakwena persuade ses adeptes qu'elle possède les moyens de les rendre invincibles à l'aide d'une huile qui repousse les balles de l'ennemi, tandis qu'elle-même sait guider les siennes.

Elle rassemble dans sa guerre sainte des milliers de va-nu-pieds qui parfois ne possèdent même pas une arme à feu. Peu lui importe ! Quand, Bible à la main, on chante des cantiques, on ne risque rien. La foi est plus forte que le feu !

Qui sont-ils, les combattants de cette cause sacrée ? Le recrutement est hétéroclite : on trouve même dans cette troupe d'anciens militaires rescapés des conflits passés. Certains, sous les régimes d'Obote et d'Amin Dada, se sont rendus coupables de crimes de guerre. Déconsidérés et parfois rejetés par leur propre tribu, ils trouvent dans leur engagement au côté de Lakwena la promesse d'être lavés de leurs péchés.

Contre toute attente, ces combattants en guenilles, portés (possédés ?) par les interminables prêches de la charismatique Alice Lakwena, commencent par remporter des victoires et s'assurent le contrôle de deux districts du Nord. Forte de ces premiers succès, Alice, qui ne doute pas de sa victoire finale, poursuit sa croisade. En octobre 1987, elle lance ses troupes sur la route de Kampala. La désillusion est à la hauteur de l'espoir qu'elle a suscité. A cinquante kilomètres de la capitale ougandaise, l'armée de Museveni taille en pièces la misérable troupe de la prophétesse.

Cette femme singulière se réfugie au Kenya[1]. Mais déjà un autre messie se dresse…

En se faisant passer pour le neveu d'Alice, Joseph Kony espère que rejaillira sur lui son incontestable prestige. D'origine nordiste, il fait lui aussi profession de mysticisme et affirme être un *ajwaka*, un guérisseur. Mais dans une région où pullulent les pasteurs pentecôtistes, ça n'impressionne guère, et les habitants de son village finissent par le rejeter. Pour survivre, il multiplie les petits méfaits puis, à bout de ressources, s'engage dans les rangs d'une rébellion armée créée par un ancien ministre d'Idi Amin Dada, un certain Juma Oris. Beau parleur, Kony s'accorde le titre de mobilisateur spirituel puis, comme une rumeur (fausse) évoque la mort de

1. Elle y est morte en 2007.

Juma Oris, il affirme être habité par l'esprit du chef défunt. Grâce à ce coup de génie, il réussit à regrouper autour de lui un bon millier d'hommes. C'est l'ébauche de ce qui deviendra, après avoir porté beaucoup d'autres noms, l'Armée de résistance du Seigneur, la LRA.

Kony reprend une partie de la thématique de Lakwena, par exemple le combat pour les dix commandements, mais, si les motivations de cette dernière étaient surtout religieuses, celles de Kony sont politiques : il veut créer un Etat chrétien dans le nord de l'Ouganda. Il y renonce cependant assez rapidement pour se livrer plus prosaïquement au pillage, avant de s'abandonner peu à peu à une folie meurtrière et sectaire.

Au fil des années 1990, Kony devient un gourou tout-puissant qui inspire à ses disciples un sentiment d'admiration et de peur mêlées. Cultivant le mystère, il galvanise ses combattants en les persuadant de la réalité de ses pouvoirs mystiques. Econome de ses apparitions, il les théâtralise selon un rituel rigoureux. Les fidèles réunis frappent dans leurs mains pour l'appeler. On finit par entendre sa voix. Puis il surgit physiquement. Revêtu d'une grande robe blanche, il porte un rosaire autour du cou. Ses cheveux sont tressés et garnis de perles. Une transe semble le posséder. Il parle par glossolalie[1], débite des prophéties qui lui sont inspirées, dit-il, par des esprits étrangers,

1. Capacité surnaturelle de parler spontanément en langue étrangère.

autant de propos aussi mystérieux qu'échevelés que ses secrétaires s'empressent de noter afin de n'en rien perdre.

Chaque combat est précédé de rites de purification. Les guerriers de l'Armée de résistance du Seigneur sont pourvus d'amulettes et oints au beurre de karité, censé éloigner les balles. Des assistants les aspergent d'eau bénite et leur confient des pierres qui, prétendent-ils, sont capables d'exploser comme des grenades.

Au fur et à mesure des engagements contre l'armée ougandaise, les rangs de la LRA s'éclaircissent. Kony est obligé de recruter s'il veut continuer à résister. Mais le vivier de soldats professionnels est à sec. Lui vient alors l'idée criminelle d'enrôler de force des enfants-soldats.

La méthode de recrutement est simple. Les combattants de Kony investissent un village et enlèvent tous les enfants capables de porter une arme (selon lui, à partir de huit ans). Malheur aux parents qui s'y opposent : ils sont battus, voire tués.

Toutes et tous sont conduits jusqu'au camp des rebelles, où ils subissent une mise en condition psychologique, c'est-à-dire l'enseignement du fatras mystico-guerrier élaboré par Kony. Puis, pour s'attacher définitivement ces malheureux enfants, on les oblige à commettre un meurtre. La victime de ce rituel de passage peut être un compagnon ou, pire encore, un parent. Ainsi, l'enfant meurtrier ne pourra plus regagner sa famille ou sa tribu. Il est prêt à devenir une machine à tuer.

Quant aux filles, elles sont utilisées comme servantes ou, pour les plus grandes, comme esclaves sexuelles. Certaines deviennent les épouses des chefs de cette monstrueuse rébellion.

En même temps, Kony introduit des règles de vie toujours plus absurdes, toujours plus monstrueuses. Posséder un cochon ou, pire, marcher sur des déjections de cochon, peut valoir au coupable une amputation. La pratique du vélo est interdite dans les zones où la LRA sévit, car suspecte d'être un moyen d'information rapide de l'armée régulière. Les cyclistes qui tombent dans les mains de la LRA sont amputés d'un pied. Pareillement, lors de leurs raids dans les villages, les habitants soupçonnés d'être, à tort ou à raison, de connivence avec l'armée gouvernementale ont le nez, les oreilles et les lèvres tranchés !

Toutes ces opérations sont minutieusement programmées par Kony en personne, qui a mis au point une méthode d'organisation et de combat qui va lui permettre de résister durablement aux opérations de ratissage de l'armée. L'Armée de résistance du Seigneur est divisée en quatre brigades : chacune comprend des centaines de soldats et est elle-même subdivisée en unités puis en cellules dites « familiales ». A la tête de ces groupuscules se trouve un chef, entouré de son ou de ses épouses, qui commande deux dizaines de combattants dont une majorité d'enfants-soldats. Ce fractionnement leur permet de se déplacer discrètement, d'attaquer par surprise puis de disparaître aussitôt dans la forêt ou la brousse.

Insaisissables, ils sont aussi très mobiles : en une seule journée de marche forcée, ils peuvent parcourir quarante kilomètres, malgré les difficultés du terrain. Autant de raisons qui expliquent la relative impuissance de l'armée.

Les principales victimes des atrocités sont les villageois du pays Acholi, la terre d'origine de Joseph Kony. Car, au moins au début, le prophète de la guerre magique ne s'aventure guère en dehors de sa région natale et recrute ses enfants-soldats (on estime qu'il en a enlevé une vingtaine de milliers) chez les siens. C'est aussi en pressurant les villageois qu'il peut faire vivre son armée – des villageois par ailleurs victimes de l'armée gouvernementale, qui traque les rebelles et considère tous les Acholis comme des partisans de Kony. Leur situation devient si intenable que beaucoup d'entre eux, terrorisés, choisissent de passer la nuit dans des camps surveillés par l'armée, quitte à revenir chaque matin dans leur village pour s'occuper de leurs bêtes ou de leurs champs. Le phénomène devient tellement commun qu'on parle de « migrants nocturnes » ! En outre, le nombre des réfugiés ne cesse d'augmenter : des régions entières se dépeuplent. Selon les organisations internationales, on compte plus d'un million et demi de réfugiés dans des camps gardés par des détachements de l'armée. Autant d'hommes et de femmes qui ne subsistent le plus souvent que grâce au Programme alimentaire mondial.

Si Kony peut aussi durablement résister à la

puissante armée ougandaise, c'est parce qu'il bénéficie de l'aide matérielle du président soudanais el-Béchir. Ce dirigeant musulman, qui doit affronter au sud de son pays une rébellion chrétienne, a en effet passé un pacte avec Kony, le pseudo-chrétien : il recevra des soutiens en vivres et en armes s'il consent à couper les voies d'approvisionnement de la rébellion qui passent par le nord de l'Ouganda. Grâce au Soudan, la LRA s'est ainsi constitué une base arrière de part et d'autre de la frontière entre les deux pays.

La guerre n'en finit pas, toujours aussi sanguinaire. Le président Museveni ne voit pas d'autre choix que militaire pour venir à bout de la LRA. Même si, parfois, Kony, lorsqu'il est affaibli, laisse entendre qu'il pourrait entamer des négociations de paix avec le pouvoir. Pour lui, il s'agit simplement de gagner du temps, de se renforcer et de trouver des vivres pour ses combattants. Comme le dit assez plaisamment le chef d'Etat ougandais : « Quand l'herbe est sèche, l'Armée du Seigneur est disposée à négocier ; dès que l'herbe repousse, c'est fini. »

En 1996, Museveni entreprend une offensive d'envergure. Pour vaincre ou au moins faire reculer Kony, il décide d'employer l'une des méthodes préconisées par les spécialistes de la guerre contre-révolutionnaire. Comme les Américains au Vietnam, il crée des hameaux stratégiques, c'est-à-dire des camps où l'on regroupe de force les villageois, afin de couper l'ennemi de la population. Mais la brutalité exercée par l'armée ne fait que rabibocher les paysans Acholis avec Kony.

Ce dernier, qui aurait pu profiter de ce regain de popularité, multiplie au contraire les exactions et les enlèvements d'enfants. Conséquence : la popularité de la LRA baisse à nouveau. C'est d'autant plus préoccupant pour Kony qu'en 2000 le Soudan et l'Ouganda entament des manœuvres de rapprochement.

Kony et ses hommes se lancent alors à corps perdu dans la fuite en avant. Dans une région déjà ravagée par une épidémie de fièvre Ebola, les enfants-soldats se livrent à de véritables massacres des populations nordistes accusées de collaboration avec l'ennemi.

Devant ce déchaînement de violence, Kampala et Khartoum conviennent de l'instauration d'une « ligne rouge » qui permettrait à l'Ouganda d'intervenir militairement jusqu'à cent kilomètres à l'intérieur du territoire soudanais. L'objectif est de chasser les troupes de Kony, qui se sont repliées au sud du Soudan.

En février-mars 2002, l'armée ougandaise lance l'opération « Poing d'acier » et entre en territoire soudanais. Mais Kony, qui a sans doute des intelligences à Kampala, a été prévenu. Il a le temps de déplacer ses troupes encore plus au nord. Les soldats ougandais ne trouvent devant eux que des structures vides de combattants. Dès que les militaires abandonnent le terrain, Kony revient en Ouganda, où les massacres de populations civiles recommencent immédiatement.

On assiste bientôt à un nouveau retournement de situation. Khartoum se réconcilie avec le chef de la LRA car les chrétiens du Sud soudanais lancent à leur tour une grande offensive et réussissent une percée importante : el-Béchir a besoin de Kony pour les arrêter. Ce rapprochement conjoncturel permet à la LRA de récupérer des armes sans cesser de semer la terreur dans le nord de l'Ouganda. Elle pénètre même dans des districts où elle n'a encore jamais sévi, avec le même cortège d'atrocités. A tel point qu'un responsable de l'ONU évoque un des pires désastres humanitaires au monde.

Au fil des années, l'armée ougandaise marque pourtant des points. Plusieurs chefs de la LRA sont abattus et, en juillet 2004, Kony lui-même échappe de peu à la capture. Les effectifs de son armée ont alors considérablement fondu. Il ne dispose plus que de deux mille combattants. En déshérence, certains d'entre eux passent au Congo voisin, où ils vont ajouter au chaos qui prévaut dans l'est de ce vaste pays, en dépit de la présence des Casques bleus – que la LRA, d'ailleurs, n'hésite pas à attaquer.

En 2005, un événement change la donne : la Cour pénale internationale délivre un mandat d'arrêt contre Kony et quatre de ses lieutenants. Mis au ban des nations, le chef de la LRA est plus que jamais décidé à poursuivre sa déambulation sanglante. La décision de la cour de La Haye met un terme à toute tentative de négociation avec Kampala.

Traqué, malade (sida ou diabète ?), Kony se joue des frontières, entre le nord de l'Ouganda, le Congo, le Sud-Soudan et maintenant la République centrafricaine, où certains de ses soldats ont pénétré – et où il se trouve peut-être lui-même à l'heure où est publié ce livre. La maigre troupe qui demeure autour de lui survit en se livrant au trafic de l'ivoire. La LRA n'est plus qu'une armée en lambeaux, mais elle n'a rien perdu de son pouvoir de nuisance dans les territoires oubliés qu'elle continue de terroriser.

## *Mladić*

### *Le boucher des Balkans*

Il peut passer du rire à la colère la plus noire en un instant : Ratko Mladić, un officier râblé au visage carré et au cheveu court. La démarche est déterminée, l'œil clair est glacial. L'homme n'a pas besoin d'élever la voix pour se faire obéir, ses hommes l'adulent. Tel est ce rugueux général serbe dont le nom reste associé pour toujours au plus grand massacre commis sur le continent européen depuis la Seconde Guerre mondiale, la tragédie de Srebrenica.

Serbe, il est né en 1942 dans une Bosnie-Herzégovine déchirée par la guerre. Le territoire est alors rattaché à la Croatie, un éphémère Etat indépendant créé par l'Allemagne nazie. Les partisans du futur maréchal Tito y affrontent les armes à la main les « oustachis » croates qui ont rallié Hitler.

Au cours du printemps 1945, son père, Nedjo, qui a rejoint les partisans, périt au combat. Une mort héroïque qui ne manquera pas de marquer le jeune Ratko et de conforter son patriotisme serbe. Pour autant, le garçon ne se sent pas d'emblée porté vers la carrière des armes. Il envisage plutôt de devenir enseignant. Mais, finalement, il s'engage dans l'Armée populaire yougoslave.

En 1961, il est admis à l'Académie militaire puis à l'Académie des officiers dont il sort, quatre ans plus tard, avec la mention « remarquable ». La même année, il adhère à la Ligue des communistes yougoslaves.

L'ascension de ce brillant officier est assurée. Il est colonel à l'orée de l'implosion de la Yougoslavie.

Jusqu'alors, sous la férule de Tito, les républiques fédérées ont vécu en paix, ne serait-ce que parce qu'elles partageaient la même idéologie socialiste. Mais cette coexistence pacifique dissimulait d'importantes disparités économiques, et les aspirations nationalistes étaient seulement mises en sommeil, toutes prêtes à se réveiller tant les divisions de la Seconde Guerre mondiale sont mal cicatrisées. C'est le cas en Bosnie-Herzégovine. Si une grande partie de la population est considérée comme « musulmane » (héritage de l'occupation ottomane), il y existe aussi une forte minorité serbe, et des Croates en plus petit nombre[1]. Il en va de même,

---

1. Il faut faire ici justice d'une idée fausse : mis à part le Kosovo, peuplé en majorité d'Albanais, toutes les autres républiques yougoslaves sont habitées par des Slaves qui parlent une seule et même langue, le serbo-croate. Croates,

dans des proportions moindres, pour les autres républiques de la Fédération.

La mort de Tito puis la grave crise économique que connaît la Yougoslavie au cours de la décennie 1980 remettent en cause ce *statu quo*. Le détonateur se situe au Kosovo, région autonome adossée à la Serbie. Ses habitants, en majorité d'origine albanaise, réclament le statut de république à l'intérieur de la Fédération yougoslave. Une revendication refusée par Slobodan Milosević, l'homme fort de Belgrade, qui est aussi le président de la Ligue des communistes, le parti au pouvoir. Pour asseoir son pouvoir et masquer ses difficultés, il en appelle cyniquement au nationalisme serbe et aux nostalgiques d'une Grande Serbie qui regrouperait tous les territoires où vivent des Serbes.

Au prétexte que les Serbes du Kosovo seraient opprimés par les Kosovars d'origine albanaise, Milosević supprime l'autonomie de la région et réprime brutalement les manifestations des Kosovars. Il est dès lors clair que Belgrade veut renforcer la centralisation dans toute la Fédération au profit des seuls Serbes. Résultat, dans les

---

Bosniaques, Serbes ou Slovènes appartiennent donc à la même ethnie. Les différences tiennent à l'Histoire et à la religion. Les Serbes, par exemple, sont généralement orthodoxes, les Croates catholiques et les Bosniaques musulmans, convertis lors de l'occupation turque. Il est donc absurde de parler de guerre ethnique et de purification ethnique.

républiques, on s'interroge sur l'avenir du système fédéral. La déflagration est presque inévitable : la Slovénie et la Croatie sont les deux premières républiques à rompre avec la Fédération yougoslave. La guerre commence.

L'armée fédérale, qui est devenue une armée essentiellement serbe, intervient d'abord en Slovénie. Mais elle est défaite. Ensuite, elle attaque la Croatie puis la Bosnie-Herzégovine, qui réclame à son tour l'indépendance. Partout, les combats sont d'une extrême violence et les exactions, de part et d'autre, d'une rare férocité.

Ratko Mladić, bientôt nommé général, occupe la fonction de chef d'état-major-adjoint de la deuxième division de l'armée fédérale qui commence à assiéger Sarajevo, la capitale bosniaque. Quelques jours plus tard, en mai 1992, les Serbes de Bosnie se prononcent pour la création d'une armée de la République serbe de Bosnie. Mladić prend le commandement de cette unité. Fictivement autonome, elle restera en réalité sous les ordres de Belgrade, tout comme cette nouvelle République sera étroitement inféodée à Milosević.

Tandis que Sarajevo subit un siège qui durera trois ans, l'armée serbe, dotée du formidable arsenal de l'armée fédérale, attaque un peu partout sur le territoire bosniaque. Elle est rejointe par des irréguliers, des bandes de miliciens qui oscillent entre nationalisme et gangstérisme.

Trois mois après le début des hostilités, les Serbes contrôlent déjà plus des deux tiers de la

Bosnie. Les combats font des centaines et des centaines de morts. La communauté européenne essaie en vain d'intervenir. Au début de 1992, l'ONU finit par envoyer une force d'interposition, la Forpronu, qui comptera jusqu'à quatorze mille Casques bleus.

Les conquêtes serbes, qu'elles soient le fait de l'armée fédérale ou de celle de Mladić, qui a été promu général de corps d'armée, sont accompagnées d'une politique de terreur qui est tout sauf spontanée. Ainsi, des listes de non-Serbes vivant dans les territoires convoités ont été dressées avant même l'ouverture des hostilités. Suit un nettoyage improprement qualifié d'ethnique, qui s'effectue avec méthode. Dans les villes ou villages conquis, l'armée laisse entrer les milices qui sèment la terreur. Puis les militaires procèdent à un tri parmi la population. Femmes, enfants et vieillards sont déportés jusqu'à la ligne du front tandis que les élites intellectuelles et les leaders politiques sont immédiatement liquidés ou incarcérés, parfois avant d'être exécutés lors de leur détention.

Il est créé des camps d'internement, où les prisonniers sont affamés et maltraités. Les photographies provoqueront une onde de choc dans l'opinion. Elles sont autant d'images qu'on n'avait pas revues depuis la Seconde Guerre mondiale.

Srebrenica est une petite ville de huit mille habitants, située en Bosnie orientale, près de la rivière Drina, frontière naturelle entre la Bosnie et la Serbie. Tant à Pale, la capitale de la République serbe de Bosnie, qu'à Belgrade, on considère que la région appartient *de facto* à l'entité serbe, bien qu'elle soit majoritairement peuplée de Bosniaques musulmans. Il apparaît très vite à Mladić qu'il lui faut s'emparer de cette enclave sise en territoire bosno-serbe. Selon une méthode maintenant éprouvée, encouragés par l'armée, les miliciens sont lâchés dans les rues de la ville et pourchassent les habitants non serbes. Beaucoup sont tués, leurs maisons incendiées ou dynamitées. Quand la sinistre besogne est achevée, il ne reste sur place qu'un peu plus de trois cent cinquante habitants.

Cependant, un mois plus tard, les Bosniaques prennent leur revanche et chassent à leur tour les Serbes. Conséquence qui se révélera plus tard dramatique, la population musulmane de la région, terrorisée, vient trouver refuge dans la ville reconquise. Srebrenica compte bientôt quarante mille habitants.

L'armée de Mladić encercle à nouveau la ville et ses environs immédiats. Assez vite, la situation des habitants devient intenable : les convois humanitaires sont bloqués par les militaires serbes[1]. La Forpronu, longtemps passive, se décide enfin à rompre cet encerclement, tandis que le Conseil

1. Les Bosniaques, quand ils pourront se venger, se conduiront eux aussi avec sauvagerie, mais la responsabilité première revient bien aux Serbes et donc à Ratko Mladić et Slobodan Milosević.

de sécurité de l'ONU crée un tribunal pénal international pour les exactions commises sur le territoire de l'ex-Yougoslavie.

Après avoir subi quelques revers, au début 1993, les Serbes du général Mladić accentuent leur pression sur Srebrenica, où se trouvent maintenant près de soixante mille réfugiés. Le général français Morillon, commandant de la Forpronu en Bosnie-Herzégovine, conscient du danger qui menace l'enclave, se rend dans la ville. Juché sur un blindé, il prononce un discours qui déchaîne l'enthousiasme des Bosniaques musulmans – placés sous la protection de l'ONU, dit-il, ils ne seront jamais abandonnés. Mais il annonce aussi que, comme Srebrenica sera une zone démilitarisée et sécurisée, les combattants devront rendre leurs armes. Ceux-ci acceptent, persuadés que les Casques bleus sauront les protéger.

Morillon a-t-il péché par naïveté ? Ignore-t-il que si les troupes de Mladić s'emparent à nouveau de la ville les massacres seront inévitables ?

Un mois après ce spectaculaire discours, l'ONU conforte la position du général Morillon en décrétant officiellement que Srebrenica est une zone de sécurité. Les Bosniaques musulmans, comme ils s'y sont engagés, déposent les armes et un contingent de Casques bleus canadiens entre dans la ville. Mais la résolution de l'ONU ne prévoit aucun moyen de coercition contre les troupes de Mladić, au cas où celui-ci ne respecterait pas la zone de sécurité.

A Srebrenica, après les Canadiens, ce sont trois cinquante Casques bleus hollandais qui assurent le respect du cessez-le-feu. Un effectif dérisoire face aux bataillons de Mladić. Pourtant, dans deux autres zones de sécurité, Goradze et Bihac, soumises à l'assaut des troupes serbes, l'ONU apporte la preuve que ces enclaves peuvent être efficacement défendues : des bombardements aériens effectués par l'aviation de l'OTAN suffisent à arrêter l'avancée des Serbes.

L'inflexible Mladić n'a aucune intention de desserrer la pression qu'il exerce sur les zones de sécurité. Et en particulier sur Srebrenica. Tout comme il continue à bombarder Sarajevo et ne manque jamais une occasion d'humilier les Casques bleus, en bloquant par exemple le passage de leurs convois.

En 1995, la situation devient encore plus préoccupante. Le commandant du contingent hollandais de Srebrenica, le colonel Karremans, envoie à plusieurs reprises des rapports très alarmistes au nouveau commandant en chef français de la Forpronu, le général Janvier[1]. Apparemment en vain. Est-ce parce que ce dernier pense que ces zones de sécurité sont indéfendables et qu'à terme les Casques bleus risquent de devenir les otages des Serbes ? On peut le supposer, d'autant que le mandat de l'ONU n'a pas prévu explicitement l'emploi de la force en cas d'attaque serbe. Or, au

1. Comptes rendus des auditions de la mission d'information commune, Assemblée nationale, 19 avril 2001.

même moment, les hommes de Mladić, à l'occasion d'un vrai hold-up, récupèrent leurs armes lourdes placées sous le contrôle des Casques bleus. L'OTAN riposte en détruisant un dépôt de munitions des Bosno-Serbes, près de leur capitale, Pale. Ceux-ci se vengent en effectuant un bombardement meurtrier des zones de sécurité puis en s'emparant de plusieurs centaines de Casques bleus, parmi lesquels beaucoup de Français.

Une humiliation, pour la Forpronu, et surtout pour Paris, où Jacques Chirac, fou de rage (il vient de succéder à François Mitterrand) ordonne aux militaires français, Casques bleus ou pas, de riposter par la force à toute provocation des Serbes. Sur le terrain, les militaires français reprennent par la force un pont de Sarajevo d'où les Serbes avaient chassé les soldats de l'ONU !

La priorité, pour le commandant de la Forpronu, est d'abord de récupérer ses hommes qui sont aux mains des Serbes et dont ceux-ci voudraient faire des boucliers humains en cas d'attaques aériennes.

Pour atteindre cet objectif, le général Janvier aurait pris langue avec Mladić et un représentant de Milosević. La rencontre aurait eu lieu début juin 1995, dans un hôtel situé à la frontière serbe. Y a-t-il eu négociation ? On ne le sait pas, et le général Janvier niera à plusieurs reprises avoir conclu un quelconque accord avec Mladić[1]. Tou-

1. Comptes rendus des auditions de la mission d'information commune, Assemblée nationale, 25 janvier 2001.

jours est-il que les Casques bleus sont libérés dans la quinzaine qui suit cette entrevue.

Les faits ne sont pas clairs. D'un côté, le général Karremans déplorera l'absence d'appui aérien ; de l'autre, le général Janvier arguera que les troupes néerlandaises auraient pu combattre[1]. Toujours est-il que, lorsque Mladić attaque Srebrenica, la défense est largement défaillante.

Dès la mi-juin 1995, des avions-espions américains repèrent des regroupements de chars et de troupes à proximité de l'enclave de Srebrenica alors même que trois mille nouveaux réfugiés y sont arrivés.

Le 6 juillet à l'aube, les bombardements serbes commencent. Suit l'attaque au sol. Le commandant hollandais des Casques bleus, le colonel Karremans, demande à l'état-major de la Forpronu un appui aérien. En vain. Les troupes de Mladić s'emparent d'une importante position au sud de la zone de sécurité. Karremans demande à nouveau l'intervention de l'aviation de l'OTAN. Second refus. Les Casques bleus ne sont certes pas de taille à répondre à l'offensive d'une force de plusieurs milliers d'hommes bien armés et disposant de blindés. Mais comment expliquer la passivité de l'état-major onusien ? Peut-être, grave erreur de jugement, a-t-on estimé que Mladić, même s'il parvenait à prendre Srebrenica, serait bien embarrassé devant une telle masse de réfugiés.

---

1. Auditions de la mission d'information commune, Assemblée nationale, avril-novembre 2001.

La progression serbe est très rapide. D'autant qu'elle bénéficie d'un soutien important de l'armée fédérale yougoslave.

Quatre jours après le début de l'attaque, la ville de Srebrenica est prise. Karremans, qui n'a à aucun moment tenté de résister, a encore à plusieurs reprises demandé une intervention aérienne, essuyant à chaque fois un refus, au prétexte que les Casques bleus auraient été mis en danger par des bombardements.

Les massacres vont pouvoir commencer en toute impunité. En effet, Mladić n'est nullement embarrassé par la présence des réfugiés : il a décidé de résoudre la question à sa façon, en en tuant le plus grand nombre possible.

Dans l'affolement qui suit l'entrée des troupes serbes à l'intérieur de la zone de sécurité, quelques milliers de Bosniaques musulmans préfèrent la fuite à travers les bois. Pour la plupart, ils y seront massacrés. Les autres, trente mille personnes, se réfugient près du casernement du bataillon hollandais, dans une usine désaffectée située à quelques kilomètres au nord de Srebrenica. Aucune menace sérieuse ne semble encore peser sur ces Bosniaques. Mladić se veut même rassurant. On le voit trinquer, sourire aux lèvres, avec le colonel Karremans.

Mais, quand arrive le soir, le climat change d'un coup. Les soldats serbes commencent à trier la population. D'un côté les hommes entre quatorze et soixante-dix ans, de l'autre les femmes, les enfants et les vieillards.

Dès ce premier soir, on assiste à des exécutions, à des scènes de torture, sans que les Casques bleus présents s'interposent. Une colonne de prisonniers part en pleine nuit vers un hameau censé être un point de regroupement. Lorsqu'elle s'est un peu éloignée de la ville, les tueurs de Mladić passent à l'action et entreprennent de les abattre méthodiquement.

Le lendemain, les femmes, les enfants et les vieillards, filmés par la télévision serbe, sont invités à monter dans des bus et des camions. Mladić lui-même offre des friandises. Mais, dès que photographes et cameramen sont partis, les exactions commencent : tous sont dépouillés de leurs biens et des femmes sont violées. Parfois, les Casques bleus hollandais sont témoins de ces horreurs. Non seulement ils n'interviennent pas, mais certains d'entre eux participeront à la traque des hommes qui se cachent encore dans le casernement onusien. Pour leur défense, ils diront plus tard qu'ils étaient persuadés que les Serbes respecteraient les lois de la guerre ! Faussement naïf, le colonel Karremans affirmera quant à lui devant le Tribunal pénal international : « Il ne m'est pas venu à l'esprit de demander à Mladić ce qu'il était advenu des réfugiés. »

L'horreur est omniprésente : « Des milliers d'hommes ont été exécutés et inhumés dans des fosses communes, des centaines enterrés vivants, des hommes et des femmes mutilés et abattus, des enfants tués sous les yeux de leurs mères, un grand-père obligé de manger le foie de son petit-fils. Des images véritablement surgies de l'enfer, écrites sur les pages les plus noires de l'histoire de l'humanité[1]. » On estime qu'en cinq jours près de dix mille personnes ont été exterminées. Il faut ajouter à ce terrible bilan toutes celles et ceux qui ne seront jamais retrouvés.

La nouvelle du massacre se répand hors de Srebrenica. Des survivants qui ont réussi à fuir parlent. Les observations aériennes permettent de repérer fosses communes et charniers. Alors même que des familles serbes prennent possession des maisons des disparus, la monstruosité de l'événement devient une évidence.

La communauté internationale est d'abord incrédule. Mais il lui faut bien admettre la vérité. Un des premiers à réagir est le délégué de l'ONU pour les droits de l'homme en Yougoslavie, le Polonais Tadeusz Mazowiecki. Il démissionne : il ne veut plus participer à un processus fictif de défense des droits de l'homme et demande qu'une enquête soit ouverte sur l'attitude du bataillon hollandais.

Aux Etats-Unis, la réaction est également très vive. Le Sénat vote la levée immédiate de l'embargo des armes à destination de la Bosnie-Herzégovine. Enfin, Paris, décidé à taper du poing sur la table, envoie une délégation de trois officiers supérieurs de l'OTAN auprès du général

1. Extrait du réquisitoire du procureur du Tribunal pénal international.

Mladić. Le ton est ferme. Il n'est plus question de trinquer avec le bourreau de Srebrenica ! C'est un ultimatum, pas moins, que les trois officiers délivrent. Si une autre zone de sécurité est attaquée, la riposte militaire sera immédiate. Mladić fanfaronne, menace même. Mais il finit par comprendre que le rapport de forces est en train de changer. Une Force de réaction rapide, créée à l'initiative de la France, entre en jeu et desserre l'étau dans lequel vivait Sarajevo depuis presque trois ans.

Incontestablement, la tragédie de Srebrenica a agi comme un catalyseur. Britanniques, Français et Américains veulent en finir avec une guerre aussi coûteuse en vies qu'en argent. Ils imposent aux Serbes de s'asseoir à une table de négociation[1]. Ces derniers y sont d'autant plus enclins qu'ils doivent faire face à une offensive croate et bosniaque dans la région de la Krajina, dont les combattants ne sont pas moins cruels que les bouchers de Srebrenica. Des Serbes fuient par milliers vers la mère patrie. Milosević lui-même doit demander aux Américains de peser de tout leur poids pour mettre fin à l'assaut des Croates et des Bosniaques.

En cette même année 1995, Ratko Mladić et son compère, Radovan Karadzić, président de la République serbe de Bosnie, sont inculpés par le Tribunal pénal international. Les chefs d'accu-

1. Les accords de Dayton, signés en novembre 1995, mettront fin à la guerre en Bosnie.

sation sont graves : crime contre l'humanité et crimes de guerre. Tous deux disparaissent instantanément. Ils ont fui en Serbie, où ils bénéficient de la protection occulte du président Milosević. Mladić, en particulier, vit sous un faux nom dans un quartier résidentiel de Belgrade. En octobre 2000, Milosević est renversé et bientôt transféré à La Haye, pour y répondre de ses crimes. Mais il meurt en 2006 dans sa prison hollandaise.

Le nouveau pouvoir serbe en place à Belgrade ne semble guère plus pressé de livrer les deux criminels de guerre bosno-serbes à la justice internationale. Ainsi, Mladić, en principe toujours clandestin, continuera à toucher sa retraite de général jusqu'en 2005 !

Pourtant, la traque menée par les anciens alliés de la guerre de Bosnie est intense. Les Etats-Unis promettent une récompense de cinq millions de dollars pour quiconque livrera des informations sur le boucher de Srebrenica. Puis, alors que les adjoints de Mladić sont arrêtés les uns après les autres, Belgrade porte la récompense à dix millions d'euros.

Le général demeure insaisissable. Il est évident qu'il est protégé par les nationalistes serbes, qui n'ont jamais cessé de le considérer comme un héros de leur cause et propagent des rumeurs selon lesquelles le général aurait été victime d'une attaque cérébrale.

En 2008, Radovan Karadzić est le premier à tomber. Depuis qu'il avait quitté Pale, la capitale des Serbes de Bosnie, il vivait paisiblement sous un faux nom, à Belgrade : cet ancien psychiatre, devenu chevelu et barbu, donnait des consultations de médecine naturelle.

Trois ans plus tard, en mars 2011, la femme de Mladić déclare que son époux est probablement mort. Une manœuvre de désinformation.

En mai de la même année, grâce à un renseignement anonyme, la police serbe arrête Mladić, qui lui aussi vivait sous un faux nom. Aussitôt, dix mille nationalistes descendent dans la rue pour protester. Toutefois, sous la pression des puissances occidentales, le gouvernement de Belgrade ne peut reculer : le 21 mai, le général est transféré à La Haye, où, traduit devant le Tribunal pénal international, il doit répondre du « génocide de Srebrenica[1] ». D'emblée, il refuse de reconnaître la légitimité de cette juridiction qu'il qualifie de « satanique » et ose même narguer les survivants. Son procès est toujours en cours alors que son compère Karadzić a été condamné à quarante ans de prison.

Le général Mladić est incontestablement le grand responsable du massacre de Srebrenica. Mais de nombreux autres acteurs de ce drame ont failli : le commandement de la Forpronu, qui a préféré protéger les Casques bleus plutôt que de venir en aide aux réfugiés de Srebrenica, les diplomates, qui avaient d'emblée estimé que Srebrenica, enclave bosniaque en territoire serbe,

1. Une qualification contestée par plusieurs historiens.

ne méritait pas d'être soutenue, et, enfin, paradoxalement, les dirigeants bosniaques musulmans eux-mêmes qui, ayant compris que les nationalistes serbes ne renonceraient jamais à leurs ambitions territoriales, avaient cyniquement abandonné les habitants de Srebrenica en préférant regrouper leurs forces à Sarajevo.

## *Torquemada*

### *Le fanatisme incarné*

C'est un vieillard grand et ascétique. Sur sa tunique d'un blanc immaculé, il a passé un long manteau noir dont la capuche lui dissimule en partie le visage. Debout, il se tient immobile dans un coin d'ombre de la salle de torture. Il observe, impassible. Les cris de la jeune femme mise à la question ne lui arrachent aucune réaction. Même la vue de ce corps nu qui se tord de douleur sur le chevalet où on l'a lié le laisse indifférent. Et si, parfois, une grimace grisaille ses traits alors que son appui passe de la jambe gauche à la droite, c'est que la goutte qui l'afflige en permanence lui mord l'extrémité des orteils.

Tel est « le Frère noir », ainsi qu'on appelle ce moine dominicain, Grand Inquisiteur de Leurs Majestés catholiques, Isabelle de Castille et Ferdinand d'Aragon : Tomás de Torquemada, l'homme le plus craint des Espagnols !

Il est né en 1420 à Valladolid. Son oncle, Juan de Torquemada, un théologien de renom, a coiffé le chapeau de cardinal en 1439. Selon la rumeur, les ancêtres des Torquemada auraient été des « nouveaux chrétiens », c'est-à-dire des Juifs autrefois convertis au catholicisme. Très tôt, le jeune Tomás choisit l'état ecclésiastique, sans doute sous l'influence de son oncle. Il étudie à l'abbaye dominicaine San Pablo, dans sa ville natale.

Tandis que le cardinal Torquemada ne cesse de gravir les marches de la hiérarchie de l'Eglise, accumulant honneurs et évêchés, devenant même le conseiller de plusieurs papes, Tomás s'abîme dans la lecture des théologiens et des docteurs en religion. Déjà, à rebours de son oncle qui prêche un catholicisme humaniste et tolérant, le jeune moine pratique une religion intégriste et donne l'édifiant exemple d'une foi aussi ombrageuse que farouche. Obsédé par sa recherche de la pureté, il inflige à son corps les pires tourments, car il plaît à Dieu de contempler son absolue soumission. Il se mortifie, porte cilice, mange frugalement et dort sur une planche de bois.

Tomás de Torquemada n'a que trente-deux ans lorsqu'il est nommé prieur de son couvent. Bien vite, sa réputation dépasse les limites de Valladolid. On vante l'austérité de ses mœurs, la constance de sa dévotion et sa vaste érudition dogmatique. Une renommée flatteuse qui lui vaut d'être appelé à la cour de Castille, où il devient le confesseur de l'Infante, la toute jeune Isabelle. Il exerce dès lors une influence déterminante sur sa pénitente, à laquelle il inculque une idée forte : l'unité religieuse du royaume doit être la principale préoccupation de la future souveraine, et sera garante de son pouvoir. Il lui faudra donc tout mettre en œuvre pour extirper les poisons de l'hérésie tant juive que musulmane.

En 1469, Isabelle épouse Ferdinand d'Aragon. Puis, cinq ans plus tard, elle est couronnée reine de Castille, précédant son époux qui, lui, ne montera sur le trône d'Aragon qu'en 1479. Si Isabelle et Ferdinand gardent la pleine autonomie de leurs royaumes respectifs, leur mariage préfigure la future unité espagnole, qui adviendra au XVIe siècle, sous Charles Quint.

L'union matrimoniale, ciment de cette étrange double monarchie, est vivifiée par les convictions communes des deux partenaires, inspirées par Torquemada, qui devient également le confesseur de Ferdinand. Ensemble, les deux souverains, que l'on nommera bientôt « les rois catholiques », vont conduire une politique religieuse absolutiste et coercitive.

Pour atteindre leur objectif, Isabelle et Ferdinand obtiennent du pape Sixte IV la fulmination d'une bulle leur accordant la subordination des tribunaux de l'Inquisition[1], dont les jugements, sévères et sans appel, permettront la confiscation des biens des condamnés au profit des trésors de Leurs Majestés.

---

1. Le Saint Office de l'Inquisition a été créé en 1209 lors de la croisade contre les cathares (voir le chapitre « Montfort – Le bourreau des Parfaits »). Jusqu'alors, en Espagne, les tribunaux de l'Inquisition avaient été relativement cléments.

Comme dans toute l'Europe, l'antisémitisme a flambé en Espagne au siècle précédent. Les Juifs étaient pêle-mêle accusés de propager la peste, de se servir d'hosties consacrées pour se livrer à des manœuvres diaboliques, de sacrifier des petits enfants chrétiens le Vendredi saint ou encore d'empoisonner les puits. Se sont ensuivis procès et massacres. Seuls ont été épargnés les Juifs qui se convertissaient et demandaient le baptême. Mais ces marranes ou conversos, comme on les appela, étaient soupçonnés de continuer en cachette à pratiquer les rites hébraïques, ce qui pouvait servir de prétexte à de brutales éruptions de fièvre antisémite.

Ainsi à Tolède, au mitan du XV^e^ siècle, une révolte dresse la population contre les collecteurs d'impôts. Or ceux-ci sont souvent des conversos. Ne sont-ils pas les artisans d'une conjuration qui viserait à dépouiller les vrais chrétiens en faveur de ces mal convertis ?

Les armes sortent. Le sang coule. La violence gagne d'autres bourgades espagnoles. L'alcade de Tolède, pour calmer les esprits, promulgue un édit qui, au nom de la pureté du sang, interdit aux nouveaux chrétiens un certain nombre de métiers et de charges. Désormais, les conversos doivent faire la preuve de trois générations de bons catholiques dans leur ascendance pour être admis à exercer des offices publics.

Cette décision provoque un vif débat à l'intérieur même de l'Eglise. Le cardinal Juan de Torquemada se trouve parmi les prélats qui plaident pour l'annulation de l'édit de Tolède. Le pape Nicolas V émet d'abord une bulle qui leur donne raison et condamne un texte privilégiant la pureté du sang. Mais le souverain pontife est âgé, faible et malade. Soumis à de puissantes pressions tant politiques que religieuses, il tourne casaque et révoque sa propre bulle.

Tomás de Torquemada, s'il n'a pas osé s'élever contre la position de son oncle, a sans nul doute approuvé l'édit ségrégatif de Tolède, lui qui, sa vie durant, se donnera pour tâche de démasquer les faux convertis. Il faut toutefois observer qu'en dépit de ces événements les Juifs espagnols, astreints en principe depuis le XIII^e siècle à arborer la rouelle[1], occupent parfois de hautes fonctions en raison des talents qu'on leur prête en matière de finances et de banque. Ainsi, don Abraham Senior, grand rabbin de Castille, est ministre des Finances quand Isabelle monte sur le trône tandis qu'un autre Juif, Isaac Abravanel, trésorier de la cour, est chargé de collecter les impôts.

Sitôt rendue publique la bulle du pape accordant à la reine de Castille et au roi d'Aragon le pouvoir de l'Inquisition, Tomás de Torquemada, qui a par ailleurs décliné tous les postes honorifiques proposés, se sent autorisé à revendiquer la fonction d'Inquisiteur général d'Espagne. Il a déjà l'intention de se consacrer corps et âme à la chasse aux pécheurs et aux infidèles. Pour lui,

1. Disque d'étoffe jaune ou rouge censé symboliser les trente deniers de Judas.

c'est une mission sacrée qu'il va conduire avec zèle et passion, chevauchant par tous les temps avec son escorte de Frères noirs et les deux cents fantassins chargés de veiller sur sa sécurité. Il sème la mort et la détresse dans le camp des apostats. Tout juste cet homme infatigable, tout entier attaché au service de la sainte Eglise, prend-il le temps, entre deux voyages, de se reposer au monastère Santo Tomás d'Avila, où il s'est établi.

Homme d'ordre, il a pris soin de rédiger un manuel de l'inquisiteur en vingt-huit articles, qu'il ne cessera d'affiner au fil des ans en tenant compte de sa science des interrogatoires et de sa connaissance intime des perfidies que les faux chrétiens opposent aux questions des clercs du Saint Office.

Armés de ce code, à la fois représentants de l'Eglise et de la double couronne, Torquemada et les inquisiteurs nommés un peu partout en Espagne se sentent investis d'une puissance sans pareille. Aucune âme ne peut échapper à leur terrible perspicacité. Les filles, à partir de douze ans, les garçons à partir de quatorze, peuvent être convoqués devant leurs tribunaux et répondre de leurs péchés contre la Foi. Sont ciblés en priorité les hérétiques, les relaps[1] et les conversos. S'y ajoutent les imprudents qui, ayant osé critiquer l'Inquisition, deviennent instantanément suspects, ou encore les malheureuses victimes de dénonciations anonymes.

---

1. Convertis qui ont renié leur foi.

Pour tous, à moins qu'ils ne décident d'offrir des aveux spontanés à leurs juges, le recours à la question est obligé. Cependant, comme il est interdit à l'Eglise de répandre le sang, les supplices doivent être adaptés : il est par exemple loisible d'user de la torture par absorption massive d'eau ou par broyage des membres, mais les bourreaux ne peuvent se servir, au moins en présence de religieux, ni des fers ni du feu. La même hypocrisie règne lorsqu'il s'agit d'exécuter les peines capitales auxquelles sont condamnés les hérétiques les plus endurcis. L'Eglise ne pouvant donner elle-même la mort, elle s'en remet au bras séculier, la justice civile, pour édifier et allumer les bûchers qui, selon les mots mêmes de Torquemada, permettront aux âmes des réprouvés de se purifier dans les flammes.

En dépit de la peur qu'inspiraient les tribunaux de l'Inquisition, certains Espagnols de la meilleure société tentèrent de résister au fanatisme. Mal leur en prit. Au début des années 1480, un aristocrate de Séville, don Diego de Susán, est dénoncé par l'un de ses proches : il comploterait contre l'Inquisition. Il est aussitôt arrêté, avec une poignée de ses amis. Les présumés conjurés, après avoir subi la question, sont contraints de défiler en procession dans les rues de la ville, corde au cou, pieds nus, affublés d'un vilain habit jaune, cierge éteint à la main, au milieu d'un cortège de moines au visage dissimulé par des capuches noires et pointues, chantant à tue-tête des psaumes.

Arrivés devant la cathédrale, ils entendent la messe avant d'être livrés au bras séculier. Tous périssent sur le bûcher, brûlés vifs. A la suite de cette tragédie, sur ordre royal, les notables andalous doivent remettre à l'Inquisition les conversos et les relaps qu'ils protègent ou cachent. Un refus vaut excommunication.

Quelques années plus tard, en 1485, nouvel acte de résistance : un des plus ardents disciples de Torquemada, Pedro de Arbués, est attaqué dans la cathédrale de Saragosse alors qu'il est en train de prier. Pourchassant conversos et marranes depuis plusieurs mois, l'inquisiteur, qui se savait menacé, avait pris la précaution de revêtir une cotte de mailles sous sa chasuble. Mais ses assaillants lui infligent une grave blessure au cou. Après deux jours d'agonie, il trépasse. La réaction de Torquemada est fulgurante : pour lui, il ne fait nul doute que les puissantes familles de conversos du royaume d'Aragon ont commandité l'attentat. Il va en profiter pour les exterminer au terme de procès expéditifs. L'un des principaux accusés, Juan de Esperanden, a les mains tranchées avant d'être décapité en compagnie d'un de ses amis. Mais la répression n'en est encore qu'à ses débuts : soixante autres accusés sont écartelés ou brûlés après avoir subi les supplices les plus cruels. Un suspect parvient toutefois à échapper aux sbires de l'Inquisition. Sa jeune épouse, Conception, est arrêtée. Déshabillée, soumise à la question une nuit entière, elle meurt au petit matin. Son corps est jeté sur un bûcher.

Bien sûr, les Juifs ne sont pas oubliés... L'assassinat de Pedro de Arbués[1] a permis à Torquemada de renforcer encore un peu plus son pouvoir. Désormais, les flammes des autodafés empuantissent le ciel espagnol. On y brûle les impies mais aussi leurs livres sacrés, qu'ils soient mahométans ou hébreux, corans et talmuds confondus. Pour la seule ville de Séville, trois cents habitants sont immolés. Ces excès sont tels qu'ils effraient Rome. Sixte IV écrit à « ses chers rois catholiques » pour leur demander de gracier les suspects qui feraient le serment de vivre en bons chrétiens. Mais ni Isabelle ni Ferdinand n'entendent se plier à la volonté du souverain pontife. Bien au contraire, ils s'en remettent à Torquemada pour poursuivre l'œuvre de purification. La seule discorde entre les deux souverains et le Grand Inquisiteur naît de la destination des biens saisis chez les condamnés. Doivent-ils abonder les caisses de l'Inquisition ou enrichir le trésor royal, qui devra bientôt financer l'expédition qu'un certain Christophe Colomb envisage de conduire jusqu'aux lointaines Indes orientales[2] ?

Pour alimenter ses bûchers, Torquemada use

---

1. Torquemada sollicitera de Rome sa béatification... qui sera accordée quatre siècles plus tard.

2. Il faudra l'intervention d'Alexandre VI (le pape Borgia) pour que l'Inquisition accepte de se déposséder de son butin.

de tous les expédients, quitte à tordre la vérité. En 1490, une rumeur abondamment propagée dans la province de Tolède assure qu'un enfant a été rituellement sacrifié par des Juifs et des conversos dans la localité de La Guardia. Le Saint Enfant (Santo Niño de La Guardia) exige d'être vengé. L'Inquisition se saisit aussitôt de quelques prétendus coupables, leur extorque des aveux imaginaires, les juge prestement et, malgré l'absence de preuves, les condamne au bûcher. S'il semble que cette légende de crime rituel soit arrivée à point nommé pour justifier le décret d'expulsion des Juifs, qui sera promulgué seulement quelques mois plus tard par les rois catholiques, notons que le culte du Santo Niño de La Guardia est encore célébré au XXI^e^ siècle.

Dans le même temps, les deux monarques, fortement encouragés par Tomás de Torquemada qui rêve d'une guerre sainte, entreprennent de parachever la Reconquista, la reconquête des derniers territoires espagnols encore possédés par des souverains musulmans, dans la région de Grenade. Ils mobilisent une armée de cinquante mille hommes. La « croisade » peut commencer. Grenade est encerclée. Après six mois de siège, le roi Boabdil reconnaît sa défaite. Il capitule en janvier 1492, mettant un terme à huit siècles de présence arabe en Espagne.

Peu après, Isabelle et Ferdinand effectuent leur entrée solennelle dans la cité rouge. Torquemada chevauche à leurs côtés tandis qu'à Rome Alexandre VI se réjouit.

Pour le Grand Inquisiteur, son œuvre n'est pas achevée pour autant ; l'unité religieuse et la purification ultime des deux royaumes ne seront consacrées qu'avec la disparition de la communauté juive. Encore une fois, il est écouté. Deux mois après la prise de Grenade, le couple royal, qui a investi les splendeurs architecturales du palais de l'Alhambra, signe, le 31 mars, un décret rédigé sous la dictée de Torquemada : « Le grand dommage occasionné aux chrétiens persiste et continue du fait des conversations et communications qu'ils tiennent avec les Juifs. De tels Juifs tentant par tous les moyens de renverser notre foi catholique et de détourner les fidèles chrétiens de leur croyance. Par conséquent, il a été conclu et résolu que soit ordonné à tous les Juifs et Juives de quitter nos royaumes et qu'ils ne soient jamais autorisés à y revenir. »

Isaac Abravanel, qui en dépit de sa foi israélite a conservé sa charge de trésorier d'une double monarchie toujours en manque de pécunes, ose plaider la cause de ses coreligionnaires au cours d'une audience royale. Contre l'abrogation du décret d'expulsion, il propose le paiement d'une somme énorme, trois cent mille ducats. Les deux souverains sont tentés car, conséquence de la guerre contre Grenade, leurs caisses sont vides. Mais soudain, frémissant de rage, Torquemada surgit. Il est effrayant. Il porte un grand crucifix à la main qu'il brandit comme une arme. Il le jette aux pieds d'Isabelle et Ferdinand en lançant d'une voix blanche : « Judas Iscariote a vendu son maître pour trente deniers ! Et Vos Majestés sont prêtes à le vendre à nouveau pour trois cent mille ducats ! » Puis le grand vieillard noir tourne les talons et quitte la salle dans un silence que nul n'ose rompre.

La colère de « Dieu » a produit son effet. Les deux monarques ont refusé le marchandage. Ils n'ont accordé au grand rabbin que deux jours de répit avant l'application du décret. Au-delà, tout Juif qui n'aura pas préparé son départ sera mis à mort. Quant aux chrétiens qui se risqueraient à protéger, aider ou héberger les proscrits, ils seraient aussitôt traduits devant les tribunaux de l'Inquisition.

Sur les quais des ports, des milliers de Juifs se pressent dans la plus grande confusion. Ils ne peuvent embarquer que s'ils ont abandonné or et bijoux aux officiers royaux[1]. Il leur a simplement été concédé d'emporter quelques vêtements. Ceux qui, rares, choisissent de demeurer en Espagne sont traqués. Reconnus, ils finiront sur le bûcher. Seuls quelques-uns seront sauvés par le baptême que Torquemada, dans sa grande miséricorde, daignera leur accorder.

Pendant trois ans encore, le Grand Inquisiteur

---

1. Ces nouvelles ressources permettront de mener à bien le financement du voyage de Christophe Colomb, dont les trois caravelles prendront la mer au début du mois d'août 1492.

poursuit son impitoyable entreprise de purification. En 1494, le pape lui adresse un bref[1] très diplomatique. Alexandre VI, essayant de contenir les excès de l'Inquisition, noie son destinataire sous un flot de félicitations pour avoir exalté la foi en Espagne, avant de lui conseiller, en raison de sa santé fragile, de prendre au plus tôt sa retraite et d'attendre dans son monastère que Dieu le rappelle auprès de lui.

Torquemada n'entend pas renoncer. Malgré la vieillesse, malgré la maladie, il continue à tonner contre les conversos, les relaps et autres hérétiques, prêchant des heures durant devant des fidèles enfiévrés par son verbe flamboyant. Enfin, en 1495, il consent à rejoindre le couvent Santo Tomás d'Avila. Toutefois, avant de prendre cette retraite que le souverain pontife lui conseillait si vivement, il prend soin de s'assurer que son successeur, Diego de Deza, poursuivra son œuvre avec le zèle farouche qui fut le sien.

Trois ans plus tard, la grande ombre noire s'efface pour toujours. Cependant, comme Torquemada l'avait souhaité, les tribunaux du Saint-Office demeurent. L'Inquisition ne sera supprimée en Espagne qu'en 1834 ! La terreur que l'homme inspirait lui survivra aussi longtemps : c'est si vrai qu'en 1836 des libéraux détruisirent son tombeau, ouvrirent son catafalque et dispersèrent ses ossements. Comme pour anéantir à jamais le détestable souvenir de sa présence terrestre.

---

1. Lettre pastorale du pape à caractère privé.

Combien d'Espagnols ont péri sur ces bûchers de l'intolérance ? Depuis le XVI^e siècle, les historiens en disputent, le chiffre des victimes oscillant de deux mille à dix mille.

Quant à l'Eglise catholique, elle attendra l'aube du troisième millénaire pour se repentir officiellement des excès de l'Inquisition.

## *Heydrich*

## *Un nazi trop parfait*

On se moquait souvent de lui pour sa voix haut perchée – du moins avant qu'il ne devienne un individu redoutable entre tous. Un comble pour ce fils de chanteur d'opéra qui interprétait Wagner à gorge déployée ! Reinhard Heydrich était incontestablement complexé par cette voix de fausset qui filait encore plus haut dans les aigus lorsqu'il était en colère. D'autant qu'elle sortait bizarrement d'un corps d'athlète, dont il était très fier.

Etait-ce la seule part de féminité d'un homme qui rendait un véritable culte aux vertus viriles et maniait le sabre avec virtuosité ? A bien y regarder, il y avait aussi, dans ce visage aux traits réguliers, au long nez un peu busqué et aux yeux rapprochés, des lèvres pleines et gourmandes, insolites dans ce masque de guerrier. Encore faut-il évoquer des mains délicates aux doigts si longs qu'il craint toujours de blesser. Des mains de violoniste, car ce démon est aussi un instrumentiste de talent.

Pétri de contradictions, Heydrich ? Tout comme son appariement avec l'homme dont il est devenu l'âme damnée, Heinrich Himmler[1], le tueur de Juifs. Difficile d'être plus physiquement différent que ces deux complices ! L'un est petit, chétif, poupin et myope ; l'autre grand, blond, aryen jusqu'au bout des ongles.

Heydrich est né en 1904 à Halle, une ville de Saxe, dans une famille de musiciens. Le père, Richard, est un compositeur et un chanteur connu, qui prendra la direction du conservatoire. La mère, Elizabeth, est professeur de piano. L'enfant est prénommé Reinhard, d'après le héros d'un opéra de son père, et Tristan, en référence à l'œuvre de Wagner. Baigné dans cette atmosphère musicale, il apprend le violon mais excelle aussi dans les cours d'escrime.

Son éducation est stricte, sinon rigoriste : chez les Heydrich, des bourgeois conservateurs, on voue une fidélité absolue au Kaiser et on vit douloureusement la capitulation de l'Allemagne en 1918. L'adolescent, à l'instar de ses parents, est convaincu que la défaite impériale est due à la trahison des communistes et des Juifs.

A Halle, comme dans la plupart des villes allemandes, l'après-guerre est agitée. Dès le début de 1919, un conseil d'ouvriers et de soldats, inspiré par le modèle des Soviets, s'empare de l'hôtel de ville. Des corps francs (Freikorps), composés d'officiers et de soldats nationalistes démo-

1. Voir le chapitre « Himmler – Un assassin si tranquille ».

bilisés, les en délogent. Reinhard a déjà choisi son camp : l'adolescent s'enrôle comme estafette dans le corps franc de Halle tout en adhérant à des mouvements de jeunesse paramilitaires férus d'antisémitisme et d'anticommunisme. En 1920, nouvel accès de fièvre : à la suite de la tentative de putsch du monarchiste Wolfgang Kapp, la ville s'embrase. On compte plusieurs centaines de morts. Trop jeune, Reinhard n'a pas participé aux combats, mais il s'est clairement rangé du côté des nationalistes les plus intransigeants. Et dès 1921, il crée l'une de ces associations aussi extrémistes que remuantes, la Deutschvölkische Jugendschar[1]. En 1922, après avoir terminé avec succès ses études secondaires, il s'engage dans la Reichsmarine, sans toutefois couper les liens avec ses camarades de combat politique. S'il semble peu apprécié par les autres aspirants, qui raillent ses grands airs et son excessif désir de plaire, il brille dans les disciplines sportives, natation, équitation, course de fond et, bien sûr, escrime. Autre domaine de prédilection : les femmes. Don Juan, voire, selon certains, obsédé sexuel, il multiplie les liaisons, ce qui ne va pas sans susciter quelques inquiétudes dans sa hiérarchie. En 1930, il accède au grade d'enseigne de vaisseau et demande à être versé dans le service de renseignements de la marine. Ce n'est pas anodin. Reinhard Heydrich manifeste déjà

1. Approximativement : mouvement des jeunes pour la vraie Allemagne.

une curiosité malsaine pour les petits secrets de ses contemporains.

Mais, en 1931, patatras, une nouvelle et grave incartade sexuelle lui vaut d'être convoqué devant un jury d'honneur présidé par l'amiral qui commande la flotte de la Baltique. La sentence est sans appel : jugé indigne, le jeune enseigne est radié. Que s'est-il exactement passé pour justifier une décision aussi radicale ? Impossible de le savoir, car les dirigeants nazis ont pris soin d'expurger de leurs notices biographiques toutes les informations embarrassantes. Cependant, il semble que Heydrich, tout juste fiancé à un tendron de la meilleure société, Lina von Osten, aurait refusé de reconnaître sa responsabilité dans la grossesse de la fille d'un marin enceinte de ses œuvres, et peut-être même violée. En tout cas, contrairement à ce qu'il a prétendu plus tard, il n'a nullement été relevé de ses fonctions en raison de ses sympathies politiques.

Que faire ? Le jeune homme repousse avec hauteur une proposition d'emploi de moniteur de voile. Et seulement quinze jours après avoir été exclu de la Reichsmarine, sur les conseils d'un ami nazi de sa fiancée il se présente chez Heinrich Himmler. Le chef de la SS, qui a déjà projeté de doter sa milice d'un service de sécurité, accueille avec intérêt ce grand jeune homme blond qui a déjà une expérience du renseignement. Ainsi se forme le duo le plus redoutable du système nazi. Quelle est la réalité de leurs rapports ? Egalement ambitieux, et donc potentiellement rivaux, ils sauront longtemps dissimuler leurs différends et conjuguer leurs qualités. Pour Himmler, une maniaquerie obsessionnelle et policière de fonctionnaire, appliqué à n'oublier aucun détail. Pour Heydrich, une grande intelligence et un vrai talent dans le montage de dossiers fabriqués de toutes pièces. Et pour tous les deux, un amoralisme et un cynisme à toute épreuve.

A peine incorporé dans la SS avec le grade de Sturmführer[1], Heydrich, qui a adhéré au parti nazi, le NSDAP, se voit confier la création du service de sécurité du parti nazi, le futur SD (Sicherheitsdienst) du IIIe Reich. Tout est à construire. A Munich, où Himmler a établi le QG de la SS, l'ancien enseigne met en application ce qu'il a appris dans la marine, la confection de fichiers de renseignement. Sont d'abord visés les policiers infiltrés dans le Parti, puis les membres de la SA et de la SS, enfin les ennemis des nazis. Mais, en raison du manque d'effectifs, Heydrich ne peut développer autant qu'il le souhaiterait son système de fichage. Il devra attendre la prise du pouvoir de Hitler, en 1933, pour mettre en œuvre la toile d'araignée qu'il veut étendre sur toute l'Allemagne.

Quoi qu'il en soit, le travail accompli donne entière satisfaction à Himmler, qui honore de sa présence ses noces avec Lina von Osten, célébrées

---

1. Lieutenant. Mais Heydrich va rapidement s'élever dans la hiérarchie. Dès juillet 1932, il accède au grade de Standartenführer (colonel).

en décembre 1931. Une cérémonie dont le marié a voulu faire une apologie nazie : autel décoré du drapeau à croix gammée, militants arborant le salut hitlérien, orgue jouant le *Horst Wessel Lied*[1]. Autant de symboles qui ne pouvaient que satisfaire l'aristocratique famille de Lina, déjà acquise au nazisme – d'ailleurs originaire d'une île du Holstein où, selon un proverbe du cru, on ne trouvait ni serpents, ni taupes, ni Juifs !

Toutefois, l'élévation de Heydrich au sein du Parti, aussi spectaculaire que rapide, n'est pas sans susciter quelques jalousies. Ainsi doit-il faire face à une méchante rumeur (elle le poursuivra jusqu'à l'orée des années 1940) qui lui attribue, sans doute à tort, une grand-mère paternelle juive. Le même procédé, diffamatoire aux yeux des nazis, sera utilisé contre d'autres éminents dirigeants, Goebbels, Rosenberg, et Hitler lui-même.

Janvier 1933. Hitler est nommé chancelier. Heydrich, devenu l'adjoint du chef de la police Heinrich Himmler, tout en demeurant à la tête du SD, coordonne dès le mois de février les premières arrestations d'opposants et leur internement dans le tout nouveau camp de concentration de Dachau, dont la garde est confiée à la SS. Déjà, investi de la confiance absolue du chef de la SS,

1. Chant devenu l'hymne officiel de la SA composé en l'honneur de Horst Wessel, un petit repris de justice, membre du parti nazi, mort lors d'une bagarre de rue avec des communistes.

l'homme fait peur. N'a-t-il pas déclaré : « Je peux poursuivre mes ennemis jusque dans la tombe ! »

Maître d'œuvre de la répression politique sous l'autorité de Himmler, il dispose bientôt d'un nouvel outil juridique élaboré par le pouvoir : le Reichstagsbrandverordnung, l'ordonnance d'urgence pour la protection du peuple et de l'Etat. Cette loi d'exception, qui suspend les libertés fondamentales, a été votée à la suite de l'incendie du Reichstag en février 1933 – attentat imputé à un jeune communiste hollandais, Marinus Van der Lubbe, mais plus vraisemblablement fomenté par les nazis, dont Heydrich, pour liquider l'opposition marxiste.

Reinhard Heydrich est encore à la manœuvre lorsqu'il s'agit de mettre au pas la SA (Sturmmabteilung, section d'assaut) forte de quatre millions de membres, dont la puissance et les ambitions croissantes de son chef, Ernst Röhm, inquiètent Hitler. Le SD ficelle le dossier d'accusation et convainc le Führer que l'état-major de la SA complote contre lui. Grâce à son système de fichage, Heydrich établit une liste de dirigeants à éliminer, recrute une équipe de tueurs. Dans la nuit du 30 juin 1934 (la « Nuit des longs couteaux »), les assassins passent à l'action, sous le commandement d'un officier de la SS, Sepp Dietrich. Röhm et quelques dizaines de responsables de la SA sont exécutés. Himmler et Heydrich en profitent pour se débarrasser de rivaux comme le nazi Gregor Strasser ou de personnalités gênantes telles qu'Erich Kausener, directeur de l'Action catholique, ou l'ancien chancelier von Schleicher, qui agonise sous les yeux impassibles du chef du SD.

La cruauté de Reinhard Heydrich impressionne même dans les rangs nazis. Le très convaincu ministre de l'Intérieur, Wilhelm Frick, qui sera plus tard pendu à l'issue du procès de Nuremberg, n'évoque plus le chef du SD qu'en parlant de « l'assassin Heydrich » !

En tout cas, la maîtrise dont il a fait preuve lors de cette « Nuit des longs couteaux » lui vaut une promotion : il est désormais Gruppenführer, c'est-à-dire lieutenant-général. Et lorsqu'en 1936 Himmler, l'emportant sur Göring, devient chef de toutes les polices allemandes, Heydrich semble appelé à devenir son bras droit.

Etabli au cœur de Berlin, Prinz-Albrecht-Strasse, le chef du SD a maintenant les mains libres pour tisser sa toile, développer son service et établir quasi scientifiquement la surveillance de la population allemande, grâce, en particulier, au recrutement d'indicateurs bénévoles, des « hommes de confiance » – des délateurs, tout bonnement. Sont ciblés en priorité les militants des anciens partis politiques, socialistes, communistes et libéraux, les francs-maçons, les religieux de toutes obédiences et les Juifs. Ce travail d'espionnage s'étend au-delà des frontières : le SD-Ausland est chargé de dépister les ennemis du Reich à l'étranger.

Heydrich qui, en dépit de son mariage, continue à collectionner les bonnes fortunes et fréquente assidûment les établissements de nuit, innove aussi dans cette matière, tout à la fois pour satisfaire ses appétits et nourrir ses fiches. Il crée une maison de rendez-vous de haute tenue, le « Salon Kitty ». Les pensionnaires y sont jolies, intelligentes et parfois multilingues. Et les chambres toutes munies de systèmes d'enregistrement modernes qui alimentent les fiches du SD en informations sur les hommes du pouvoir. Bien sûr, lorsque Heydrich honore de sa visite ce luxueux lupanar, les appareils sont débranchés.

Le chef du SD joue un rôle de premier plan en novembre 1938 lors de la « Nuit de cristal », au cours de laquelle sept mille cinq cents magasins juifs et cent soixante-dix-sept synagogues sont brûlés. Censée être une manifestation populaire d'antisémitisme consécutive à l'agression d'un diplomate allemand à Paris par un jeune Juif, l'opération a été en réalité minutieusement préparée. En témoigne une note rédigée par Heydrich à l'intention des meneurs des pogroms dans laquelle il recommande que ces actions incendiaires ne mettent à aucun moment en danger la vie et les biens des Allemands, au cas où le feu risquerait de se propager aux maisons voisines.

La guerre approchant, en 1939, Himmler décide de procéder à une réorganisation des services de sécurité du Reich en créant le RSHA, le Reichssicherheitshauptamt[1], dont la direction est confiée à Heydrich, qui peut ainsi coiffer tous les orga-

1. Office central de sûreté du Reich.

nismes répressifs. Il dispose en outre, au sein de cet ensemble, d'un nouvel outil coercitif, le Schutzshaft[1], qui autorise l'internement sans en référer à la justice. Un arbitraire qui va bientôt permettre aux nazis de faire disparaître purement et simplement les prisonniers en toute impunité.

Après la signature, en août 1939, du pacte germano-soviétique, Hitler a décidé de s'emparer sans tarder de la partie de la Pologne qu'il pense lui être dévolue. Toutefois, il a besoin d'un prétexte pour lancer ses chars en direction de Varsovie. Heydrich le lui fournit en mettant en scène la fausse attaque de la station radio de Gleiwitz, à la frontière entre les deux pays. Les prétendus agresseurs sont en réalité des détenus du camp de Sachsenhausen, revêtus d'uniforme polonais et aussitôt exécutés. Dès le lendemain, 1er septembre, les troupes nazies envahissent la Pologne. Suivent derrière la ligne de front les redoutables Einzatzgruppen[2], qui en quelques semaines, sous couvert du Schutzshaft, exécutent sommairement soixante mille personnes, prisonniers et Juifs mêlés, souvent avec la complicité plus ou moins passive de l'armée régulière, la Wehrmacht.

Depuis longtemps déjà, la question juive, de façon quasi obsessionnelle, est au centre des préoccupations des dirigeants nazis, tout particulièrement de Himmler et de Heydrich. Le postulat est le suivant : la purification raciale exige que les

1. Détention de protection.
2. Voir le chapitre « Himmler – Un assassin si tranquille ».

Juifs cessent de polluer le territoire allemand et donc le quittent. Les pogroms de la Nuit de cristal n'avaient d'autre but, en les terrorisant, que de les pousser à s'exiler. Dans la même idée, Heydrich a demandé à l'un de ses collaborateurs les plus prometteurs, Adolf Eichmann, d'élaborer un plan visant à déporter hors du Reich l'ensemble de la population juive. Une terre d'exil a été envisagée, Madagascar. Mais, rapidement, cette solution apparaît irréalisable, surtout en raison du déclenchement de la guerre. Ainsi naît, monstrueuse mais de plus en plus pressante, l'idée que la souillure juive ne pourra être éliminée que par une destruction physique à l'échelle de l'Europe.

Le méthodique Heydrich se met au travail. L'énormité de la tâche – le nombre des Juifs européens est estimé à onze millions – ne l'effraie pas. D'autant que l'invasion de l'URSS, en juin 1941, lui ouvre des perspectives nouvelles. Les troupes nazies ont maintenant accès au cœur de la juiverie européenne, enracinée dans l'est de la Pologne, les pays Baltes, l'Ukraine et la Biélorussie. Les chiens sont lâchés. Les Einzatzgruppen fusillent, massacrent. Jour après jour, les statistiques des tueries arrivent sur le bureau de Heydrich. Mais, assez vite, il apparaît que « la Shoah par balles », comme on l'appellera plus tard, n'est ni rentable ni économique, malgré ses résultats – un million et demi de Juifs ont déjà été exécutés au cours des six mois suivant l'entrée en guerre contre les judéo-bolcheviques. Plus grave, aux yeux des dirigeants nazis, il semble que ces assassinats de masse finissent par éprouver les nerfs des bourreaux. Sur ordre de Göring, le puissant maréchal du Reich, Heydrich est pressé d'inventer de nouvelles méthodes.

Le 20 janvier 1942, le chef du SD réunit une poignée de responsables, représentant les divers ministères, dans la villa Marlier, sise dans la charmante bourgade de Wannsee, proche de Berlin. C'est dans cet écrin champêtre égayé de lacs que le concept de « Solution finale » est élaboré. Heydrich préside, Eichmann et Müller, le chef de la Gestapo, assurent le secrétariat. La conférence dure à peine deux heures. Les participants sont unanimes dans leur condamnation à mort des Juifs d'Europe. La méthode choisie sera le gazage. Cependant, comme le Reich manque de main-d'œuvre, il sera fait un sort à part aux individus les plus robustes. Désignés pour effectuer les travaux les plus rudes, ils devront être ensuite exterminés car, issus de la sélection naturelle, ils pourraient ensuite être les procréateurs d'une nouvelle et résistante souche juive.

Autre « race » de sous-hommes, les Tziganes rejoindront les Juifs dans les camps d'extermination installés dans l'est de la Pologne. Ils étaient de toute façon déjà persécutés par les nazis depuis la fin 1937, à l'instigation de Reinhard Heydrich.

A l'issue de la réunion, celui-ci ne peut dissimuler sa satisfaction. Détendu, disert, il allume une cigarette et déguste un verre de cognac, un plaisir qu'il s'offre rarement.

Le chef du RSHA peut se rengorger. Après le

succès de la conférence de Wannsee, il a encore accru son pouvoir. Pourra-t-il accepter longtemps la pesante tutelle de cet avorton de Heinrich Himmler, lui qui est un parangon d'aryanité ? Il lui faut à tout prix s'affranchir de son autorité, voler de ses propres ailes et acquérir une nouvelle stature au sein du haut cénacle nazi. Une occasion lui est donnée en cette même année 1941 : Konstantin von Neurath, gouverneur du protectorat de Bohême-Moravie, est non seulement malade mais peu efficace. Hitler juge qu'il est nécessaire de lui adjoindre un homme à poigne, capable de soumettre une population tchèque encore trop peu docile. Heydrich est le candidat idéal.

Dès le mois de septembre 1941, sans abandonner la direction du RSHA, il est nommé à Prague, où il incarnera dorénavant la réalité du pouvoir hitlérien dans le protectorat. Il inaugure ses fonctions par un coup de force : le Premier ministre, Alois Elias, soupçonné d'avoir entretenu des rapports avec le gouvernement tchécoslovaque en exil à Londres, est arrêté et aussitôt condamné à mort. Puis Heydrich entreprend de terroriser les Tchèques : au cours des deux mois qui suivent sa nomination, quatre cents citoyens sont interpellés par la Gestapo et exécutés tandis que quatre mille autres, également appréhendés, disparaissent. Bien sûr, les Juifs ne sont pas épargnés. Ils sont enfermés dans le camp de concentration de Theresienstadt, une étape sur le chemin des chambres à gaz d'Auschwitz.

Parallèlement, Heydrich entend peaufiner son image d'homme d'Etat et prouver qu'il peut être aussi un administrateur de talent. Il décide une augmentation des rations alimentaires et entreprend de lutter contre le marché noir, tout en travaillant à soutenir la production industrielle du protectorat.

Fier de ce qu'il a accompli, le chef du SD se plairait à Prague, n'étaient les incessants voyages qu'il doit effectuer à Berlin où, en compensation, il peut parler d'égal à égal avec les dignitaires du régime. Il a installé femme et enfants au château de Panenské Brežany, près de la capitale, et semble avoir réduit à quia l'opposition tchèque. Il en donne chaque matin la preuve lorsqu'il quitte sa résidence pour rejoindre le palais Hradcany, où il s'est installé. Sans la moindre escorte de protection, il fait le trajet dans son cabriolet Mercedes décapoté, familièrement assis à côté de son chauffeur-garde du corps.

Ce 27 mai 1942, après avoir flâné dans le parc avec ses enfants, Heydrich part un peu plus tard que d'habitude. Il fait beau. Sur le trajet, le chef du SD goûte la douceur du printemps. Soudain, alors que l'automobile ralentit pour emprunter un virage serré, un homme surgit au milieu de la rue, mitraillette à la main. Il vise la Mercedes. Son arme s'enraye. Heydrich a déjà saisi son Luger. Il va tirer quand une explosion se produit à l'arrière du véhicule. Une grenade ! Le nazi est touché dans le dos par des éclats qui ont traversé son siège. Mais il est vivant. Malgré le choc et la douleur, il sort de la voiture en titubant, vise le deuxième agresseur qui s'enfuit, le rate.

Peu après, Heydrich est conduit à l'hôpital dans une camionnette arrêtée par son chauffeur. Le médecin tchèque qui, le premier, l'examine estime que la blessure n'est pas mortelle. Mais la plaie a été contaminée par le crin du siège. Une semaine plus tard, le bourreau est emporté par une septicémie foudroyante.

Heydrich n'est plus. Cependant, son œuvre maléfique se poursuit au-delà de sa mort. Ses tueurs encerclent le village de Lidice, où les résistants tchèques auraient trouvé refuge avant l'attentat. Tous les hommes sont exécutés, les femmes et les enfants déportés. Puis le village est incendié. Au total, les représailles, qui se poursuivront tout au long de l'été, causeront la mort d'un millier de Tchèques.

A Berlin, Hitler rend un vibrant hommage à l'un des adversaires les plus résolus des ennemis du Reich, tandis que Himmler salue le caractère d'une « rare pureté » du défunt. La veuve, Lina Heydrich, décide de demeurer avec ses enfants dans le château de Panenské Brežany. A sa demande, la propriété est entretenue par des détenus du camp de concentration de Theresienstadt. Elle n'en sera chassée que par l'avance de l'Armée rouge, en avril 1945.

## *Kim Il-sung*

## *Le grand décerveleur*

Son portrait officiel est flatteur : sous le cheveu argenté et parfaitement discipliné, cet homme au regard souriant offre le visage poupin et débonnaire d'un sexagénaire aux dents d'une blancheur éclatante. L'image d'un dirigeant rassurant que chaque enfant nord-coréen aurait voulu avoir pour grand-père. En réalité, un monstre criminel qui a réduit son peuple en esclavage et provoqué la mort de plusieurs centaines de milliers de ses concitoyens.

Tel était Kim Il-sung, « Grand Leader », « Professeur de l'humanité tout entière », « Soleil de la nation », « Génie de la création », affublé *post mortem* du titre de « Président éternel » et embaumé à l'égal de Lénine, Mao Zedong et Hô Chi Minh, afin que chacun puisse lui rendre les hommages qu'il mérite.

Né en 1912, Kim Song-ju (son nom véritable) est le fils aîné d'un métayer qui est aussi un militant indépendantiste et communiste nord-coréen. Fuyant une Corée annexée par le Japon, la famille s'installe en Mandchourie, où le garçon effectue l'essentiel de sa scolarité. Très tôt, il marche dans les pas de son père et fréquente les cercles communistes. Ce qui lui vaut, selon les biographies officielles, d'être exclu de son école en 1929, et peut-être même brièvement emprisonné[1].

Mais c'est en 1932 que son personnage se révèle. En mars, après une provocation montée de toutes pièces par les services secrets nippons, l'armée japonaise envahit la Mandchourie, qui devient un protectorat de fait, le Mandchoukouo. Le jeune homme rejoint un groupe de partisans coréens qui entreprennent de lutter par les armes contre l'occupant, en liaison avec les communistes chinois, dont il sera toujours très proche[2]. Au cours de ces années de combat, il adopte un nouveau nom, Kim Il-sung, qu'il aurait emprunté à un résistant mort en 1935. Le jeune partisan, qui combat avec vaillance, accède au grade de commandant de division. En 1937, à la tête de ses hommes, il s'illustre en occupant une ville coréenne une journée entière puis, après s'être replié, en tendant une embuscade meurtrière à ses poursuivants.

Au sein de ce mouvement de résistance communiste, Kim Il-sung fait la connaissance de son

1. Dans la relation de ses éléments biographiques, il faut évidemment faire la part de l'hagiographie entretenue officiellement par le pouvoir nord-coréen.

2. Multipliant les séjours en Chine, Kim Il-sung parlait couramment le mandarin.

épouse, Kim Jong-suk, une jeune Coréenne dont la famille s'est aussi réfugiée en Mandchourie avant l'occupation japonaise. Elle donnera naissance en 1941 à son premier fils et futur successeur, Kim Jong-il.

En 1940, l'armée japonaise lance une grande offensive destinée à liquider la guérilla communiste dans le Mandchoukouo. Kim Il-sung dirige alors la IIIe Armée, surtout active dans le Sud. Face au rouleau compresseur nippon, la résistance est rapidement balayée. Ses chefs sont tués ou capturés. Kim est l'un des rares commandants à s'échapper. Mais, trahi par l'un des siens, il est traqué par les Japonais. Il parvient toutefois à gagner le territoire soviétique avec ses derniers combattants.

En 1941, il est intégré dans une unité internationale de l'Armée rouge avec le grade de major. Combat-il encore ? Il semble qu'il ait participé à quelques incursions en Mandchourie. Plus vraisemblablement, pendant ces années de guerre, il suit une formation idéologique dispensée par les écoles du Parti et se prépare à devenir ce que Staline attend de lui : un dirigeant communiste coréen dévoué et discipliné.

Le 8 août 1945, les opérations militaires étant terminées en Europe, l'URSS déclare la guerre au Japon et l'Armée rouge entre aussitôt au Mandchoukouo, puis en Corée. Une semaine plus tard, le Japon capitule. L'empereur Hirohito ordonne à toutes les troupes nippones de cesser le combat à partir du 16 août. Mais il faut attendre encore un mois pour voir arriver à Pyongyang, la grande ville du nord de la Corée, un Kim Il-sung impeccablement sanglé dans un uniforme militaire soviétique. Le « héros de la Résistance » est aussitôt propulsé par le grand frère communiste à la tête d'un Comité provisoire du peuple. Même si la direction du Parti est installée à Séoul, la capitale, il est déjà évident qu'il faudra à l'avenir compter avec Kim ! Ne se voit-il pas confier par Staline la formation d'une troupe (l'APC, Armée populaire de Corée), d'abord spécialisée dans les techniques d'infiltration et de guérilla, puis dotée par Moscou d'armement moderne et même d'une aviation ?

Dans son fief de Pyongyang, Kim Il-sung entend régner d'une main de fer. Il commence par se débarrasser des nationalistes non communistes, qui osent critiquer la tutelle soviétique prévue, en principe, pour s'exercer jusqu'en 1950. Ces patriotes sont pourchassés, arrêtés, et, pour certains, rayés purement et simplement de la surface de la Terre. Dans le même temps, avec l'aide des conseillers envoyés par le Kremlin, il met en place en Corée du Nord une réforme agraire qui esquisse la future collectivisation des terres, tandis qu'il verrouille l'expression politique. La tâche est d'autant plus aisée qu'elle s'accompagne d'une sévère épuration visant tous ceux qui, à tort ou à raison, sont accusés d'avoir collaboré avec l'occupant japonais.

Cette implacable mainmise idéologique pousse des dizaines de milliers de Coréens à fuir vers le sud, où les Américains, conformément aux accords passés entre les Alliés de la Seconde Guerre mondiale, ont envoyé des troupes. Ainsi s'ébauchent la partition de la péninsule et donc la future guerre de Corée.

Afin d'éviter cette division, l'Organisation des Nations unies, à l'instigation de Washington, préconise la tenue d'élections sur l'ensemble du territoire coréen. Mais Moscou refusant de superviser l'organisation de cette consultation dans la zone qui est sous son contrôle, seuls les habitants du Sud votent en mai 1948. Dès lors, les événements s'accélèrent. En août, la chambre nouvellement élue se dote d'une Constitution et proclame la naissance de la République de Corée. Le Nord ne tarde pas à répliquer : trois semaines plus tard, la République populaire de Corée voit le jour. Kim Il-sung devient illico le Premier ministre de cet Etat seulement reconnu par l'URSS, mais qui revendique son autorité sur l'ensemble de la péninsule coréenne.

Tandis que les deux armées d'occupation, états-unienne au sud, soviétique au nord, se retirent, l'étoile de Kim ne cesse de briller. « Le Grand Leader », comme on commence à le nommer, cumule sa fonction à la tête de la République du Nord avec celle de président du Parti du travail de Corée, un simulacre de Front populaire censé unir les forces progressistes du Nord et du Sud, mais qui est, en réalité, entièrement dans les mains des communistes.

Kim Il-sung ne dissimule pas son ambition : il

entend aboutir à la réunification des deux Corées à son seul profit en chassant les « marionnettes » de Séoul. De plus en plus impatient, il doit cependant obtenir le feu vert de Staline avant d'agir. Le maître du Kremlin est-il assuré que les Etats-Unis n'oseront pas faire usage de l'arme atomique ? En tout cas, il donne son accord la fin de l'hiver 1949-1950 : Kim, convaincu de la supériorité militaire de son armée, peut préparer son invasion du Sud. Il a même acquis à sa cause le très circonspect Mao Zedong, qui vient de s'emparer du pouvoir à Pékin.

En juin 1950, les troupes du Nord déferlent sur le Sud. La guerre de Corée vient de commencer. En trois ans, elle provoque la mort d'un million et demi de personnes et donne lieu, de part et d'autre, à de nombreux crimes de guerre : bombardements massifs au napalm, massacres de civils, traitement inhumain des prisonniers et même, peut-être, utilisation d'une arme terrifiante, dite bactériologique.

Dans un premier temps, l'attaque surprise de Kim Il-sung est irrésistible : bientôt, ses troupes, fortes de dix divisions d'infanterie, s'emparent de Séoul. A Washington, où l'on ne s'est pas donné la peine de renforcer la piètre armée sud-coréenne, on se décide enfin à réagir. Le président Truman décide de s'opposer énergiquement à l'expansion communiste. Il ordonne un accroissement substantiel du potentiel militaire des Etats-Unis, tant en forces nucléaires que conventionnelles, et met en place ce que l'on appellera plus tard « la politique d'endiguement du communisme ».

Parallèlement, il est fait appel au Conseil de sécurité de l'ONU – pour la première fois depuis sa création. Fin juin 1950, deux résolutions sont votées. Le Conseil demande la cessation des hostilités, exige le retrait des troupes de Corée du Nord et décide de venir en aide militairement à la Corée du Sud, afin de repousser les assaillants[1]. Seize pays (dont la France) vont contribuer à cette expédition armée, mais le principal contingent sera américain et l'ensemble sera commandé par le bouillant général MacArthur. Celui-ci, d'emblée, ordonne une vaste opération qui commence par un débarquement sur la côte ouest. Peu après, Séoul est reprise. Fin septembre, les forces communistes doivent évacuer toute la Corée du Sud, même s'il subsiste des noyaux de résistance.

Les objectifs fixés par l'ONU sont donc atteints, mais les Etats-Unis ne veulent pas en rester là. MacArthur entend détruire totalement l'armée nord-coréenne. Les troupes de l'ONU, essentiellement américaines, progressent vers le nord et s'approchent de la frontière chinoise. Mao, même s'il n'en a guère envie, va devoir s'impliquer dans le conflit et répondre à la demande d'aide formulée par Kim Il-sung.

A la mi-octobre 1950, les premiers militaires

1. Assez curieusement, l'URSS n'a pas mis son veto car elle avait alors choisi de boycotter le Conseil de sécurité.

chinois franchissent la frontière sino-coréenne. Ils obtiennent tout de suite des résultats : ce sont de véritables vagues humaines qui sont lancées sur les lignes ennemies. Quitte à subir de lourdes pertes. En décembre, le président Truman, inquiet, laisse entendre que les Etats-Unis pourraient recourir à l'arme atomique. Aussitôt, Londres et Paris se désolidarisent de Washington.

Les Chinois avancent vite ! Kim Il-sung leur a cédé la conduite des opérations. Pyongyang est reprise. Puis Séoul tombe provisoirement pour la seconde fois. Mais, à partir du printemps 1951, on s'achemine vers une sorte de stabilisation des positions, de chaque côté de la ligne de démarcation fixée sur le 38e parallèle.

A l'été 1951, des négociations commencent. Kim Il-sung veut aboutir au plus vite car le Nord a été dévasté par les bombardements aériens. Mao, au contraire, désire continuer : tant que la guerre dure, il bénéficie de l'aide militaire soviétique. On s'achemine donc vers une guerre de positions, ponctuée de furieux et sanglants corps-à-corps, impuissants à bouger les lignes. En janvier 1953, les forces de l'ONU en Corée du Sud rassemblent plus de sept cent cinquante mille hommes tandis que, dans l'autre camp, un million de soldats leur font face. La situation semble bloquée. Mais deux événements vont décider de l'issue de la guerre : l'élection à la présidence de Ike Eisenhower, qui a promis la fin d'un conflit responsable de la perte de cent mille GI, et la mort de Staline, en mars 1953.

Le 27 juillet 1953, l'armistice est signé à Panmunjom. Mais l'état de guerre subsistera jusqu'à nos jours, régulièrement émaillé d'incidents militaires.

Voilà Kim Il-sung, toujours en selle et plus que jamais adulé, à la tête d'un pays dévasté par les bombardements aériens massifs qui ont détruit le potentiel énergétique du Nord et réduit en cendres les plus gros centres urbains. Reconstruction et réindustrialisation sont des objectifs prioritaires qui vont être conduits à marche forcée. Mais Kim a une autre obsession : consolider son pouvoir et éliminer d'éventuels rivaux, tout en fermant son pays à toutes les influences étrangères.

L'armistice est à peine signé que la première purge politique – on en comptera une dizaine – débute, au sein même du Parti communiste. Exclusions, arrestations, procès expéditifs, exécutions sommaires : neuf mille cadres et autre apparatchiks disparaissent dans les poubelles de l'histoire nord-coréenne. Sur les vingt-deux membres du premier gouvernement de Pyongyang, dix-sept ont été ainsi éliminés. Pour justifier, s'il en était besoin, ces liquidations, le nouveau code pénal nord-coréen recense pas moins de quarante-sept crimes susceptibles d'être sanctionnés par la peine de mort.

Les Coréens ordinaires ne sont pas épargnés par ce système judiciaire totalitaire : les accusations de viol, prostitution, meurtre ou sédition donnent lieu à des manifestations publiques lors desquelles la population est encouragée à montrer sa réprobation en insultant les condamnés, voire en les battant à mort. En même temps, le régime développe un système carcéral tentaculaire. Dans des dizaines de camps et de prisons sont « hébergés » en permanence deux cent mille individus. La torture, à l'eau ou à l'électricité, est méthodiquement appliquée afin de briser des détenus par ailleurs sciemment affamés. Une centaine d'entre eux meurent chaque jour[1]. Quant aux femmes, s'il leur arrive de tomber enceintes, leurs bébés sont tués à la naissance quand elles ne sont pas avortées de force.

Autant d'informations qui ne sortent de Corée du Nord que portées par les rares transfuges qui réussissent à s'enfuir au péril de leur vie, tantôt par la frontière chinoise, tantôt, plus dangereusement, par la ligne de démarcation vers la Corée du Sud. Car le pays tout entier est devenu un gigantesque camp de concentration verrouillé par les gardes-frontières, tant l'enfermement est rigoureux et le conditionnement psychologique permanent. Pour Kim Il-sung, l'individu ne compte pas. Seule la société importe : elle doit constituer une force politique homogène, animée par une pensée unique et une volonté commune,

---

1. Un historien, Pierre Rigoulot, a ainsi pu calculer qu'entre 1953 et 1998 un million et demi de prisonniers avaient péri dans les camps nord-coréens. Un chiffre considérable, pour un pays qui compte une vingtaine de millions d'habitants.

sous la houlette de son « Grand Leader », modèle irremplaçable du citoyen nord-coréen.

La mise en place d'un tel système exige un contrôle total de la population. L'Etat, le Parti et ses organisations de masse, la police et l'armée, contribuent à surveiller et à régir la vie quotidienne des habitants. Chacun est convié à subir une fois par semaine une séance de rééducation politique, au cours de laquelle il doit se livrer à une autocritique radicale. Nul ne peut échapper à ces confessions publiques, où il est fortement recommandé de faire l'aveu de ses fautes, quitte à les inventer.

Il ne peut exister d'autre pensée que celle du « Grand Leader », guide moral et politique de la population. L'admiration (obligatoire) qu'on lui voue est justifiée par les qualités quasiment surhumaines qui lui sont prêtées : n'a-t-il pas écrit, par exemple, plus de mille documents théoriques dont la somme est réunie en trente-cinq gros volumes[1] ? Pour mieux s'en persuader, s'ils en doutaient, les citoyens sont invités à arborer un badge à l'effigie du nouveau dieu vivant, qui s'ajoute aux portraits affichés dans les rues et sur les monuments nationaux.

Ce système mêlant culte de la personnalité, terreur omniprésente et lavage de cerveau est conceptualisé en une idéologie originale, propre

1. L'« œuvre » de Kim Il-sung représente alors 90 % des livres offerts à la lecture dans les librairies ou bibliothèques nord-coréennes.

à la Corée du Nord, le Juche. Théorisé par Hwang Jang-yop[1] à la demande de Kim Il-sung, qui aurait soudain pris conscience des limites du marxisme-léninisme, le Juche est un accommodement du communisme à la sauce nord-coréenne. Si elle prône l'édification d'une société sans classes, cette idéologie pose surtout comme principes l'indépendance politique, l'autosuffisance économique, l'autonomie militaire, tout en exaltant le pouvoir du peuple, maître de la révolution et du développement du pays. Sans oublier l'objectif ultime, la réunification de la Corée. Conséquence curieuse de la mise en œuvre du Juche, le pouvoir considère certains ouvrages de Marx ou Lénine, édités par les grands frères soviétique et chinois, comme hérétiques et les interdit de vente.

Ces grands principes, et d'abord celui de l'autosuffisance économique, vont pourtant être battus en brèche au fil des années, surtout à partir de la décennie 1990, quand l'implosion de l'empire soviétique privera la Corée du Nord de ses partenaires traditionnels d'Europe de l'Est. La croissance, qui atteignait parfois 10 % par an, ralentit avant de s'effondrer. La situation alimentaire de la population, déjà médiocre, devient alors si catastrophique que le pouvoir devra en appeler à l'aide étrangère, nouvel accroc à l'idéologie du Juche.

Combien de Nord-Coréens sont morts de faim

1. Celui-ci fera pourtant défection, en 1997, en se réfugiant à l'ambassade de Corée du Sud à Pékin.

durant ces années ? L'absence de statistiques et la fermeture du pays ne permettent pas de chiffrer les conséquences vraisemblablement dramatiques d'une malnutrition chronique qui a sans doute contribué à accroître la domination du pouvoir sur une population affaiblie. Un rapport de l'ONU, rédigé en 2014, accuse même le régime de Kim Il-sung, et celui de son fils, Kim Jong-il, d'avoir organisé la famine durant les années 1990[1] : un calcul cynique qui aurait permis l'élimination des plus faibles, handicapés, personnes âgées et très jeunes enfants !

Ce même document onusien est un réquisitoire implacable contre les dirigeants nord-coréens, coupables d'avoir perpétré d'innombrables crimes contre l'humanité : enlèvements, viols, tortures, avortements forcés, expérimentations médicales sur des détenus… Il met en lumière l'existence de celles et ceux que l'on a appelés « les fantômes de Pyongyang » : des dizaines de personnes, parmi lesquelles de nombreuses Japonaises, kidnappées à seule fin de familiariser les agents des services secrets avec la langue et les coutumes de leur pays. Il faudrait aussi ajouter à ce panorama des crimes nord-coréens plusieurs actions terroristes, dont un attentat meurtrier contre un avion de ligne sud-coréen.

Le 8 juillet 1994, Kim Il-sung est frappé par une attaque cérébrale. « Le Soleil de la nation »

---

1. Ce rapport fait état de la mort de deux millions et demi de Nord-Coréens.

s'éteint. Le pays, frappé de stupeur, verse des torrents de larmes. Sont-elles sincères ou inspirées par la crainte, dans une société policière où il ne fait pas bon montrer sa différence ? Quoi qu'il en soit, la Corée du Nord pleure abondamment et spectaculairement, mais se console en pensant que, dans son immense sagesse, « le Grand Leader » a prévu sa succession – et même, phénomène unique dans une dictature communiste, fondé une vraie dynastie. Ainsi, son fils, Kim Jong-il, un satrape jouisseur et non moins cruel que son père, monte sur le trône. Et lorsque lui-même mourra, en décembre 2011, victime d'une crise cardiaque, c'est son plus jeune fils, Kim Jong-un, qui lui succédera.

# Remerciements

Merci à mon épouse, Catherine, qui a défriché ces dossiers et accompagné leur écriture de bout en bout.

Merci aussi à Nathalie Riché, qui a initié ce projet, et à mes éditrices, Christel Mouchard et Sophie Lajeunesse.

Cet ouvrage a été imprimé en France par

FIRMIN-DIDOT

à Mesnil-sur-l'Estrée (Eure)
en mai 2016

MIXTE
Papier issu de sources responsables
FSC™ C003309

Composition et mise en pages
Nord Compo à Villeneuve-d'Ascq

Dépôt légal : mai 2016
N° d'impression : 135234